令和6年度版

全商ビジネス文書実務検定 模擬試験問題集

3級別冊

目次

学びの記録シート【記入例】　　　2024年4月25日　木曜日

速度練習	総字数	エラー数	純字数	練習の振り返り
3級－4	306	2	304	「模倣」が読めなかった。
3級－5	310	8	302	脱字エラーが多かった。

実技練習	得　点	練習の振り返り	まとめ（授業での気付き）
3級－6	95	校正記号を見落とした。	筆記編では、機械・機械操作を学習した。用語の意味をしっかり覚えようと思った。

＊Webからも「学びの記録シート」がダウンロードできます。学習内容を振り返りながら、しっかり学習していきましょう。

実教出版

年	組	番	名前

審査例

問　題	

内閣府が実施した意識調査によると、生鮮食品の原産地や原産国	30
の表示について、消費者の６割以上の人が、ほとんど信用できない	60
と思っている。また、有機や無農薬とともに、消費期限などの表示	90
も疑いの目で見ている人が増加している。	110
そして、スーパーなどの「特売」についても、元の価格がわから	140
ないという声もあり、表示などが信用できなくなったという人も多	170
くなった。さらに、１年前と比べ、遺伝子の組み換え原料を使用し	200
ている点に注意して、商品を選ぶ人も増加している。	225
食品の偽装事件が起きたことにより、食品の表示における消費者	255
への信頼が大きく揺らいでいる。各メーカーは、そのことを認識し	285
て、不信感に対して改善する努力を忘れてはならない。	310

答案例	

　　　内閣府が実施した意識調査によると、生鮮食品の原産地や原産国の
　　　　　　　　　　　　　　　　　　　　　　①書式設定エラー（１エラー）

表示について、消費者の6割以上の人が、ほとんど信用できないと思
　　　　　　　　②半角入力・フォントエラー（１エラー）

っている。又、有機や無農薬とともに、消費ｋｉｇｅｎなどの表示も
　　　　　③誤字エラー（２エラー）〔文字数分エラー〕　③誤字エラー（２エラー）〔文字数分エラー〕

疑いのｍｉめｗ＠見ている人が増加している。
　　　③誤字エラー（２エラー）〔文字数分エラー〕

　　　そして、スーパーの「特売」についても、元のＭＯＴＯＮＯ価格が
　　　　　　　④脱字エラー（２エラー）　　　　　⑤余分字エラー（１エラー）

わからないという声もあり，表示などが信用できなくなったという人
　　　　　　　　　　　　　⑥句読点エラー（１エラー）

も　　　　　　　多くなった。さらに、１年前と比べ、遺伝子の組み換
　　⑦スペースエラー（１エラー）〔スペースが連続していても１エラー〕

え原料を使用している点に注意して、商品を選ぶ人たちも増加してい
　　　　　　　　　　　　　　　　　　　　　　　⑤余分字エラー（１エラー）

る。食品の偽装事件が起きたことにより、食品の表示における消費者
　⑧改行エラー・⑦スペースエラー（２エラー）

への信頼が大きく揺らいでいる。
　　　　　　　　　　　　⑧改行エラー（１エラー）

各メーカーは、そのことを認識して、不信感に対して改善する努力を

忘れてはｎａ。
　　⑤余分字エラー（１エラー）

「は」までを総字数とする。

採　点	

３級の速度合格基準は、純字数が「300字」以上。

　　　純字数＝総字数－エラー数

この答案例の審査結果は、総字数が305字、エラー数が「18」。
よって、純字数は287字（不合格）となる。
※合格するためには、正しく入力することが大切である。

審査例解説

1 審査方法の解説

(1) 答案に印刷された最後の文字に対応する問題の字数を総字数とする。したがって、脱字は総字数に含め、余分字は総字数に算入しない。

　※答案用紙の最後の文字が問題と違う場合は、問題文に該当する文字までを総字数とする。

(2) 総字数からエラー数を引いた数を純字数とする。エラーは、1箇所につき1字減点とする。

$$純字数＝総字数－エラー数$$

(3) 審査基準に定めるエラーにより、問題に示した行中の文字列が答案上で前後の行に移動してもエラーとしない。

(4) 禁則処理の機能のために、問題で指定した1行の文字数と違ってもエラーとしない。

(5) 答案上の誤りに、審査基準に定める数種類のエラーの適用が考えられるときは、受験者の不利にならない種類のエラーをとる。

2 エラーの解説

No.	エラーの種類	エラーの内容
①	書式設定エラー	問題で指定した1行の文字数を誤って設定した場合、全体で1エラーとする。
⇨		1行の文字数が31字入力されているため、全体で1エラー
②	半角入力・フォントエラー	半角入力や、問題で指定された以外のフォントで入力した場合、全体で1エラーとする。
⇨		「6」が半角で入力されているので、1エラー
③	誤字エラー	問題文にある文字を誤入力した場合、該当する問題の文字数分をエラーとする。
⇨		いる。「又」の部分が漢字で入力されているので、問題文「また」の2エラー
⇨		「ｋｉｇｅｎ」の部分が漢字に変換されていないので、問題文「期限」の2エラー
⇨		「ｍｉめｗ＠」の部分が誤入力されているので、問題文「目で」の2エラー
④	脱字エラー	問題文にある文字を入力しなかった場合、入力しなかった文字数をエラーとする。また、脱行の場合、その行の文字数をエラーとする。
⇨		スーパー「など」の部分が未入力なので、2エラー
⑤	余分字エラー	問題文にない文字を入力した場合、余分に入力した箇所を1エラーとする。
⇨		「元の」と問題文のとおりに入力されており、「ＭＯＴＯＮＯ」の部分が余分字なので、1エラー
⇨		選ぶ人「たち」の部分が余分字なので、1エラー
⇨		問題文の最後の文字が違う場合は、問題文が該当する箇所までを総字数とし、問題文と違う文字「ｎａ。」は余分字とし、1エラーとする。
⑥	句読点エラー	句点（。）とピリオド（．）・読点（、）とコンマ（，）を混用した場合、少ない方の数をエラーとする。
⇨		声もあり「，」の部分がコンマで入力されているので、1エラー
⑦	スペースエラー	問題文にあるスペースを空けなかった場合、問題文にないスペースを入力した場合、1エラーとなる。なお、連続したスペースもまとめて、1エラーとする。
⇨		人も「□□□□□□」の部分に6スペースが入力されているので、1エラー
⑧	改行エラー	問題文にある改行をしなかった場合、問題文にはない改行をした場合、1エラーとする。
⇨		している。「食品の」の部分が改行されていないことと、スペースが未入力なので、2エラー
⇨		でいる。「各メーカーは、」の部分が、問題文にはない改行がされているので、1エラー
⑨	繰り返し入力エラー	※問題文の最後まで入力した後に、「内閣府が実施した意識調査…」と繰り返し問題文を入力した場合、全体で1エラーとする。
⑩	印刷エラー	※逆さ印刷、裏面印刷、採点欄にかかった印刷、複数ページにまたがった印刷、破れ印刷など、明らかに本人の印刷ミスの場合、全体で1エラーとする。

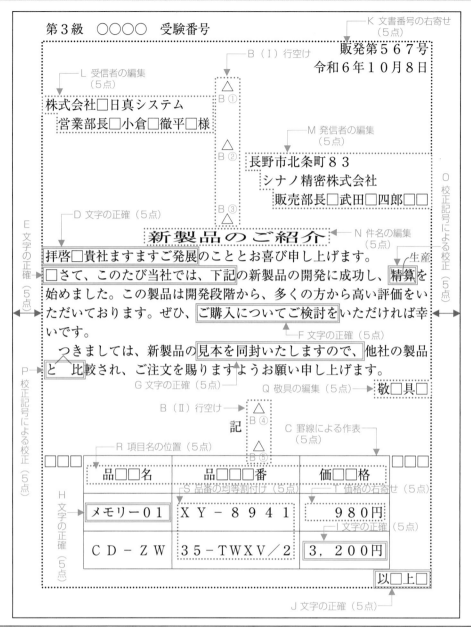

問題

第3級　○○○○　受験番号

K 文書番号の右寄せ（5点）
販発第567号
令和6年10月8日

B（I）行空け

L 受信者の編集（5点）
株式会社□日真システム
営業部長□小倉□徹平□様

M 発信者の編集（5点）
長野市北条町83
シナノ精密株式会社
販売部長□武田□四郎□□

D 文字の正確（5点）

新製品のご紹介　N 件名の編集（5点）

拝啓□貴社ますますご発展のこととお喜び申し上げます。
□さて、このたび当社では、下記の新製品の開発に成功し、精算を
始めました。この製品は開発段階から、多くの方から高い評価をい
ただいております。ぜひ、ご購入についてご検討をいただければ幸
いです。
F 文字の正確（5点）
　つきましては、新製品の見本を同封いたしますので、他社の製品
と　比較され、ご注文を賜りますようお願い申し上げます。

生産
O 校正記号による校正（5点）
E 文字の正確（5点）

G 文字の正確（5点）　　Q 敬具の編集（5点）　敬□具□

P 校正記号による校正（5点）

B（II）行空け
記

C 罫線による作表（5点）

R 項目名の位置（5点）

品□□名	品□□□番	価□□格
メモリー01	XY－8941	980円
CD－ZW	35－TWXV／2	3，200円

S 品番の均等割付け（5点）　T 価格の右寄せ（5点）

I 文字の正確（5点）

H 文字の正確（5点）

以□上□

J 文字の正確（5点）

◎実技の合格基準は、70点以上が合格です。
　⑴3級の審査は、模範解答と審査基準、審査表をもとに審査箇所方式で行う。
　⑵審査基準では、文字の正確エラーと編集エラーの両面からの審査でエラーとする。
　⑶文字の正確エラーは速度採点方法に準じる。
　⑷編集エラー
　　A 文書の余白／フォントの種類・サイズ／空白行・1行の文字数／文書の印刷（全体で5点）
　　　＊余白が上下左右それぞれ20mm以上30mm以下となっていない場合はエラーとする。なお、文字や枠線
　　　　が制限時間以内に入力できないことにより、余白が30mmを超えた場合は、エラーとしない。
　　　＊指示のない文字は、フォントの種類が明朝体の全角で、サイズは14ポイントに統一されていない場合
　　　　はエラーとする。
　　　＊問題文にない空白行がある場合はエラーとする。また、1行の文字数が30字で設定されていない場合
　　　　もエラーとする。
　　　＊逆さ印刷、裏面印刷、採点欄にかかった印刷、複数ページにまたがった印刷、破れ印刷など、明らか
　　　　に本人による印刷ミスはエラーとする。
　　B 行空け、B（I）・B（II）の2か所を採点（全体で5点）
　　C 罫線による作表（5点）
　　　＊模範解答のように行間2で3行3列、同じ太さの実線で作表され、行頭行末から3文字分空けて配置
　　　　され、表内の文字は1行で入力、上下のスペースが同じでない場合はエラーとする。
　　①文字位置の編集
　　　＊文書番号の右寄せ、発信日付の右寄せ、受信者名の編集、発信者名の編集、件名の編集、敬具の編
　　　　集、記のセンタリング、項目名の位置、均等割付け、右寄せ、以上の編集。
　　②校正記号による校正

第３級実技問題審査例解説

１ 審査方法の解説

審査は、３級審査基準、審査表をもとに採点箇所方式となっています。

＊本書では審査基準、審査表を載せていませんので、指示事項が採点の対象となります。

２ 審査項目の解説

	審査項目	審 査 基 準	点数	採点
A	文書の余白	余白が上下左右それぞれ20㎜以上30㎜以下となっていない場合はエラーとする。 ※なお、文字や線などが制限時間内に入力できないことにより、余白が30㎜を超えた場合はエラーとしない。	全体で 5点	
	フォントの種類・サイズ	審査箇所の文字は、フォントの種類が明朝体の全角で、サイズが14ポイントに統一されていること。		
	空白行・１行の文字数	問題文にない空白行がある場合はエラーとする。また、１行の文字数は30字で設定されていること。		
	文書の印刷	逆さ印刷、裏面印刷、審査欄にかかった印刷、複数ページにまたがった印刷、破れ印刷など、明らかに本人による印刷ミスはエラーとする。		
B	行空け	模範解答のように空白行が挿入されていること。 ※問題文にない空白行がある場合は、審査項目Ａで審査する。 前付け（B①・B②・B③）B（Ⅰ） 「記」の上下（B④・B⑤）B（Ⅱ）	全体で 5点	
C	罫線による作表	模範解答のように行間２で３行３列、同じ太さの実線で作表され、行頭行末から３文字分ずつ空けて配置されていること。表内の文字は１行で入力され、上下のスペースが同じであること。	5点	
D	文字の正確	□□□□□内の文字が、正しく入力されていること。 ※フォントの種類が異なる場合や半角で入力した場合は、審査項目Ａで審査する。 ※文字の配置（均等割付け・左寄せ・センタリング・右寄せなど）は問わない。 「拝啓□貴社ますますご発展」（D）	5点	
E		「□さて、このたび当社では、下記」（E）	5点	
F		「ご購入についてご検討を」（F）	5点	
G		「見本を同封いたしますので、」（G）	5点	
H		「メモリー０１」（H）	5点	
I		「３，２００円」（I）	5点	
J		「以□上□」（J）	5点	

以下の項目については、<u>審査箇所に未入力文字および誤字・脱字・余分字などのエラーが一つでもあれば、当該項目は不正解とする。</u>

K	文書番号の右寄せ	模範解答のように「販発第５６７号」が右寄せされていること。	5点	
L	受信者の編集	模範解答のように受信企業名・受信者名・敬称が入力され、編集されていること。	5点	
M	発信者の編集	模範解答のように発信者住所・発信企業名・発信者名が入力され、編集されていること。	5点	
N	件名の編集	「新製品のご紹介」の文字が横200％に編集され、センタリングされていること。	5点	
O	校正記号による校正	「精算」が「生産」に校正されていること。	5点	
P		「と　比」が「と比」に校正されていること。	5点	
Q	敬具の編集	模範解答のように「敬□具□」に編集され、右寄せされていること。	5点	
R	項目名の位置	模範解答のように「品□□名」「品□□□番」「価□□格」に編集され、配置されていること。	5点	
S	品番の均等割付け	「ＸＹ－８９４１」「３５－ＴＷＸＶ／２」が枠内で均等割付けされていること。	5点	
T	価格の右寄せ	模範解答のように「９８０円」に編集され、枠内で右寄せされていること。	5点	

＊ 「□」は審査箇所であり、スペース１文字分とする。

＊ 縦罫線のずれは、左右半角１文字分まで許容する。

【基本形式問題－2】 (本冊p.67) 1回目　/100点　2回目　/100点

①A 文書の余白/フォントの種類・サイズ/空白行/文書の印刷 (全体で5点)
②B 行空け。Ⅰ・Ⅱの2か所を採点 (全体で5点)
※ この問題では、校正記号の審査か所を [文字の正確] に変更しています。

営発第２８６号
令和７年３月１２日

株式会社□ハスキスーパー
□仕入部長□桜井□憲一□様

伊勢市岩渕１－７－２９
若宮ベーカリー株式会社
営業部長□石原□大和□

価格改定のお願い

拝啓□貴社ますますご盛栄のこととお喜び申し上げます。
さて、皆様もご承知のとおり、天候の不順や円高が進み、原材料
などが高騰している状況です。弊社といたしましては、商品の価格
を据え置く努力を重ねてまいりましたが、価格の維持が困難となり
ました。
つきましては、４月の出荷分より新価格とさせていただきます。
何卒ご理解のほど、よろしくお願い申し上げます。

記

品□□番	商□品□名	価格（１本）
Ｙ－４０	やわらか食パンゴールド	８４０円
ＪＮ－１０７	熟　成　生　食　パ　ン	１，２５０円

敬□具

以□上□

審査基準（右側、各5点）：③文書番号の右寄せ ④受信企業の左寄せ ⑤文字の正確 ⑥発信者の編集 ⑦件名の編集 ⑧文字の正確 ⑨文字の正確 ⑩文字の正確 ⑪文字の正確 ⑫文字の正確 ⑬罫線による作表 ⑭項目名の位置 ⑮文字の正確 ⑯価格（１本）の右寄せ ⑰文字の正確 ⑱商品名の均等割付け ⑲文字の正確 ⑳以上の編集

【基本形式問題－1】 (本冊p.66) 1回目　/100点　2回目　/100点

①A 文書の余白/フォントの種類・サイズ/空白行/文書の印刷 (全体で5点)
②B 行空け。Ⅰ・Ⅱの2か所を採点 (全体で5点)
※ この問題では、校正記号の審査か所を [文字の正確] に変更しています。

営発第２７８号
令和６年７月１２日

大森水産株式会社
販売部長□山口□正□行□様

堺市堺区南瓦町３－１
株式会社□ＭＧＣ販売
営業部長□浜田□三枝

商品の注文について

拝啓□貴社ますますご隆盛のこととお喜び申し上げます。
さて、先日は新商品のプレゼンテーションをご提示いただき、あ
りがとうございました。弊社で調査した結果でも、多くのニーズが
あり、昨日の販売戦略会議において、９月より販売することが決定
しました。
つきましては、下記の商品を注文いたしますので、８月２０日ま
でに納入いただきたく、お願い申し上げます。

記

品□□番	品□□名	発注数量／セット
Ｎ２５４－１	お　茶　漬　け　最　中	５０，０００個
Ｈ３６－７	北海道産海鮮茶漬け	８０，０００個

敬□具

以□上

審査基準（右側、各5点）：③文書番号の右寄せ ④受信者の編集 ⑤文字の正確 ⑥件名の編集 ⑦文字の正確 ⑧文字の正確 ⑨文字の正確 ⑩文字の正確 ⑪文字の正確 ⑫文字の正確 ⑬欲具の編集 ⑭罫線による作表 ⑮文字の正確 ⑯文字の正確 ⑰文字の正確 ⑱品名の均等割付け ⑲発注数量／セットの右寄せ ⑳文字の正確

【基本形式問題－3】（本冊p.68）　1回目　／100点　2回目　／100点

①A 文書の余白／フォントの種類・サイズ／空白行／文書の印刷（全体で5点）
②B 行空け、Ⅰ・Ⅱの2か所を採点（全体で5点）
※ この問題では、校正記号の審査か所を［文字の正確］に変更しています。

```
                                              営発第１７８号
                                          令和６年９月２０日
株式会社□オプライス
販売部長　西野　哲夫　様

                            前橋市大手町１－１－５
                            アーク産業株式会社
                            営業部長□田代□和宏□

          不良品混入についてのお詫び

拝啓　時下ますますご清栄のこととお喜び申し上げます。日頃より
弊社の製品をご愛顧賜り、厚くお礼申し上げます。
　さて、貴社よりご返品いただいた下記の製品について、弊社にて
その原因を確認したところ、人為的なミスであったことが判明いた
しました。大変ご迷惑をおかけして、申し訳ございません。
　なお、代替品につきましては、取り急ぎ担当者が直接お届けに同
う所存でございます。何卒よろしくお願い申し上げます。
                                                    敬具

                        記
```

品□□□番	製□□品□□名	数□□量
ＮＰ－６０４２	小型急速充電器タイプＣ	３個
Ｌ－３０Ｈ	Ｍｉｃｒｏ ＤＭＩ ケーブル	１０本

以上

【基本形式問題－4】（本冊p.69）　1回目　／100点　2回目　／100点

①A 文書の余白／フォントの種類・サイズ／空白行／文書の印刷（全体で5点）
②B 行空け、Ⅰ・Ⅱの2か所を採点（全体で5点）
※ この問題では、校正記号の審査か所を［文字の正確］に変更しています。

```
                                              サ学発第８４３号
                                          令和６年７月２５日
鹿沼実業高等学校
校長□吉沢□幸一□様

                            宇都宮市峰町３０１
                            サイエンス総合学院
                            学院長□田中□広美□

          学校説明会のご案内

拝啓　貴校ますますご発展のこととお喜び申し上げます。
　さて、今年度も学校説明会を下記のとおり実施いたします。当日
は、学科別体験授業のほか、個別相談などを行います。
　ぜひ、この機会に一人でも多くの方にご参加をいただきたく、ご
案内申し上げます。
　つきましては、学校説明会の資料と学校案内を同封いたしました
ので、ご紹介のほどよろしくお願いいたします。
                                                    敬具

                        記
```

日□程	学□□科	受付時間
９月１７日	サイエンス科	１３時から１６時
１０月２９日	ＡＩシステム情報科	９時から１２時

以上

（各欄の採点項目：③発信日付の編集（5点）、⑤文字の正確（5点）、⑥発信者の編集（5点）、⑧文字の正確（5点）、⑩文字の正確（5点）、⑬敬具の編集（5点）、⑮罫線による作表（5点）、⑲文字の正確（5点）、④文字の正確（5点）、⑦件名の編集（5点）、⑨文字の正確（5点）、⑪文字の正確（5点）、⑫文字の正確（5点）、⑯項目名の位置（5点）、⑰日程の右寄せ（5点）、⑳文字の正確（5点）、⑱学科の均等割付け（5点）、④受信企業の左寄せ等（5点）、⑧文字の正確（5点）、⑩文字の正確（5点）、⑪文字の正確（5点）、⑯項目名の位置（5点）、⑱品番の均等割付け（5点）、⑲文字の正確（5点）、⑳以上の編集（5点）、⑭筆線による作表（5点）、⑮文字の正確（5点）、⑰数量の右寄せ（5点））

【基本形式問題－5】(本冊p.70)　1回目　／100点　2回目　／100点　／100点

①A 文書の余白／フォントの種類・サイズ／空白行／文書の印刷 (全体で5点)
②B 行空け。Ⅰ・Ⅱの2か所を採点 (全体で5点)
※ この問題では、校正記号の審査か所を「文字の正確」に変更しています。

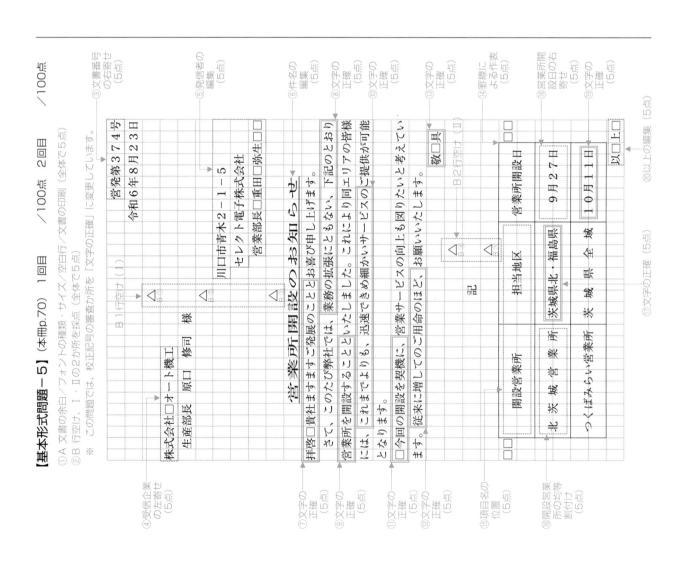

営発第３７４号
令和６年８月２３日

株式会社□オート機工
生産部長　原口　修司　様

B 1行空け (Ⅰ)

川口市青木２－１－５
セレクト電子株式会社
営業部長□重田□弥生□

営業所開設のお知らせ

拝啓□貴社ますますご発展のこととお慶び申し上げます。

さて、このたび弊社では、業務の拡張にともない、下記のとおり
営業所を開設することといたしました。これにより同エリアの皆様
には、これまでよりも、迅速できめ細かいサービスの提供が可能
となります。

□今回の開設を契機に、営業サービスの向上も図りたいと考えてい
ます。従来に増してのご用命のほど、お願いいたします。

敬□具

記

B 2行空け (Ⅱ)

開設営業所	営業所開設日	担当地区
北□茨□城□営□業□所	９月２７日	茨城県北・福島県
つくばみらい営業所	１０月１１日	茨城□県□全□域

以□上□

右側の注記（右から左へ）:
③文書番号の右寄せ (5点)
⑤発信者の編集 (5点)
⑥件名の編集 (5点)
⑧文字の正確 (5点)
⑩文字の正確 (5点)
⑬文字の正確 (5点)
⑭罫線による作表 (5点)
⑱営業所開設日の右寄せ (5点)
⑲文字の正確 (5点)
⑳以上の編集 (5点)
⑰文字の正確 (5点)

左側の注記（上から下へ）:
④受信企業の左寄せ (5点)
⑦文字の正確 (5点)
⑨文字の正確 (5点)
⑪文字の正確 (5点)
⑫文字の正確 (5点)
⑮項目名の位置 (5点)
⑯開設営業所名等の均等割付け (5点)

＊【3級ビジネス文書の出題形式と模範解答及び審査基準】(本冊p.72) の模範解答及び審査基準は
本冊p.74、【3級－1】は本冊p.76、【3級－2】は本冊p.78に掲載しています。

－ 8 －

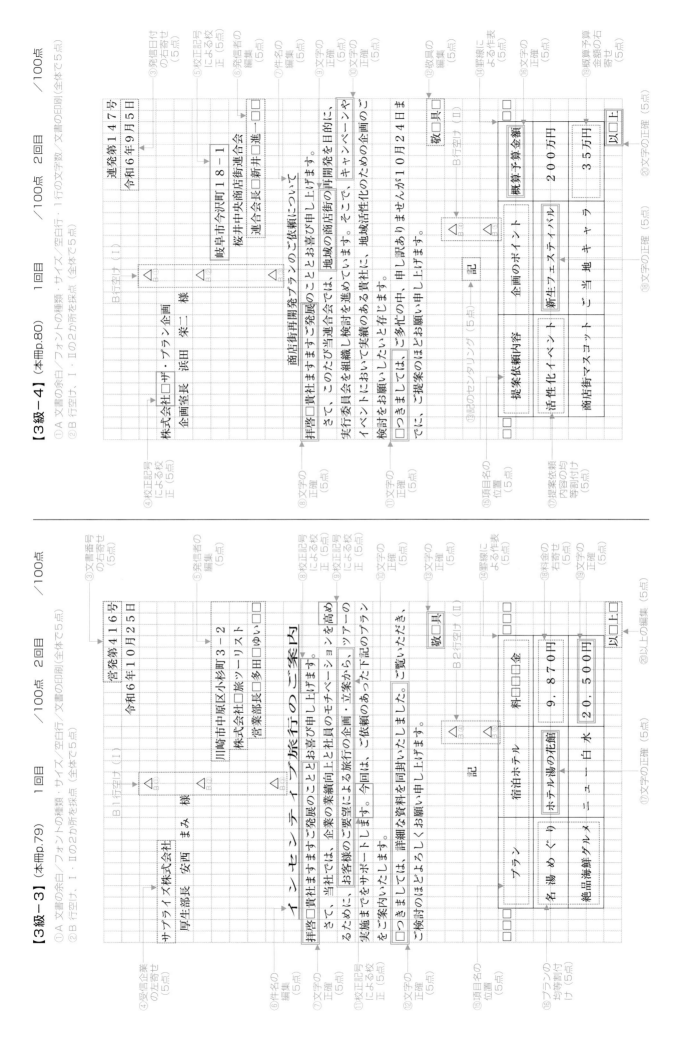

【3級-4】（本冊p.80）　1回目　／100点　2回目　／100点

①A 文書の余白／フォントの種類・サイズ／空白行／1行の文字数／文書の印刷（全体で5点）
②B 行空け、Ⅰ・Ⅱの2か所を採点（全体で5点）

連発第１４７号
令和６年９月５日

岐阜市今沢町１８－１
桜井中央商店街連合会
連合会長□新井□進一□□

株式会社□ザ・プラン企画
企画室長　浜田　栄二　様

商店街再開発プランのご依頼について

拝啓□貴社ますますご発展のこととお喜び申し上げます。
さて、このたび当連合会では、地域の商店街の再開発を目的に、実行委員会を組織し検討を進めておる名貴社に、地域活性化のための企画のご検討をお願いしたいと存じます。
つきましては、ご多忙の中、申し訳ありませんが１０月２４日までに、ご提案のほどお願い申し上げます。

敬□具

記

提案依頼内容	企画のポイント
活性化イベント	新生フェスティバル
商店街マスコット	ご当地　キャラ
概算予算金額	２００万円
	３５万円

以□上

③発信日付の右寄せ（5点）
④校正記号による校正（5点）
⑤発信者の編集（5点）
⑥件名の編集（5点）
⑦文字の正確（5点）
⑧文字の正確（5点）
⑨校正記号による校正（5点）
⑩文字の正確（5点）
⑪文字の正確（5点）
⑫敬具の編集（5点）
⑬項目名の位置（5点）
⑭罫線による作表（5点）
⑮記のセンタリング（5点）
⑯文字の正確（5点）
⑰提案依頼内容の均等割付け（5点）
⑱文字の正確（5点）
⑲概算予算金額の右寄せ（5点）
⑳文字の正確（5点）

【3級-3】（本冊p.79）　1回目　／100点　2回目　／100点

①A 文書の余白／フォントの種類・サイズ／空白行／1行の文字数／文書の印刷（全体で5点）
②B 行空け、Ⅰ・Ⅱの2か所を採点（全体で5点）

営発第４１６号
令和６年１０月２５日

川崎市中原区小杉町３－２
株式会社□旅ツーリスト
営業部長□多田□ゆい

サプライズ株式会社
厚生部長　安西　まみ　様

インセンティブ旅行のご案内

拝啓□貴社ますますご発展のこととお喜び申し上げます。
さて、当社では、企業の業績向上と社員のモチベーションを高めるために、お客様のご要望による旅行の企画・立案から、ツアーの実施までをサポートします。今回は、ご依頼のあった下記のプランをご案内いたします。
つきましては、詳細な資料を同封いたしました。ご覧いただき、ご検討のほどよろしくお願い申し上げます。

敬□具

記

プラン	宿泊ホテル	料□□□金
名　湯　め　ぐ　り	ホテル湯の花館	９，８７０円
絶品海鮮グルメ	ニュー白水	２０，５００円

以□上

③文書番号の右寄せ（5点）
④受信企業の左寄せ（5点）
⑤発信者の編集（5点）
⑥件名の編集（5点）
⑦文字の正確（5点）
⑧校正記号による校正（5点）
⑨校正記号による校正（5点）
⑩文字の正確（5点）
⑪校正記号による校正（5点）
⑫文字の正確（5点）
⑬文字の正確（5点）
⑭罫線による作表（5点）
⑮項目名の位置（5点）
⑯プランの均等割付け（5点）
⑱料金の右寄せ（5点）
⑲文字の正確（5点）
⑳以上の編集（5点）

－9－

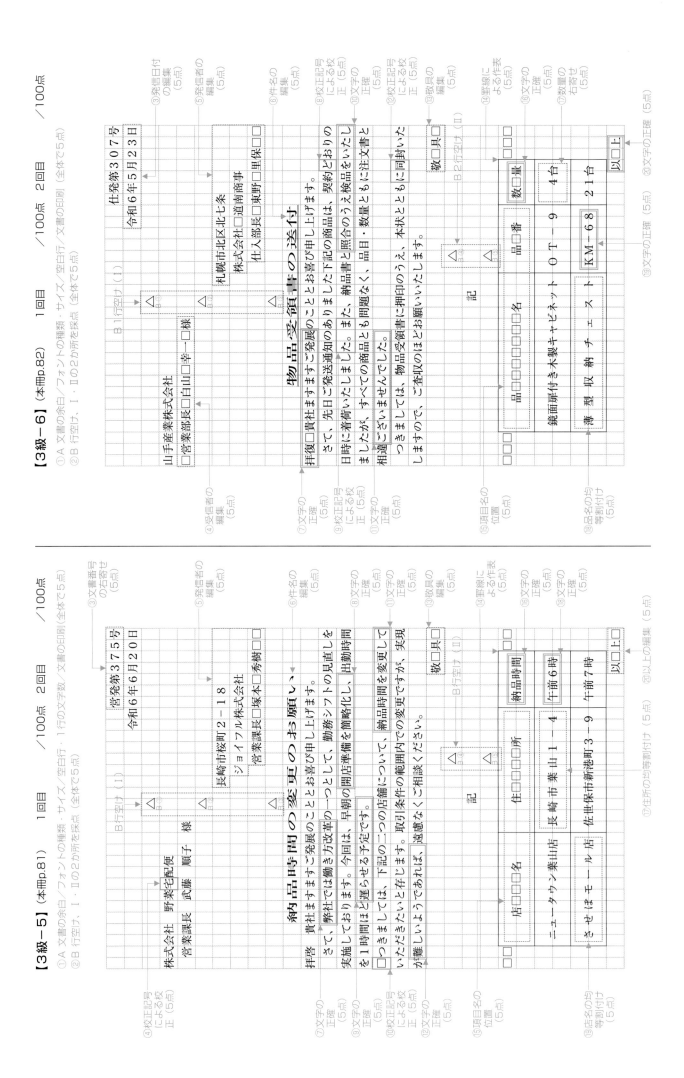

【3級-5】(本冊p.81)

①A 文書の余白/フォントの種類・サイズ/空白行・1行の文字数/文書の印刷(全体で5点)
②B 行空け、I・IIの2か所を採点 (全体で5点)

営発第375号
令和6年6月20日

株式会社　野菜宅配便
　営業課長　武藤　順子　様

B行空け(I)

長崎市桜町2-18
ジョイフル株式会社
　営業課長　塚本□秀樹□

納品時間の変更のお願い

拝啓□貴社ますますご発展のこととお喜び申し上げます。
　さて、弊社では働き方改革の一つとして、勤務シフトの見直しを実施しております。今回は、早朝の開店準備を簡略化し、出勤時間を1時間ほど遅らせる予定です。
□つきましては、下記の二つの店舗について、納品時間を変更していただきたいと存じます。取引条件の範囲内での変更ですが、実現が困難いようであれば、遠慮なくご相談ください。

記

B行空け(II)

店□□□名	住□□□所	納品時間
ニュータウン葉山店	長崎市葉山1-4	午前6時
させぼモール店	佐世保市新港町3-9	午前7時

敬□具

以□上

（採点項目）④校正記号による名校正（5点）／⑦文字の正確（5点）／⑨文字の正確（5点）／⑩校正記号による名校正正（5点）／⑫文字の正確（5点）／⑬敬具の編集（5点）／⑮項目名の位置（5点）／⑭罫線による名作表（5点）／⑯文字の正確（5点）／⑱文字の正確（5点）／③文書番号の右寄せ（5点）／⑤発信者の編集（5点）／⑥件名の編集（5点）／⑧文字の正確（5点）／⑪文字の正確（5点）／⑰住所の均等割付け（5点）／⑲店名の均等割付け（5点）／⑳以上の編集（5点）

【3級-6】(本冊p.82)

①A 文書の余白/フォントの種類・サイズ/空白行 (全体で5点)
②B 行空け、I・IIの2か所を採点 (全体で5点)

仕発第307号
令和6年5月23日

山手産業株式会社
　営業部長□白山□幸一□様

B行空け(I)

札幌市北区北七条
株式会社□道南商事
　仕入部長□東野□里保□

物品受領書の送付

拝復□貴社ますますご発展のこととお喜び申し上げます。
　さて、先日ご発送通知のありました下記の商品は、契約どおりの日時に着荷いたしました。また、納品書と照合のうえ検品をいたしましたが、すべての商品とも問題なく、品目・数量ともに注文書と相違ございませんでした。
□つきましては、物品受領書に押印のうえ、本状とともに同封いたしますので、ご査収のほどお願いいたします。

記

B行空け(II)

品□□□□名	品□番	数□量
鏡面扉付き木製キャビネット	OT-9	4台
薄型収納チェスト	KM-68	21台

敬□具

以□上

（採点項目）③発信日付の編集（5点）／⑤発信者の編集（5点）／⑥件名の編集（5点）／⑧校正記号による名校正正（5点）／⑩文字の正確（5点）／⑫校正記号による名校正正（5点）／⑬敬具の編集（5点）／⑭罫線による名作表（5点）／⑯文字の正確（5点）／⑰数量の右寄せ（5点）／④受信者の編集（5点）／⑦文字の正確（5点）／⑨校正記号による正（5点）／⑪文字の正確（5点）／⑮項目名の位置（5点）／⑱品名の均等割付け（5点）／⑲文字の正確（5点）／⑳文字の正確（5点）

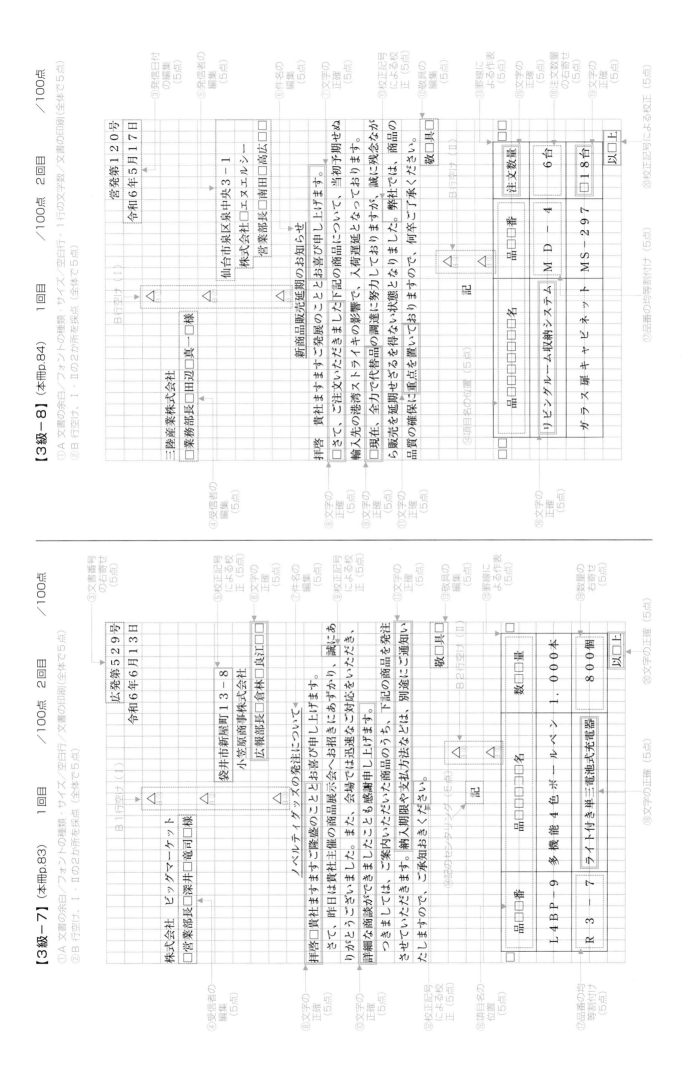

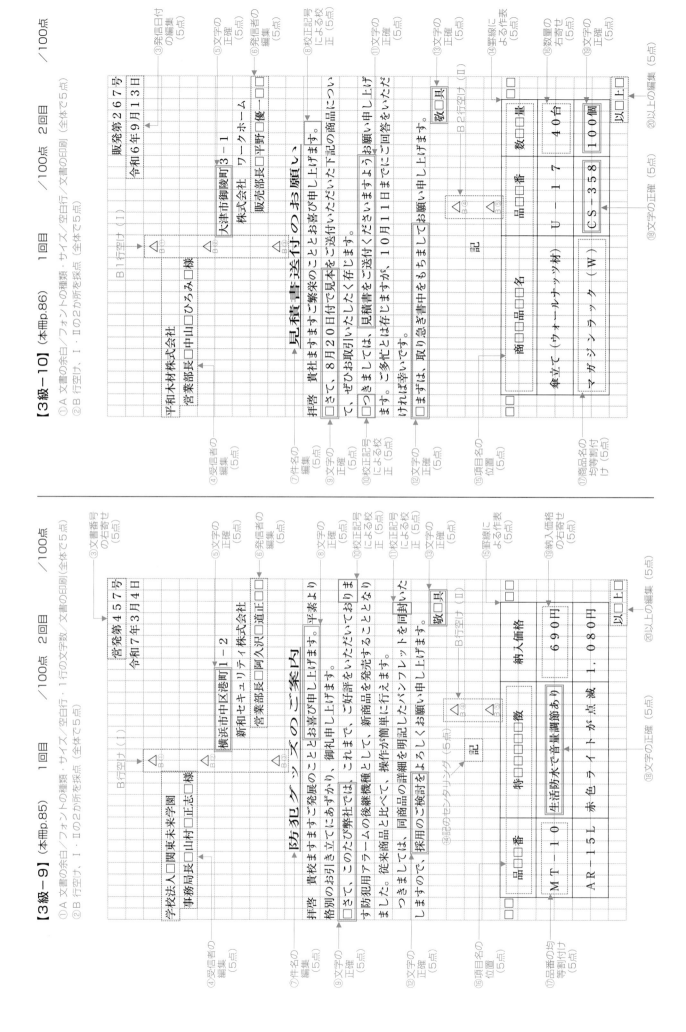

【3級-12】(本冊p.88)

①A 文書の余白／フォントの種類・サイズ／空白行／文書の印刷(全体で5点)
②B 行空け、I・Ⅱの2か所を採点 (全体で5点)

③発信日付の編集 (5点)
⑤文字の正確 (5点)
⑥発信者の編集 (5点)
⑦件名の編集 (5点)
⑨校正記号による校正 (5点)
⑪校正記号による校正 (5点)
⑬文字の正確 (Ⅱ)

総発第398号
令和6年5月27日

大宮総合高等学校
　小島□一郎□先生　　　　　　　B1行空け (I)

　　　　　　　　栃木市大宮町7－245
　　　　　　　　北関東ドラッグ株式会社
　　　　　　　　総務部長□田村□さゆり□□

　　　　インターンシップの受け入れについて

拝啓□貴校ますますご発展のこととお喜び申し上げます。
　さて、昨日は弊社にご訪問いただき、誠にありがとうございまし
た。ご依頼をいただきましたインターンシップの件について、下記
のとおり実習生の受け入れをいたします。
　つきましては、当日の時程や作業内容について、打ち合わせがで
きればと考えております。実習される生徒さんが決まりましたら、
再度ご連絡いただきたいと存じます。

　　　　　　　　　　　　　　　敬□具　　　B2行空け (Ⅱ)

④校正記号による校正 (5点)
⑧文字の正確 (5点)
⑩文字の正確 (5点)
⑫文字の正確 (5点)

　　　　　　　　　記

実習日	実習実施店舗	参加人数
９月９日	栃木ショッピングモール店	６名
９月12日	さくら駅地下街店	10名

　　　　　　　　　　　　　　　　　　　以上□

⑭罫線による名作表 (5点)
⑮項目名の位置 (5点)
⑯文字の正確 (5点)
⑰参加人数の右寄せ (5点)
⑱文字の正確 (5点)
⑲実習実施店舗の均等割付け (5点)
⑳以上の編集 (5点)

【3級-11】(本冊p.87)

①A 文書の余白／フォントの種類・サイズ／空白行／1行の文字数／文書の印刷(全体で5点)
②B 行空け、I・Ⅱの2か所を採点 (全体で5点)

③発信日付の編集 (5点)
⑥発信者の編集 (5点)
⑦件名の編集 (5点)
⑨文字の正確 (5点)
⑫文字の正確 (5点)
⑬校正記号による校正 (5点)

総発第195号
令和7年2月10日

株式会社□安藤オフィス
　□営業部長□斉藤□晋也□様　　　　B行空け (I)

　　　　　　　　日立市助川町1－8
　　　　　　　　アキツ物産株式会社
　　　　　　　　総務部長□山崎□順子□□

　　　　　注文数量の訂正について

拝啓□貴社ますますご発展のこととお喜び申し上げます。
　さて、先般注文いたしました備品について、下記のとおり注文数
の変更をお願いいたします。設計業者と、新店舗の開設にあたって、
店内のレイアウトを検討した結果、変更することになりました。
　なお、貴社には大変ご迷惑をおかけいたしますが、何卒ご了承い
ただきますようお願い申し上げます。

　　　　　　　　　　　　　　　敬□具　　　B行空け (Ⅱ)

④校正記号による校正 (5点)
⑤受信者の編集 (5点)
⑧文字の正確 (5点)
⑩文字の正確 (5点)
⑪校正記号による校正 (5点)

　　　　　　　　　記

品□□番	品□□□□名	注文数
OADS－67	ビジネスオフィスデスク	23台
SC－A4	A4対応サイドキャビネット	８台

　　　　　　　　　　　　　　　　　　　以上□

⑭罫線による名作表 (5点)
⑮項目名の位置 (5点)
⑯文字の正確 (5点)
⑰品番の均等割付け (5点)
⑱文字の正確 (5点)
⑲注文数の右寄せ (5点)
⑳以上の編集 (5点)

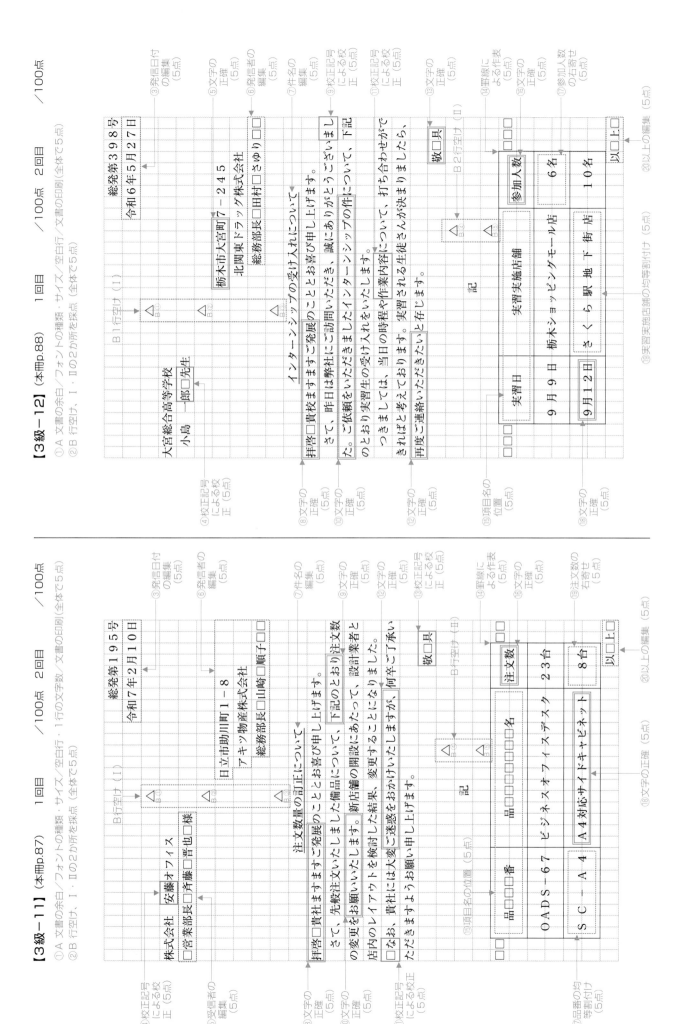

— 13 —

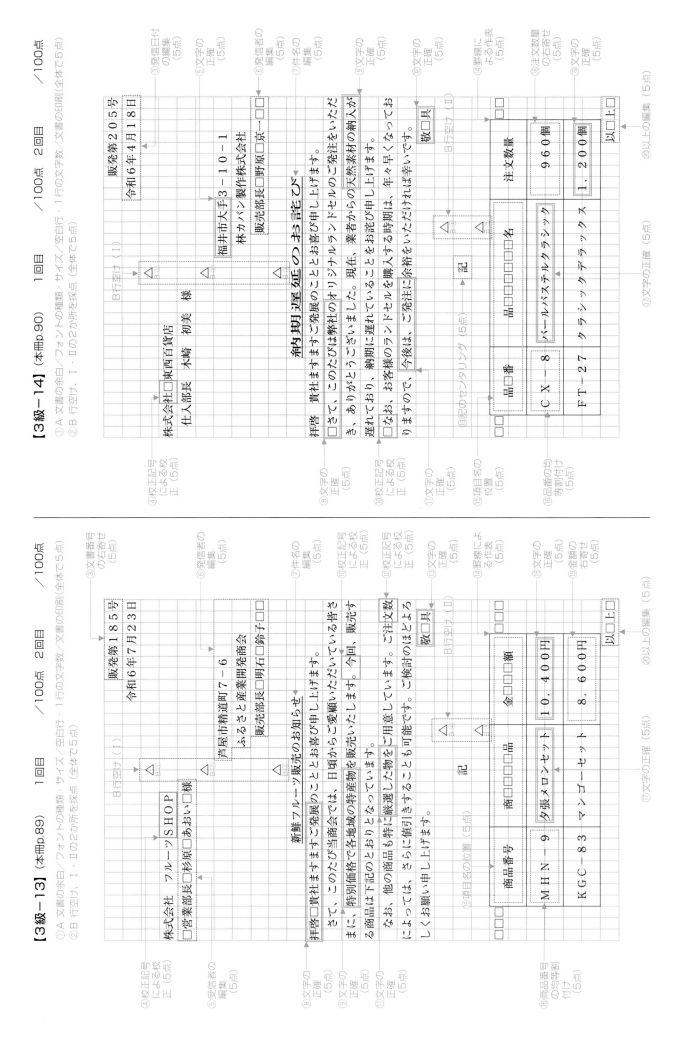

【3級-14】 (本冊p.90) 1回目 /100点 2回目 /100点 /100点

①A 文書の余白／フォントの種類・サイズ／空白行・1行の文字数／文書の印刷(全体で5点)
②B 行空け、Ⅰ・Ⅱの2か所を採点 (全体で5点)

③発信日付の編集 (5点)
④校正記号による校正 (5点)
⑤文字の正確 (5点)
⑥発信者の編集 (5点)
⑦件名の編集 (5点)
⑧文字の正確 (5点)
⑨文字の正確 (5点)
⑩校正記号による校正 (5点)
⑪文字の正確 (5点)
⑫文字の正確 (5点)
⑬記のセンタリング (5点)
⑭罫線による作表 (5点)
⑮項目名の位置 (5点)
⑯品番の均等割付け (5点)
⑰文字の正確 (5点)
⑱注文数量の右寄せ (5点)
⑲文字の正確 (5点)
⑳以上の編集 (5点)

販発第205号
令和6年4月18日

B行空け (Ⅰ)

株式会社□東西百貨店
仕入部長 木崎 初美 様

福井市大手3-10-1
株カパン製作株式会社
販売部長□野原□京一□

納期遅延のお詫び

拝啓 貴社ますますご発展のこととお喜び申し上げます。
□さて、このたびは弊社のオリジナルランドセルのご発注をいただ
き、ありがとうございました。現在、業者からの天然素材の納入が
遅れており、納期に遅れていることをお詫び申し上げます。
□なお、お客様のランドセルを購入する時期は、年々早くなってお
りますので、今後は、ご発注に余裕をいただければ幸いです。

敬□具

記

品□番	品□□□名	注文数量
C-X-8	パール□パステル□クラシック	960個
FT-27	クラシック□デラックス	1,200個

以上

【3級-13】 (本冊p.89) 1回目 /100点 2回目 /100点 /100点

①A 文書の余白／フォントの種類・サイズ／空白行・1行の文字数／文書の印刷(全体で5点)
②B 行空け、Ⅰ・Ⅱの2か所を採点 (全体で5点)

③文書番号の右寄せ (5点)
④校正記号による校正 (5点)
⑤受信者の編集 (5点)
⑥発信者の編集 (5点)
⑦件名の編集 (5点)
⑧文字の正確 (5点)
⑨文字の正確 (5点)
⑩校正記号による校正 (5点)
⑪文字の正確 (5点)
⑫校正記号による校正 (5点)
⑬文字の正確 (5点)
⑭罫線による作表 (5点)
⑮商品番号の均等割付け (5点)
⑯項目名の位置 (5点)
⑰文字の正確 (5点)
⑱文字の正確 (5点)
⑲金額の右寄せ (5点)
⑳以上の編集 (5点)

販発第185号
令和6年7月23日

B行空け (Ⅰ)

株式会社 フルーツSHOP
□営業部長□杉原□あおい□様

芦屋市精道町7-6
ふるさと産業開発商会
販売部長□明右 鈴子□

新鮮フルーツ販売のお知らせ

拝啓□貴社ますますご発展のこととお喜び申し上げます。
□さて、このたび当商会では、日頃からご愛顧いただいている皆さ
まに、特別価格で各地域の特産物を販売いたします。今回、販売す
る商品は下記のとおりとなっています。
□なお、他の商品も厳選した物をご用意しています。ご注文数
によっては、さらに値引きすることも可能です。ご検討のほどどうぞ
しくお願い申し上げます。

敬□具

記

商品番号	商□□□品	金□□額
MHN-9	夕張メロンセット	10,400円
KGC-83	マンゴーセット	8,600円

以上

— 14 —

【3級-16】 (本冊p.92)　　1回目　／100点　2回目　／100点

①A 文書の余白／フォントの種類・サイズ／空白行／1行の文字数／文書の印刷(全体で5点)
②B 行空け、Ⅰ・Ⅱの2か所を採点 (全体で5点)

販発第387号
令和6年6月13日

株式会社　AUTO産業
　営業部長　本田　哲也　様

広島市南区松原13-5
西日本商事株式会社
販売部長　阿部　一夫

見積もりのご依頼について

謹啓　時下ますますご隆盛のこととお喜び申し上げます。
　さて、早速ではありますが、下記のとおり商品の見積もりをお願いいたします。なお、弊社の取引先からの急な依頼のため、できる限り早い時期に納めなければなりません。
　つきましては、最短納期のご回答も含めて、至急見積書をお送りいただきたく、何卒ご配慮のほどよろしくお願い申し上げます。

敬白

記

品　番	製　品　名	数　量
ZY-915	車用急冷スプレー	300本
MS-42	UVカットサンバイザー	90個

以上

【3級-15】 (本冊p.91)　　1回目　／100点　2回目　／100点

①A 文書の余白／フォントの種類・サイズ／空白行／1行の文字数／文書の印刷(全体で5点)
②B 行空け、Ⅰ・Ⅱの2か所を採点 (全体で5点)

営発第346号
令和6年6月20日

新世界商事株式会社
　営業課長　神矢　孝平　様

足利市本城3-2147
株式会社　仁美開発
営業課長　森田　達夫

サンプル商品送付について

拝啓　貴社ますますご発展のこととお喜び申し上げます。
　さて、このたび弊社で開発を進めていた新製品が完成し、商品化することができました。この商品は、試用した関係者からご好評を得ており、これからのシーズンに向けて販売を予定しています。
　つきましては、サンプル商品を同封いたしますので、ご購入についてご検討のほどよろしくお願い申し上げます。

敬具

記

品　名	品　番	価　格
ハードムースX	TZ34-52	1,350円
ジェルスーパーZ	QY-698	960円

以上

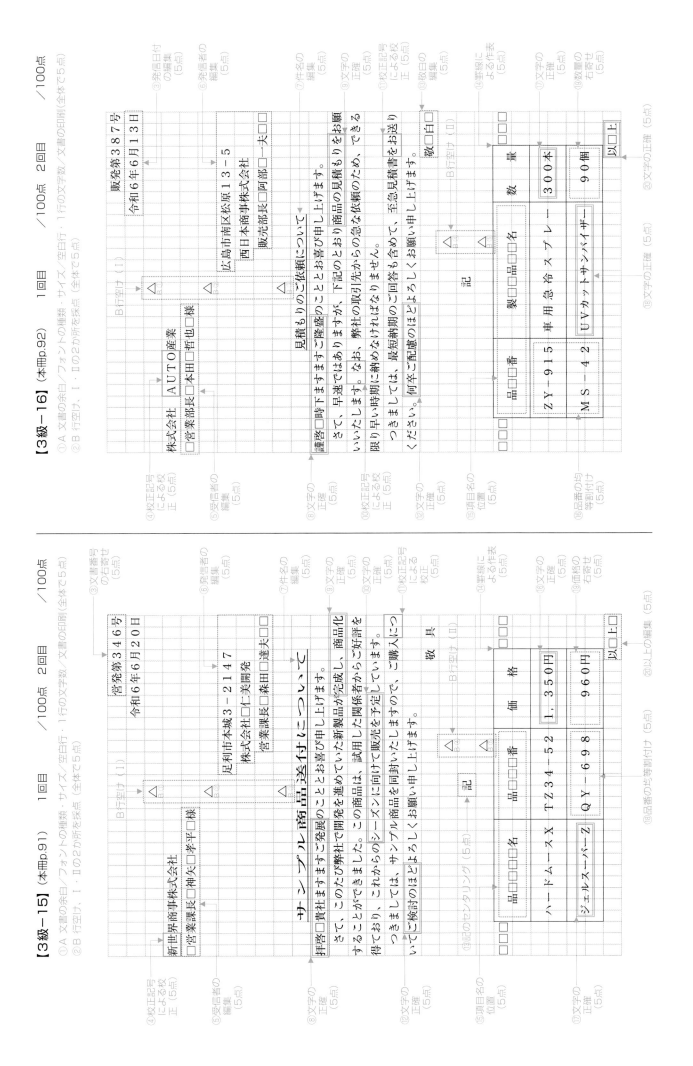

【模擬試験問題第2回】（本冊p.146）　1回目　／100点　2回目　／100点

①A 文書の余白／フォントの種類・サイズ／空白行／文書の印刷（全体で5点）
②B 行空け、Ⅰ・Ⅱの2か所を採点（全体で5点）

営発第498号
令和6年7月25日

株式会社□シントク電器
営業部長□河田□貴司□様

三条市旭町2-3-1
オリンピア株式会社
営業部長　正木　佑介

製造終了のお知らせ

　拝啓　時下ますますご発展のこととお喜び申し上げます。
　このたび長年にわたり、ご愛顧いただいておりました下記の製品につきまして、諸般の事情により製造を終了いたします。これまでのご愛顧に感謝を申し上げるとともに、ご迷惑をお掛けすることを深くお詫び申し上げます。
　つきましては、在庫がなくなり次第、販売終了とさせていただきます。何卒よろしくお願い申し上げます。
敬具

記

品□□番	品□□□□□名	製造終了日
HD-P2	外付けHDD-2.0GB	9月5日
U8SW-T	USB2.0切替器	12月9日

以上

【模擬試験問題第1回】（本冊p.141）　1回目　／100点　2回目　／100点

①A 文書の余白／フォントの種類・サイズ／空白行／文書の印刷（全体で5点）
②B 行空け、Ⅰ・Ⅱの2か所を採点（全体で5点）

営発第174号
令和6年5月20日

鹿児島産業株式会社
販売部長　土田□秋彦□様

大分市大手門町3-1
株式会社　シー・エッグ
営業部長　岡崎　晴美

在庫数量の照会について

　拝啓　貴社ますますご隆盛のこととお喜び申し上げます。
　さて、今年も弊社では、8月恒例のサマーキャンペーンを企画しております。近年は、暑い夏が続いたことから、暑さ対策に関する商品を販売する予定です。
　つきましては、下記の商品について、現在の在庫数をご回答いただきたいと存じます。誠に勝手ではございますが、6月7日までに書面にてお知らせいただければ幸いです。
敬具

記

商品番号	商品□□品□□名	標準価格
MHS-69	モバイルハンディ扇風機	1,200円
CP-8	貼るだけ簡単冷えピタクール	750円

以上

①Ａ 文書の余白／フォントの種類・サイズ／空白行／文書の印刷（全体で5点）
②Ｂ 行空け　Ⅰ・Ⅱの2か所を採点（全体で5点）

③発信日付の編集（5点）
⑤文字の正確（5点）
⑥発信者の編集（5点）
⑦件名の編集（5点）
⑨校正記号による校正（5点）
⑪文字の正確（5点）
⑬敬具の編集（5点）
⑮項目名の位置（5点）
⑰社名の均等割付け（5点）
⑲備考の均等割付け（5点）

営発第250号
令和6年4月9日

株式会社　マルト三産業
業務部長　丸富　宏光　様

社名変更のご挨拶

拝啓　貴社ますますご発展のこととお喜び申し上げます。平素より格別のご高配を賜り、厚くお礼申し上げます。

さて、このたび弊社では、下記のとおり社名を変更することになりましたのでお知らせいたします。今後とも、ご指導ご鞭撻を賜りますよう、よろしくお願い申し上げます。これを機に、さらに社業に励み、ご期待に沿うよう努力いたす所存でございます。

まずは略儀ながら、書中をもってご挨拶とさせていただきます。
敬具

記

新・旧	社名	備考
旧社名	昭和電子工業株式会社	7月31日まで
新社名	株式会社レイワ・テクニカル	8月1日付

以上

④校正記号による校正（5点）
⑧文字の正確（5点）
⑩文字の正確（5点）
⑫文字の正確（5点）
⑭罫線による作表（5点）
⑯文字の正確（5点）
⑱校正記号による校正（5点）
⑳以上の編集（5点）

Ｂ1行空け（Ⅰ）
Ｂ2行空け（Ⅱ）

渋谷区宇田川町1－1
昭和電子工業株式会社
営業部長　紀平　和人　□

---

①Ａ 文書の余白／フォントの種類・サイズ／空白行／文書の印刷（全体で5点）
②Ｂ 行空け　Ⅰ・Ⅱの2か所を採点（全体で5点）

③文書番号の右寄せ（5点）
⑤文字の正確（5点）
⑥発信者の編集（5点）
⑧校正記号による校正（5点）
⑩文字の正確（5点）
⑫文字の正確（5点）
⑭罫線による作表（5点）
⑰数量の右寄せ（5点）

販発第478号
令和6年9月19日

株式会社　グッド・プライス
□営業部長　富永　鉄也　様

注文数の変更について

拝啓　貴社ますますご隆盛のこととお喜び申し上げます。

さて、9月12日付け、販発第475号にてお願いしました商品の注文について、下記のとおりに数量の変更をさせていただきたいと存じます。今回の変更で、取引に不都合が生じるようであれば、折り返しご連絡ください。

なお、販発第475号の文書につきましては、貴社にて破棄していただければ幸いです。
敬具

記

注文コード	商□品□品□名	数量
ＫＭＧ－6	紀州名産品ギフトセット	800セット
ＤＦ－3	ドライフルーツの詰め合わせ	12,000個

以上

④校正記号による校正（5点）
⑦件名の編集（5点）
⑨文字の正確（5点）
⑪文字の正確（5点）
⑬記のセンタリング（5点）
⑮項目名の位置（5点）
⑯校正記号による校正（5点）
⑱注文コードの均等割付け（5点）
⑲文字の正確（5点）
⑳以上の編集（5点）

Ｂ1行空け（Ⅰ）
Ｂ2行空け（Ⅱ）

和歌山市小松原町2
南紀州産業株式会社
販売部長　高倉　綾香　□

ビジネス文書部門筆記編　解答

筆記編①対策問題(本冊 p.100〜103)

【①-1】 ①オ ②ク ③ア ④カ ⑤ウ ⑥キ ⑦エ ⑧イ
【①-2】 ①ウ ②カ ③ア ④オ ⑤ク ⑥イ ⑦キ ⑧エ
【①-3】 ①エ ②ク ③ア ④カ ⑤キ ⑥イ ⑦オ ⑧ウ
【①-4】 ①エ ②カ ③イ ④ク ⑤ウ ⑥オ ⑦キ ⑧ア
【①-5】 ①カ ②ウ ③ア ④ク ⑤エ ⑥イ ⑦ウ ⑧オ
【①-6】 ①オ ②イ ③ク ④エ ⑤カ ⑥ア ⑦キ ⑧ウ
【①-7】 ①オ ②ク ③イ ④ア ⑤キ ⑥ウ ⑦カ ⑧エ

筆記編②対策問題(本冊 p.103〜106)

【②-1】 ①○ ②エ ③イ ④ク ⑤○ ⑥オ ⑦ア ⑧カ
【②-2】 ①エ ②○ ③ク ④オ ⑤イ ⑥○ ⑦ウ ⑧カ
【②-3】 ①ア ②オ ③○ ④ウ ⑤カ ⑥タ ⑦○ ⑧エ
【②-4】 ①ウ ②カ ③イ ④○ ⑤エ ⑥キ ⑦ア ⑧オ
【②-5】 ①オ ②○ ③キ ④ア ⑤エ ⑥○ ⑦イ ⑧ク
【②-6】 ①○ ②カ ③ア ④ア ⑤ウ ⑥キ ⑦イ ⑧オ
【②-7】 ①ウ ②オ ③○ ④ア ⑤カ ⑥エ ⑦ク ⑧○

筆記編③対策問題(本冊 p.111〜114)

【③-1】 ①ア ②ア ③イ ④ウ ⑤ウ ⑥イ ⑦ウ ⑧ア
【③-2】 ①イ ②ア ③イ ④ウ ⑤ウ ⑥ア ⑦ア ⑧イ
【③-3】 ①ウ ②イ ③ウ ④ウ ⑤ア ⑥ウ ⑦ア ⑧イ
【③-4】 ①ア ②ア ③イ ④ア ⑤イ ⑥ア ⑦イ ⑧ウ
【③-5】 ①ウ ②イ ③ア ④ウ ⑤ウ ⑥イ ⑦ア ⑧ア
【③-6】 ①イ ②ウ ③ウ ④ア ⑤ウ ⑥イ ⑦ア ⑧ウ
【③-7】 ①イ ②ア ③ウ ④ア ⑤ウ ⑥ウ ⑦ア ⑧イ

筆記編④対策問題(本冊 p.114〜117)

【④-1】 ①ア ②ウ ③イ ④イ ⑤ア ⑥ウ
【④-2】 ①ウ ②イ ③ウ ④ア ⑤イ ⑥ア
【④-3】 ①ア ②イ ③イ ④ア ⑤ウ ⑥ウ
【④-4】 ①ウ ②ア ③イ ④ア ⑤ウ ⑥イ
【④-5】 ①イ ②ウ ③イ ④ア ⑤ウ ⑥ウ
【④-6】 ①ウ ②ア ③イ ④ウ ⑤イ ⑥ア
【④-7】 ①イ ②ア ③ウ ④イ ⑤ウ ⑥ア

筆記編⑤対策問題(本冊 p.126〜127)

【⑤-1】

番号	漢字	音読み	訓読み
例	隠	いん	かくす
1	治	イ	なおす
2	冠	かん	カ
3	シ	―	うね
4	瓦	ア	かわら
5	掲	けい	オ
6	ケ	どう	ひとみ
7	侵	ク	おかす
8	斬	ざん	エ
9	コ	もう	あみ
10	弾	キ	ひく

【⑤-2】

番号	漢字	音読み	訓読み
例	詠	えい	よむ
1	陥	かん	カ
2	サ	けい	ほたる
3	浸	ウ	ひたす
4	潰	かい	イ
5	コ	へい	やむ
6	沃	オ	―
7	字	じ	ア
8	シ	ゆう	いさむ
9	亀	エ	かめ
10	蓄	ちく	キ

【⑤-3】

番号	漢字	音読み	訓読み
例	似	じ	にる
1	コ	ちゅう	いる
2	酔	キ	よう
3	患	かん	エ
4	サ	えん	なまり
5	苗	ア	なえ
6	叱	しつ	ク
7	ケ	ひ	―
8	崖	オ	がけ
9	軒	けん	イ
10	シ	れつ	さく

【⑤-4】

番号	漢字	音読み	訓読み
例	炎	えん	ほのお
1	遣	キ	つかう
2	貫	かん	エ
3	サ	しつ	とる
4	蓋	オ	ふた
5	釜	―	ク
6	ケ	しゅ	はれる
7	釣	ア	つる
8	粒	りゅう	イ
9	コ	ふ	こわい
10	腰	ウ	こし

【⑤-5】

番号	漢字	音読み	訓読み
例	桜	おう	さくら
1	煮	ク	にる
2	勧	かん	カ
3	シ	ちょう	はねる
4	遥	ア	―
5	幻	げん	エ
6	コ	じゅ	のろう
7	吹	イ	ふく
8	剝	はく	オ
9	ケ	よう	あげる
10	舞	キ	まう

【⑤-6】

番号	漢字	音読み	訓読み
例	価	か	あたい
1	誇	オ	ほこる
2	紛	ふん	ク
3	ケ	しゅ	たね
4	嗅	キ	かぐ
5	繕	ぜん	エ
6	サ	しょく	ふく
7	笛	ウ	ふえ
8	裾	―	イ
9	コ	よう	うたう
10	幅	ア	はば

筆記編⑥対策問題(本冊 p.128〜129)

【⑥-1】 ①イ ②ア ③ア
【⑥-2】 ①イ ②ア ③イ
【⑥-3】 ①イ ②ア ③イ
【⑥-4】 ①イ ②イ ③イ
【⑥-5】 ①イ ②ア ③イ
【⑥-6】 ①ア ②イ ③ア
【⑥-7】 ①イ ②ア ③イ
【⑥-8】 ①ア ②イ ③ア
【⑥-9】 ①ア ②ア ③イ
【⑥-10】 ①イ ②イ ③イ
【⑥-11】 ①ア ②ア ③ア
【⑥-12】 ①ア ②イ ③ア
【⑥-13】 ①ア ②イ ③ア
【⑥-14】 ①ア ②イ ③イ
【⑥-15】 ①ア ②イ ③ア
【⑥-16】 ①イ ②ア ③イ
【⑥-17】 ①ア ②イ ③ア
【⑥-18】 ①イ ②ア ③ア
【⑥-19】 ①ア ②イ ③ア
【⑥-20】 ①ア ②ア ③イ
【⑥-21】 ①ア ②イ ③ア

筆記編⑦対策問題(本冊 p.130～131)

【⑦-1】 ①いおう ②さおとめ ③なこうど
【⑦-2】 ①しわす(しはす) ②かたず ③うなばら
【⑦-3】 ①こじ ②どきょう ③わこうど
【⑦-4】 ①むすこ ②しゃみせん ③つゆ
【⑦-5】 ①ゆくえ ②あずき ③かわら
【⑦-6】 ①おとめ ②じゃり ③はとば
【⑦-7】 ①もみじ ②いくじ ③ぞうり
【⑦-8】 ①かな ②まいご ③けしき
【⑦-9】 ①かや ②ちご ③もめん
【⑦-10】 ①まじめ ②ふぶき ③あま
【⑦-11】 ①まわ ②やおや ③あす
【⑦-12】 ①くだもの ②ひより ③ゆかた
【⑦-13】 ①ざこ ②なごり ③しぐれ
【⑦-14】 ①さじき ②くろうと ③かわせ
【⑦-15】 ①だし ②やよい ③しっぽ
【⑦-16】 ①へた ②しらが ③みやげ
【⑦-17】 ①さつき ②なだれ ③しろうと
【⑦-18】 ①たび ②いなか ③いぶき
【⑦-19】 ①のら ②しない ③もさ
【⑦-20】 ①かじ ②ここち ③しにせ
【⑦-21】 ①たち ②つきやま ③とえはたえ

筆記編⑧対策問題(本冊 p.132～133)

【⑧-1】 ①ア ②イ ③イ ④ア
【⑧-2】 ①ア ②イ ③イ ④イ
【⑧-3】 ①イ ②イ ③ア ④ア
【⑧-4】 ①ア ②ア ③ウ ④イ
【⑧-5】 ①イ ②イ ③ア ④イ
【⑧-6】 ①ア ②イ ③ア ④イ
【⑧-7】 ①イ ②ア ③ア ④ア
【⑧-8】 ①イ ②ア ③イ ④イ
【⑧-9】 ①ア ②イ ③イ ④ウ
【⑧-10】 ①ア ②ア ③イ ④ア

8 筆記総合問題第1回(本冊 p.134～136)

1 ①キ ②カ ③ク ④イ ⑤ウ ⑥ア ⑦オ ⑧エ
2 ①○ ②エ ③ク ④イ ⑤キ ⑥オ ⑦ウ ⑧○
3 ①イ ②イ ③ウ ④ア ⑤イ ⑥ア ⑦ウ ⑧イ
4 ①ア ②ウ ③イ ④ウ ⑤ア ⑥イ
5 ①ウ ②イ ③コ ④ア ⑤ク ⑥ケ ⑦オ ⑧エ
　⑨サ ⑩キ
6 ①ア ②イ ③イ
7 ①うわ ②さなえ ③はかせ
8 ①ア ②イ ③イ ④ア

筆記総合問題第2回(本冊 p.137～139)

1 ①キ ②オ ③ウ ④エ ⑤カ ⑥ア ⑦ク ⑧イ
2 ①ウ ②ク ③キ ④カ ⑤○ ⑥オ ⑦○ ⑧○
3 ①イ ②イ ③ア ④ウ ⑤ウ ⑥ア ⑦ウ ⑧イ
4 ①ア ②ア ③ウ ④イ ⑤イ ⑥ウ
5 ①ア ②カ ③コ ④ク ⑤オ ⑥シ ⑦イ ⑧エ
　⑨ケ ⑩キ
6 ①イ ②ア ③ア
7 ①うば ②かぐら ③まっか
8 ①イ ②ア ③ア ④ア

9 模擬試験問題1回(本冊 p.142～144)

1 ①キ ②ウ ③オ ④ク ⑤イ ⑥カ ⑦エ ⑧ア
2 ①ア ②エ ③キ ④○ ⑤カ ⑥○ ⑦オ ⑧ウ
3 ①ウ ②ア ③イ ④イ ⑤ア ⑥イ ⑦ウ ⑧ア
4 ①イ ②ウ ③イ ④ア ⑤ア ⑥ウ
5 ①サ ②ク ③ウ ④ケ ⑤オ ⑥ア ⑦シ ⑧カ
　⑨エ ⑩コ
6 ①イ ②ア ③イ
7 ①おもや ②けさ ③てんません
8 ①ア ②ア ③イ ④ア

模擬試験問題2回(本冊 p.147～149)

1 ①カ ②ウ ③ア ④キ ⑤オ ⑥ク ⑦エ ⑧イ
2 ①キ ②○ ③オ ④イ ⑤カ ⑥ク ⑦○ ⑧ウ
3 ①ア ②イ ③ウ ④イ ⑤イ ⑥ア ⑦ウ ⑧ア
4 ①イ ②ア ③ウ ④ウ ⑤ア ⑥ウ
5 ①ウ ②エ ③コ ④キ ⑤ア ⑥シ ⑦イ ⑧ク
　⑨ケ ⑩オ
6 ①ア ②イ ③ア
7 ①やおや ②おば ③めがね
8 ①ア ②イ ③ア ④イ

模擬試験問題3回(本冊 p.152～154)

1 ①エ ②ク ③ア ④カ ⑤ウ ⑥オ ⑦キ ⑧イ
2 ①ク ②ウ ③○ ④ア ⑤オ ⑥○ ⑦キ ⑧イ
3 ①ア ②ウ ③ア ④イ ⑤ウ ⑥ア ⑦イ ⑧ウ
4 ①イ ②ア ③イ ④ウ ⑤ア ⑥イ
5 ①イ ②コ ③エ ④オ ⑤ケ ⑥キ ⑦ア ⑧サ
　⑨ウ ⑩ク
6 ①イ ②ア ③ア
7 ①ともだち ②さみだれ ③の
8 ①ア ②イ ③イ ④ア

模擬試験問題4回(本冊 p.157～159)

1 ①エ ②キ ③ク ④ウ ⑤カ ⑥オ ⑦イ ⑧ア
2 ①キ ②○ ③カ ④オ ⑤ウ ⑥エ ⑦ア ⑧○
3 ①イ ②イ ③ア ④イ ⑤イ ⑥ア ⑦ウ ⑧ア
4 ①ウ ②イ ③ア ④ア ⑤ウ ⑥イ
5 ①サ ②ク ③イ ④ケ ⑤ア ⑥エ ⑦シ ⑧キ
　⑨オ ⑩コ
6 ①イ ②イ ③ア
7 ①まっさお ②すもう ③かし
8 ①ア ②ア ③イ ④ア

次の文章を１行30字で入力しなさい。

公益財団法人　全国商業高等学校協会主催・文部科学省後援

第69回　ビジネス文書実務検定試験　（4.11.27）

第３級　速度部門問題　（制限時間10分）

希望者を対象に、週休３日制を導入する企業が増えている。人口	30
の減少で働き手が減るなか、働き方の幅が広がれば、多様な人材を	60
確保しやすくなる。この制度は、さまざまな運用方法により取り入	90
れられている。	98
ある企業では、休日を増やす代わりに１日の労働時間を長くして	128
いる。週当たりの時間は変わらないので、給与水準は維持したまま	158
だ。社員はリフレッシュすることができるため、仕事の意欲や成果	188
が向上したという。	198
一方、社内外のコミュニケーションが不足したり、１日の業務量	228
が増えたりする問題もある。導入には、新たなルールや体制を整え	258
ることが必要だろう。ワークライフバランスの実現に向けて、新し	288
い形態の働き方が広まっていくことを望みたい。	310

公益財団法人 全国商業高等学校協会主催・文部科学省後援

第69回 ビジネス文書実務検定試験 (4.11.27)

第3級

ビジネス文書部門 筆記問題

（制限時間15分）

試験委員の指示があるまで、下の事項を読みなさい。

〔 注 意 事 項 〕

1．試験委員の指示があるまで、問題用紙と解答用紙に手を触れてはいけません。

2．問題は 1 から 8 までで、3ページに渡って印刷されています。

3．試験委員の指示に従って、解答用紙に「試験場校名」と「受験番号」を記入しなさい。

4．解答はすべて解答用紙に記入しなさい。

5．試験は「始め」の合図で開始し、「止め」の合図があったら解答の記入を中止し、ただちに問題用紙を閉じなさい。

6．問題が不鮮明である場合には、挙手をして試験委員の指示に従いなさい。なお、問題についての質問には一切応じません。

7．問題用紙・解答用紙の回収は、試験委員の指示に従いなさい。

1 次の各文は何について説明したものか。最も適切な用語を解答群の中から選び、記号で答えなさい。

① 画面での表示や印刷する際の文字のデザインのこと。

② マウスを操作することにより、画面上での選択や実行などの入力位置を示すアイコンのこと。

③ 液体のインクを用紙に吹き付けて印刷するタイプのプリンタのこと。

④ 入力した文字列などを行の中央に位置付けること。

⑤ 読み込んだ文書データを同じファイル名と拡張子で保存すること。

⑥ 文書の作成、編集、保存、印刷のためのアプリケーションソフトのこと。

⑦ ウィンドウや画面の上段に表示されている項目をクリックして、より詳細なコマンドがすだれ式に表示されるメニューのこと。

⑧ 定型文書を効率よく作成するために用意された文書のひな形のこと。

【解答群】

ア. フォント	イ. ワープロ（ワードプロセッサ）	ウ. テンプレート
エ. インクジェットプリンタ	オ. センタリング（中央揃え）	カ. 上書き保存
キ. プルダウンメニュー	ク. マウスポインタ（マウスカーソル）	

2 次の各文の下線部について、正しい場合は○を、誤っている場合は最も適切なものを解答群の中から選び、記号で答えなさい。

① ビジネス文書の国際的な標準サイズのことを**Bサイズ**という。

② **禁則処理**とは、範囲指定した文字列を任意の長さの中に均等な間隔で配置する機能のことである。

③ 不要になったファイルやフォルダを一時的に保管する場所のことを**ドライブ**という。

④ 📶 は、無線 LAN を示すマークである。

⑤ **プリンタドライバ**とは、写真などのフルカラー印刷に適した、インクジェットプリンタ専用の印刷用紙のことである。

⑥ 横幅が全角文字の2倍である文字のことを**プロポーショナルフォント**という。

⑦ **デスクトップ**とは、ディスプレイ上で、アプリケーションのウィンドウやアイコンを表示する領域のことである。

⑧ パソコンでデータを扱うときの基本単位となるデータのまとまりのことを**アイコン**という。

【解答群】

ア. カーソル	イ. Aサイズ	ウ. フォト用紙
エ. ⛌⟷	オ. ファイル	カ. 均等割付け
キ. ごみ箱	ク. 横倍角文字	

3 次の各文の〔　　〕の中から最も適切なものを選び、記号で答えなさい。

① 〔**ア**．前付け　**イ**．後付け　**ウ**．末文〕とは、本文を補うもので、追伸（追って書き）・同封物指示・担当者名などから構成される。

② 業務の遂行に必要な情報の伝達や意思の疎通、経過の記録などを目的として作成する書類や帳票のことを〔**ア**．ビジネス文書　**イ**．社交文書〕という。

③ 〔**ア**．受信簿　**イ**．発信簿〕とは、外部へ発送する文書の日時・発信者・受信者・種類などを記帳したもののことである。

④ 社外の人や取引先などに出す文書のことを〔**ア**．帳票　**イ**．社内文書　**ウ**．社外文書〕という。

⑤ 記号〔**ア**．：　**イ**．；　**ウ**．・　〕の読みは、セミコロンである。

⑥ 〔**ア**．ファンクションキー　**イ**．ショートカットキー　**ウ**．テンキー〕とは、0から9までのキーを電卓のように配列したキー群のことである。

⑦ 「英字キーのシフトのON/OFF」を切り替えるショートカットキーは、〔**ア**．$\boxed{\text{Shift}}$＋$\boxed{\text{CapsLock}}$　**イ**．$\boxed{\text{Shift}}$＋$\boxed{\text{Tab}}$　〕である。

⑧ ポンド通貨の単位記号は、〔**ア**．\$　**イ**．€　**ウ**．£　〕である。

4 次の各問いの答えとして、最も適切なものをそれぞれのア～ウの中から選び、記号で答えなさい。

① 文頭に右寄せして表示する、会社ごとの文書規定などに基づいて付ける番号はどれか。
　　　ア．件名　　　　　　　　　**イ**．発信日付　　　　　　　**ウ**．文書番号

② 頭語に「拝復」を用いた場合の結語はどれか。
　　　ア．謹啓　　　　　　　　　**イ**．敬具　　　　　　　　　**ウ**．草々

③ 個人一人に宛てる際に、氏名に付ける敬称はどれか。
　　　ア．様　　　　　　　　　　**イ**．各位　　　　　　　　　**ウ**．御中

④ ビジネス文書の構成で本文に記載されるものはどれか。
　　　ア．受信者名　　　　　　　**イ**．発信者名　　　　　　　**ウ**．別記事項

⑤ 下の編集前の文字列から編集後の文字列にするために用いられた文字修飾はどれか。

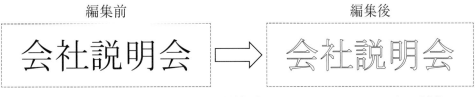

　　編集前　　　　　　　　　　　　　編集後

　　　ア．中抜き　　　　　　　　**イ**．影付き　　　　　　　　**ウ**．斜体

⑥ 下の点線内の正しい校正結果はどれか。

　　m3

　　　ア．m₃　　　　　　　　　　**イ**．m^3　　　　　　　　**ウ**．m　3

5　次の表の①～⑩の中に入る漢字または読みとして、最も適切なものを解答群の中から選び、記号で答えなさい。ただし、音訓の読みが複数ある場合はその一つを記してある。また、活用語の読みは送り仮名を含む終止形になっている。

番号	漢字	音読み	訓読み
例	街	がい	まち
1	握	①	にぎる
2	偉	い	②
3	③	か	うず
4	股	④	また
5	彩	さい	⑤
6	⑥	すい	たれる
7	嘆	⑦	なげく
8	沈	ちん	⑧
9	⑨	とう	こおる
10	避	⑩	さける

【解答群】

ア．あく　　　　オ．ひ　　　　ケ．水
イ．いろどる　　カ．へ　　　　コ．渦
ウ．こ　　　　　キ．しずむ　　サ．垂
エ．たん　　　　ク．えらい　　シ．凍

6　次の各文の〔　　〕の中から、現代仮名遣いとして最も適切なものを選び、記号で答えなさい。

①　彼の部屋は〔ア．さしずめ　イ．さしづめ〕古本屋の倉庫といったところだ。

②　今回のイベントは〔ア．おおむね　イ．おうむね〕好評だった。

③　両親にそろいの〔ア．ごはんじゃわん　イ．ごはんぢゃわん〕をプレゼントする。

7　次の各文の下線部の読みを、常用漢字表付表に従い、ひらがなで答えなさい。

①　ビルの建て替えのため、オフィスを立ち<u>退</u>くことになった。

②　近所の神社でお<u>神酒</u>がふるまわれた。

③　毎月<u>一日</u>は近所のスーパーの特売日だ。

8　次の＜A＞・＜B＞の各問いに答えなさい。

＜A＞次の各文の〔　　〕の中から、ことわざ・慣用句の一部として最も適切なものを選び、記号で答えなさい。

①　あまりのことに、二の句〔ア．に　イ．が〕継げない。

②　ドラマが後半の山場〔ア．を　イ．で〕迎えて目が離せない。

＜B＞次の各文のことわざ・慣用句について、下線部の読みとして最も適切なものを〔　　〕の中から選び、記号で答えなさい。

③　友人が<u>音頭</u>を取って、５年ぶりにクラス会が行われた。　　〔ア．おんど　イ．ねとう〕

④　ドレスを着たら<u>馬子</u>にも衣装と言われた。　　〔ア．ばし　イ．まご〕

公益財団法人 全国商業高等学校協会主催・文部科学省後援

第69回 ビジネス文書実務検定試験 (4.11.27)

第３級

ビジネス文書部門 実技問題

（制限時間15分）

試験委員の指示があるまで、下の事項を読みなさい。

〔 書 式 設 定 〕

a．余白は上下左右それぞれ２５ｍｍとすること。

b．指示のない文字のフォントは、明朝体の全角で入力し、サイズ
は１４ポイントに統一すること。

ただし、プロポーショナルフォントは使用しないこと。

c．１行の文字数 　３０字

d．１ページの行数 　２８行

e．複数ページに渡る印刷にならないよう書式設定に注意すること。

〔 注 意 事 項 〕

1．ヘッダーに左寄せで受験級、試験場校名、受験番号を入力する
こと。

2．Ａ４判縦長用紙１枚に体裁よく作成し、印刷すること。

3．訂正・挿入・削除・適語の選択などの操作は制限時間内に行う
こと。

4．問題の指示や校正記号に従い文書を作成すること。ただし、問
題の指示や校正記号のないものは問題文のとおり入力すること。

受 験 番 号

総発第４７８号

令和４年１０月６日

右寄せする。

株式会社　ＨＴ開発ジャパン

　営業部長　西野　たえ様

　　　　　　　　　　　　　　三条市横町３－９－２

　　　　　　　　　　　　　　よそいメタルズ株式会社

　　　　　　　　　　　　　　　総務部長　矢島　英俊

講師派遣の依頼について　　フォントは横２００％(横倍角)にし、センタリングする。

拝啓　貴社ますますご隆盛のこととお喜び申し上げます。

　さて、弊社では昨年に引き続き、本年も社員研修を１２月１６日に予定しております。社員の知識の習得やスキル向上を図ることを目的に、下記の内容で実施いたします。

トル

　つきましては、同封した資料で詳細をご確認のうえにて、講師を派遣してくださいますようお願い申し上げます。

敬　具　　右寄せし、行末に１文字分スペースを入れる。

記　　センタリングする。

表の行間は２．０とし、センタリングする。

研　修　内　容	講演時間	参加人数
新入社員フォローアップ	５０分	２５名
次世代リーダー育成	１時間３０分	３０名

以　上

枠内で均等割付けする。

枠内で右寄せする。

次の文章を１行30字で入力しなさい。

公益財団法人 全国商業高等学校協会主催・文部科学省後援

第70回　ビジネス文書実務検定試験　（5.7.2）

第３級　速度部門問題　（制限時間10分）

　　都市部を中心として、コインランドリーが全国的に増えている。　　30
布団や毛布など、自宅で洗うことが難しい物のほか、スニーカーや　　60
ペット用品を扱える専用機もある。近年では、待ち時間を活用でき　　90
る複合型の店舗も登場した。　　104

　　あるチェーン店では、おしゃれなカフェを併設した。ネット環境　　134
も整えており、仕事や読書をしながら快適に過ごすことができる。　　164
また、専用アプリを使うと終了時刻がわかるため、気軽に外出する　　194
ことも可能だ。　　202

　　共働き世帯が増え、まとめて洗濯を済ませたいと考える人も多く　　232
なった。このような需要に対応しようと、異業種から新規に参入す　　262
る企業が相次いでいる。洗濯の便利さに加え、どのような待ち時間　　292
の過ごし方が提案されるのか楽しみだ。　　310

公益財団法人 全国商業高等学校協会主催・文部科学省後援

第70回　ビジネス文書実務検定試験　(5.7.2)

第３級

ビジネス文書部門　筆記問題

（制限時間15分）

試験委員の指示があるまで、下の事項を読みなさい。

〔 注 意 事 項 〕

1．試験委員の指示があるまで、問題用紙と解答用紙に手を触れてはいけません。
2．問題は1から8までで、3ページに渡って印刷されています。
3．試験委員の指示に従って、解答用紙に「試験場校名」と「受験番号」を記入しなさい。
4．解答はすべて解答用紙に記入しなさい。
5．試験は「始め」の合図で開始し、「止め」の合図があったら解答の記入を中止し、ただちに問題用紙を閉じなさい。
6．問題が不鮮明である場合には、挙手をして試験委員の指示に従いなさい。なお、問題についての質問には一切応じません。
7．問題用紙・解答用紙の回収は、試験委員の指示に従いなさい。

受 験 番 号

1 次の各用語に対して、最も適切な説明文を解答群の中から選び、記号で答えなさい。

① ヘルプ機能　　　　② カット＆ペースト　　　③ フォルダ
④ ウィンドウ　　　　⑤ フォントサイズ　　　　⑥ デバイスドライバ
⑦ ポップアップメニュー　　⑧ 書式設定

【解答群】

ア．ファイルやプログラムなどのデータを保存しておく場所のこと。

イ．画面での表示や印刷する際の文字の大きさのこと。

ウ．文字やオブジェクトを切り取り、別の場所に挿入する編集作業のこと。

エ．パソコンに周辺装置を接続し利用するために必要なソフトウェアのこと。

オ．用紙サイズ・用紙の方向・1行の文字数・1ページの行数など、作成する文書の体裁（スタイル）を定める作業のこと。

カ．デスクトップ上のアプリケーションソフトの表示領域および作業領域のこと。

キ．作業に必要な解説文を検索・表示する機能のこと。

ク．画面上のどの位置からでも開くことができるメニューのこと。

---

2 次の各文の下線部について、正しい場合は〇を、誤っている場合は最も適切なものを解答群の中から選び、記号で答えなさい。

① **プロジェクタ**とは、出力装置の一つで、文字や図形などを印刷する装置のことである。

② 記憶媒体をデータの読み書きができる状態にすることを**フォーマット（初期化）**という。

③ **ＩＭＥ**とは、画面に表示される格子状の点や線のことである。

④ 入力した文字列などを行の左端でそろえることを**文字装飾**という。

⑤ 印刷前に仕上がり状態をディスプレイ上に表示する機能のことを**スクリーン**という。

⑥ **半角文字**とは、日本語を入力するときの標準サイズとなる文字のことである。

⑦ マウスの左ボタンを素早く2度続けてクリックする動作のことを**ダブルクリック**という。

⑧ ⬚は、NumLock が有効（テンキーが数字キーの状態）であることを示すランプである。

【解答群】

ア．互換性　　　　イ．クリック　　　　ウ．左寄せ（左揃え）

エ．全角文字　　　オ．グリッド（グリッド線）　　カ．プリンタ

キ．印刷プレビュー　　ク．①

3　次の各文の〔　　〕の中から最も適切なものを選び、記号で答えなさい。

①　ビジネス文書全体の組み立てのことで、「前付け」「本文」「後付け」からなるものを
〔**ア**．別記事項　**イ**．社外文書の構成〕という。

②　特定の受取人に対し、差出人の意思を表示し、または事実を通知する文書のことを
〔**ア**．信書　**イ**．通信文書〕という。

③　〔**ア**．速達　**イ**．書留　**ウ**．親展〕とは、名宛人自身が開封するよう求めるための指示の
ことである。

④　社内の人や部署などに出す文書のことを〔**ア**．社交文書　**イ**．社内文書　**ウ**．帳票〕とい
う。

⑤　〔**ア**．€　**イ**．&　**ウ**．% 〕の読みは、アンパサンドである。

⑥　「ひらがなへの変換」を実行するキーは、〔**ア**．F10　**イ**．F8　**ウ**．F6 〕であ
る。

⑦　表示した画面のデータをクリップボードに保存するキーは、〔**ア**．PrtSc　**イ**．Ctrl
ウ．Alt 〕である。

⑧　封緘（ふうかん）の印として使用する記号は、〔**ア**．〆　**イ**．〃　**ウ**．々 〕である。

4　次の文書についての各問いの答えとして、最も適切なものをそれぞれのア～ウの中から選び、
記号で答えなさい。

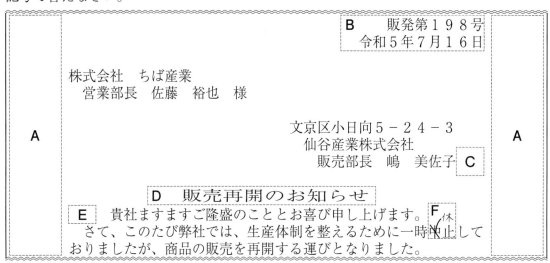

①　Aの部分を何というか。
　　ア．アイコン　　　　　　　**イ**．テンプレート　　　　　**ウ**．余白（マージン）

②　Bに設定されている編集機能はどれか。
　　ア．右寄せ（右揃え）　　　**イ**．均等割付け　　　　　　**ウ**．センタリング（中央揃え）

③　Cの位置に印を表示するまたは押すことを何というか。
　　ア．個人印　　　　　　　　**イ**．押印　　　　　　　　　**ウ**．職印

④　Dの名称はどれか。
　　ア．結語　　　　　　　　　**イ**．件名　　　　　　　　　**ウ**．前文

⑤　Eに入る頭語はどれか。
　　ア．拝啓　　　　　　　　　**イ**．前略　　　　　　　　　**ウ**．敬具

⑥　Fの校正結果はどれか。
　　ア．止休　　　　　　　　　**イ**．中休止　　　　　　　　**ウ**．休止

5　次の表の①〜⑩の中に入る漢字または読みとして、最も適切なものを解答群の中から選び、記号で答えなさい。ただし、音訓の読みが複数ある場合はその一つを記してある。また、活用語の読みは送り仮名を含む終止形になっている。

番号	漢字	音読み	訓読み
例	避	ひ	さける
1	砕	①	くだく
2	乾	かん	②
3	③	たい	おこたる
4	嫁	④	よめ
5	鎖	さ	⑤
6	⑥	おう	なぐる
7	帆	⑦	ほ
8	溶	よう	⑧
9	⑨	るい	たぐい
10	漏	⑩	もらす

【解答群】
ア．とける　　オ．か　　　ケ．応
イ．さい　　　カ．ろう　　コ．殴
ウ．かわく　　キ．け　　　サ．怠
エ．はん　　　ク．くさり　シ．類

6　次の各文の〔　　〕の中から、現代仮名遣いとして最も適切なものを選び、記号で答えなさい。
①　争いの〔ア．うず　イ．うづ〕に巻き込まれる。
②　〔ア．どおり　イ．どうり〕に合わないことは、したくない。
③　「〔ア．こんばんは　イ．こんばんわ〕」と声を掛けた。

7　次の各文の下線部の読みを、常用漢字表付表に従い、ひらがなで答えなさい。
①　固唾を呑んで、後半戦の展開を見守る。
②　どうしても隣の芝生は青く見える。
③　アスファルトに芽吹く草花に生命の息吹を感じる。

8　次の＜A＞・＜B＞の各問いに答えなさい。
＜A＞次の各文の〔　　〕の中から、ことわざ・慣用句の一部として最も適切なものを選び、記号で答えなさい。
①　母はいつも弟の肩〔ア．を　イ．が〕持ってばかりいる。
②　堂〔ア．で　イ．に〕入った所作であることがうかがえる。
＜B＞次の各文のことわざ・慣用句について、下線部の読みとして最も適切なものを〔　　〕の中から選び、記号で答えなさい。
③　今年の営業利益の目算を立てる。　　　　　〔ア．めざん　イ．もくさん〕
④　あまり根を詰め過ぎないようにしてください。　〔ア．こん　　イ．ね〕

公益財団法人 全国商業高等学校協会主催・文部科学省後援

第70回 ビジネス文書実務検定試験 (5.7.2)

第３級

ビジネス文書部門 実技問題

（制限時間15分）

試験委員の指示があるまで、下の事項を読みなさい。

〔 書 式 設 定 〕

a．余白は上下左右それぞれ２５mmとすること。

b．指示のない文字のフォントは、明朝体の全角で入力し、サイズは１４ポイントに統一すること。

　　ただし、プロポーショナルフォントは使用しないこと。

c．１行の文字数　　３０字

d．１ページの行数　　２８行

e．複数ページに渡る印刷にならないよう書式設定に注意すること。

〔 注 意 事 項 〕

1．ヘッダーに左寄せで受験級、試験場校名、受験番号を入力すること。

2．Ａ４判縦長用紙１枚に体裁よく作成し、印刷すること。

3．訂正・挿入・削除・適語の選択などの操作は制限時間内に行うこと。

4．問題の指示や校正記号に従い文書を作成すること。ただし、問題の指示や校正記号のないものは問題文のとおり入力すること。

受 験 番 号

第70回 ビジネス文書実務検定試験 （5.7.2）

第3級 ビジネス文書部門実技問題 （制限時間15分）

研発第３９７号

令和５年７月２４日

株式会社森モデレート

　代表取締役　関　トウマ　様

大田原市城山６－２９

北関東建築協会

　研修部長　佐鳥　純二

技術講習会の実施について ←―― 一重下線を引き、センタリングする。

拝啓　貴社ますますご発展のこととお喜び申し上げます。

　さて、昨年好評だったドローンの講習会を、今年も夏季（下記）のとおり実施します。ドローンは、測量や管理だけでなく、調査など多くの分野に活用が広がっています。ぜひ、ご参加ください。

　なお、受け付けは先着順です。詳しくは別紙をご確認のうえ、ご不明な点がありましたら、当協会までお問い合わせください。

敬　具 ←―― 右寄せし、行末に１文字分スペースを入れる。

記 ←―― センタリングする。

―― 表の行間は２．０とし、センタリングする。

開催日	会　　　場	可能受講人数
１０月５日	ゆい陸上競技場	２０名
１１月６日	ＨＹ産業技術専門学校	８名

以　上

枠内で均等割付けする。　　　　枠内で右寄せする。

次の文章を１行30字で入力しなさい。

公益財団法人 全国商業高等学校協会主催・文部科学省後援

第71回　ビジネス文書実務検定試験　(5.11.26)

第３級　速度部門問題　（制限時間10分）

あるコンビニエンスストアは、弁当の容器を切り替えている。こ	30
れは、環境に配慮することを目的としており、白や半透明のものに	60
なった。この取り組みには、同じ業種の他社からも大きな関心が寄	90
せられている。	98
新しい容器では、着色剤や石油を由来とするインクを減らしてい	128
る。製造において排出する二酸化炭素を削減でき、リサイクルもし	158
やすい。試験的に導入した際は、弁当の購入動向に大きな影響がな	188
く、全国展開していくこととなった。	206
企業は、持続可能な社会の実現に向けた行動が求められている。	236
容器の変更はその一つであり、このほかにも環境にやさしい素材が	266
使用され始めている。こうした取り組みを理解して、環境に配慮さ	296
れたものを選択していきたい。	310

公益財団法人 全国商業高等学校協会主催・文部科学省後援

第71回 ビジネス文書実務検定試験 (5.11.26)

第3級

ビジネス文書部門 筆記問題

（制限時間15分）

試験委員の指示があるまで、下の事項を読みなさい。

〔 注 意 事 項 〕

1. 試験委員の指示があるまで、問題用紙と解答用紙に手を触れてはいけません。

2. 問題は[1]から[8]までで、3ページに渡って印刷されています。

3. 試験委員の指示に従って、解答用紙に「試験場校名」と「受験番号」を記入しなさい。

4. 解答はすべて解答用紙に記入しなさい。

5. 試験は「始め」の合図で開始し、「止め」の合図があったら解答の記入を中止し、ただちに問題用紙を閉じなさい。

6. 問題が不鮮明である場合には、挙手をして試験委員の指示に従いなさい。なお、問題についての質問には一切応じません。

7. 問題用紙・解答用紙の回収は、試験委員の指示に従いなさい。

受 験 番 号

1 次の各文は何について説明したものか。最も適切な用語を解答群の中から選び、記号で答えなさい。

① プロジェクタの提示画面を投影する幕のこと。

② キーボードを見ないで、すべての指を使いタイピングする技術のこと。

③ ハードディスク、CD／DVDなどに、データを読み書きする装置のこと。

④ 行頭や行末にあってはならない句読点や記号などを、行末や行頭に強制的に移動する処理のこと。

⑤ 画面上で、日本語入力の状態を表示する枠のこと。

⑥ 日本語入力システムによるかな漢字変換で、漢字に1文字ずつ変換すること。

⑦ ディスプレイ上で、アプリケーションのウィンドウやアイコンを表示する領域のこと。

⑧ インク溶液の発色や吸着に優れた印刷用紙のこと。

【解答群】

ア．単漢字変換　　　　　イ．スクリーン　　　　　ウ．禁則処理

エ．ドライブ　　　　　　オ．インクジェット用紙　カ．デスクトップ

キ．言語バー　　　　　　ク．タッチタイピング

2 次の各文の下線部について、正しい場合は○を、誤っている場合は最も適切なものを解答群の中から選び、記号で答えなさい。

① 文字ピッチを均等にするフォントのことを**等幅フォント**という。

② **上書き保存**とは、文書データに新しいファイル名や拡張子を付けて保存することである。

③ **均等割付け**とは、入力した文字列などを行の中央に位置付けることである。

④ ディスプレイの表示内容を上下左右に少しずつ移動させ、隠れて見えなかった部分を表示することを**ドラッグ**という。

⑤ 電源スイッチに表示する電源マークは、🌙である。

⑥ **アイコン**とは、ファイルの内容やソフトの種類、機能などを小さな絵や記号で表現したものである。

⑦ ユーザの利用状況をもとにして、同音異義語の表示順位などを変える機能のことを**辞書**という。

⑧ **USBメモリ**とは、端末装置から読み書きできる外部記憶領域を提供するシステムのことである。

【解答群】

ア．ファイルサーバ　　　イ．センタリング（中央揃え）　ウ．学習機能

エ．⏻　　　　　　　　　オ．プロポーショナルフォント　カ．名前を付けて保存

キ．スクロール　　　　　ク．テンプレート

3 次の各文の〔　〕の中から最も適切なものを選び、記号で答えなさい。

① 引受けと配達時点での記録をし、配達先に手渡しをして確実な送達を図る郵便物のことを〔**ア**. 速達　**イ**. 簡易書留〕という。

② 〔**ア**. 前付け　**イ**. 後付け　**ウ**. 本文〕とは、その文書の中心となる部分で、主文や末文などから構成される。

③ ビジネスでの業務に直接関係のない、折々の挨拶や祝意などを伝える文書のことを〔**ア**. 社交文書　**イ**. 取引文書〕という。

④ 〔**ア**. 帳票　**イ**. 通信文書　**ウ**. 信書〕とは、業務を行ったり、企業の内外の相手に連絡したりする文書のことである。

⑤ 記号〔**ア**. ＿　**イ**. ・　**ウ**. ─ 〕の読みは、アンダーラインである。

⑥ 「全角英数への変換」と「大文字小文字の切り替え」をするキーは、〔**ア**. F6　**イ**. F7　**ウ**. F9 〕である。

⑦ 〔**ア**. Tab　**イ**. Esc　**ウ**. Insert 〕は、キャンセルの機能を実行するキーのことである。

⑧ 単価記号は、〔**ア**. ＆　**イ**. ￥　**ウ**. ＠ 〕である。

4 次の各問いの答えとして、最も適切なものをそれぞれのア～ウの中から選び、記号で答えなさい。

① ビジネス文書の構成において、右寄せして表示するのはどれか。
　　　　ア. 件名　　　　　　　　　　**イ**. 受信者名　　　　　　　　**ウ**. 発信者名

② 親しい相手などで、前文を省略する場合に用いる頭語と結語の組み合わせはどれか。
　　　　ア. 前略－草々　　　　　　　**イ**. 前略－敬白　　　　　　　**ウ**. 謹啓－草々

③ 世帯主（送り先）と受取人が違う場合、世帯主に付ける敬称はどれか。
　　　　ア. 気付　　　　　　　　　　**イ**. 様方　　　　　　　　　　**ウ**. 行

④ ビジネス文書の構成において、同封物指示が含まれるのはどれか。
　　　　ア. 前付け　　　　　　　　　**イ**. 後付け　　　　　　　　　**ウ**. 本文

⑤ 文字の書体を変えたり、模様を付けたりして、文章の一部を強調する機能はどれか。
　　　　ア. 書式設定　　　　　　　　**イ**. コピー＆ペースト　　　　**ウ**. 文字修飾

⑥ 下の点線内の正しい校正結果はどれか。

　　　　ア. 横浜支店　　　　　　　　**イ**. 新潟支店　　　　　　　　**ウ**. 横浜支店新潟支店
　　　　　　新潟支店

　　　　　　　　　　　　　　　　　横浜支店

5 次の表の①～⑩の中に入る漢字または読みとして、最も適切なものを解答群の中から選び、記号で答えなさい。ただし、音訓の読みが複数ある場合はその一つを記してある。また、活用語の読みは送り仮名を含む終止形になっている。

番号	漢字	音読み	訓読み
例	漏	ろう	もらす
1	諭	①	さとす
2	育	いく	②
3	③	りん	のぞむ
4	潜	④	もぐる
5	価	か	⑤
6	⑥	わく	まどわす
7	妹	⑦	いもうと
8	度	ど	⑧
9	⑨	ばい	つちかう
10	任	⑩	まかせる

【解答群】
ア．せん　　オ．たび　　ケ．培
イ．ろん　　カ．ゆ　　　コ．臨
ウ．まい　　キ．にん　　サ．媒
エ．そだつ　ク．あたい　シ．惑

6 次の各文の〔　〕の中から、現代仮名遣いとして最も適切なものを選び、記号で答えなさい。
① 新入社員の成長が〔ア．いちぢるしい　イ．いちじるしい〕。
② 試作品の製作に〔ア．とおか　イ．とうか〕はかかると言われた。
③ 友人から〔ア．こずつみ　イ．こづつみ〕が届いた。

7 次の各文の下線部の読みを、常用漢字表付表に従い、ひらがなで答えなさい。
① 近くに温泉があるせいか、**硫黄**のにおいがする。
② 天然石を使用した**数珠**を購入した。
③ **木綿**は優れた吸収性と柔らかな肌触りが特徴の繊維だ。

8 次の<A>・<B>の各問いに答えなさい。
<A>次の各文の〔　〕の中から、ことわざ・慣用句の一部として最も適切なものを選び、記号で答えなさい。
① この会社の製品は値〔ア．を　イ．が〕張るものの、品質は優れている。
② 昨日の話について、友人が怒っているのは無理〔ア．も　イ．に〕ない。
<B>次の各文のことわざ・慣用句について、下線部の読みとして最も適切なものを〔　〕の中から選び、記号で答えなさい。
③ オーディションを通過し、主役の座を**手中**に収める。〔ア．てなか　イ．しゅちゅう〕
④ 威儀を**正**して卒業式に参加する。　　　　　　〔ア．ただ　イ．せい〕

公益財団法人　全国商業高等学校協会主催・文部科学省後援

第71回　ビジネス文書実務検定試験　(5.11.26)

第３級

ビジネス文書部門　実技問題

（制限時間15分）

試験委員の指示があるまで、下の事項を読みなさい。

〔 書 式 設 定 〕

a．余白は上下左右それぞれ２５mmとすること。

b．指示のない文字のフォントは、明朝体の全角で入力し、サイズ
　は１４ポイントに統一すること。

　　ただし、プロポーショナルフォントは使用しないこと。

c．１行の文字数　　３０字

d．１ページの行数　　２８行

e．複数ページに渡る印刷にならないよう書式設定に注意すること。

〔 注 意 事 項 〕

1．ヘッダーに左寄せで受験級、試験場校名、受験番号を入力する
　こと。

2．Ａ４判縦長用紙１枚に体裁よく作成し、印刷すること。

3．訂正・挿入・削除・適語の選択などの操作は制限時間内に行う
　こと。

4．問題の指示や校正記号に従い文書を作成すること。ただし、問
　題の指示や校正記号のないものは問題文のとおり入力すること。

受 験 番 号

情
入発第３８７号

令和５年１２月４日

千葉中央高等学校

　　進路指導部　林　直樹　様

　　　　　　　　　　　　君津市人見７－６４

　　　　　　　　　　　　　情報かずさ専門学校

　　　　　　　　　　　　　　入試課長　藤木　奈美

体験講座のご案内←──フォントは横２００％(横倍角)にし、センタリングする。

拝啓　貴校ますますご清栄のこととお喜び申し上げます。

　さて、このたび本校では、高校２年生を対象に下記の講座を実施いたします。実践的な技術に触れながら、情報分野に対しての興味や関心を高められるため、楽しく学ぶことができます。つきましては、生徒の皆さまに同封のパンフレットをお渡しいただき、ご紹介のほどよろしくお願い申し上げます。

敬　　具←──右寄せし、行末に１文字分スペースを入れる。

記←──センタリングする。

──表の行間は２.０とし、センタリングする。

実施日	講　　　座	体験所要時間
２月３１日	ロボット組み立て体験	１５０分
３月２６日	簡単なゲーム作成	９０分

　　　　　　　　　　　　　　　　　　　　　　　以　上

枠内で均等割付けする。　　枠内で右寄せする。

第69～71回　解答編

第69回　ビジネス文書実務検定試験　（4. 11. 27）

第３級　筆記問題　（各２点　合計１００点）

	①	②	③	④	⑤	⑥	⑦	⑧
1	ア	ク	エ	オ	カ	イ	キ	ウ
2	イ	カ	キ	○	ウ	ク	○	オ
3	イ	ア	イ	ウ	イ	ウ	ア	ウ
4	ウ	イ	ア	ウ	ア	イ		

	①	②	③	④	⑤
5	ア	ク	コ	ウ	イ
	⑥	⑦	⑧	⑨	⑩
	サ	エ	キ	シ	オ

	①	②	③
6	ア	ア	イ

	①	②	③
7	の　　　　く｜お　　　みき	ついたち	

	①	②	③	④
8	イ	ア	ア	イ

第70回　ビジネス文書実務検定試験　（5. 7. 2）

第３級　筆記問題　（各２点　合計１００点）

	①	②	③	④	⑤	⑥	⑦	⑧
1	キ	ウ	ア	カ	イ	エ	ク	オ
2	カ	○	オ	ウ	キ	エ	○	ク
3	イ	ア	ウ	イ	イ	ウ	ア	ア
4	ウ	ア	イ	イ	ア	ウ		

	①	②	③	④	⑤
5	イ	ウ	サ	オ	ク
	⑥	⑦	⑧	⑨	⑩
	コ	エ	ア	シ	カ

	①	②	③
6	ア	イ	ア

	①	②	③
7	かたず	しばふ	いぶき

	①	②	③	④
8	ア	イ	イ	ア

第71回　ビジネス文書実務検定試験　（5. 11. 26）

第３級　筆記問題　（各２点　合計１００点）

	①	②	③	④	⑤	⑥	⑦	⑧
1	イ	ク	エ	ウ	キ	ア	カ	オ
2	○	カ	イ	キ	エ	○	ウ	ア
3	イ	ウ	ア	イ	ア	ウ	イ	ウ
4	ウ	ア	イ	イ	ウ	ア		

	①	②	③	④	⑤
5	カ	エ	コ	ア	ク
	⑥	⑦	⑧	⑨	⑩
	シ	ウ	オ	ケ	キ

	①	②	③
6	イ	ア	イ

	①	②	③
7	いおう	じゅず	もめん

	①	②	③	④
8	イ	ア	イ	ア

総発第４７８号

令和４年１０月６日

株式会社　ＨＴ開発ジャパン

　営業部長　西野　たえ　様

　　　　　　　　　　　三条市横町３－９－２

　　　　　　　　　　　よそいメタルズ株式会社

　　　　　　　　　　　　総務部長　矢島　英俊

　　　　　　講師派遣の依頼について

拝啓　貴社ますますご隆盛のこととお喜び申し上げます。

　さて、弊社では昨年に引き続き、本年も社員研修を１２月１６日に予定しております。社員の知識の習得やスキル向上を図ることを目的に、下記の内容で実施いたします。

　つきましては、同封した資料で詳細をご確認のうえ、講師を派遣してくださいますようお願い申し上げます。

　　　　　　　　　　　　　　　　　　　　　　敬　具

　　　　　　　　　　　記

研　修　内　容	講演時間	参加人数
新入社員フォローアップ	５０分	２５名
次世代リーダー育成	１時間３０分	３０名

　　　　　　　　　　　　　　　　　　　　　　以　上

第3級ビジネス文書部門実技問題　模範解答

研発第３９７号

令和５年７月２４日

株式会社　森モデレート

　代表取締役　関　トウマ　様

大田原市城山６－２９

北関東建築協会

研修部長　佐鳥　純二

技術講習会の実施について

拝啓　貴社ますますご発展のこととお喜び申し上げます。

　さて、昨年好評だったドローンの講習会を、今年も下記のとおり実施します。ドローンは、測量や管理だけでなく、調査など多くの分野に活用が広がっています。ぜひ、ご参加ください。

　なお、受け付けは先着順です。詳しくは別紙をご確認のうえ、ご不明な点がありましたら、当協会までお問い合わせください。

敬　具

記

開催日	会　　　場	受講可能人数
１０月５日	ゆい陸上競技場	２０名
１１月６日	ＨＹ産業技術専門学校	８名

以　上

情発第３８７号

令和５年１２月４日

千葉中央高等学校

　進路指導部　林　直樹　様

　　　　　　　　　　　　君津市人見７－６４

　　　　　　　　　　　　情報かずさ専門学校

　　　　　　　　　　　　入試課長　藤木　奈美

体験講座のご案内

拝啓　貴校ますますご清栄のこととお喜び申し上げます。

　さて、このたび本校では、高校２年生を対象に下記の講座を実施いたします。実践的な技術に触れながら、情報分野に対しての興味や関心を高められるため、楽しく学ぶことができます。

　つきましては、生徒の皆さまに同封のパンフレットをお渡しいただき、ご紹介のほどよろしくお願い申し上げます。

　　　　　　　　　　　　　　　　　　　　　　　敬　具

記

実施日	講　　座	体験所要時間
２月１３日	ロボット組み立て体験	１５０分
３月２６日	簡単なゲーム作成	９０分

　　　　　　　　　　　　　　　　　　　　　　　以　上

学びの記録シート

年　　月　　日　　曜日

速度練習	総字数	エラー数	純字数	練習の振り返り

実技練習	得　点	練習の振り返り	まとめ（授業での気付き）

年　　月　　日　　曜日

速度練習	総字数	エラー数	純字数	練習の振り返り

実技練習	得　点	練習の振り返り	まとめ（授業での気付き）

年　　月　　日　　曜日

速度練習	総字数	エラー数	純字数	練習の振り返り

実技練習	得　点	練習の振り返り	まとめ（授業での気付き）

速度練習	総字数	エラー数	純字数	練習の振り返り

実技練習	得　点	練習の振り返り	まとめ（授業での気付き）

年　　月　　日　　曜日

速度練習	総字数	エラー数	純字数	練習の振り返り

実技練習	得　点	練習の振り返り	まとめ（授業での気付き）

年　　月　　日　　曜日

速度練習	総字数	エラー数	純字数	練習の振り返り

実技練習	得　点	練習の振り返り	まとめ（授業での気付き）

年　　月　　日　　曜日

速度練習	総字数	エラー数	純字数	練習の振り返り

実技練習	得　点	練習の振り返り	まとめ（授業での気付き）

年　　月　　日　　曜日

速度練習	総字数	エラー数	純字数	練習の振り返り

実技練習	得　点	練習の振り返り	まとめ（授業での気付き）

年　　月　　日　　曜日

速度練習	総字数	エラー数	純字数	練習の振り返り

実技練習	得　点	練習の振り返り	まとめ（授業での気付き）

速度練習	総字数	エラー数	純字数	練習の振り返り

実技練習	得　点	練習の振り返り	まとめ（授業での気付き）

速度練習	総字数	エラー数	純字数	練習の振り返り

実技練習	得　点	練習の振り返り	まとめ（授業での気付き）

速度練習	総字数	エラー数	純字数	練習の振り返り

実技練習	得　点	練習の振り返り	まとめ（授業での気付き）

24(02)

第3級　ビジネス文書部門筆記問題
第1回　筆記総合問題（p.134）　解答用紙

1	①	②	③	④	⑤	⑥	⑦	⑧

2	①	②	③	④	⑤	⑥	⑦	⑧

3	①	②	③	④	⑤	⑥	⑦	⑧

4	①	②	③	④	⑤	⑥

5	①	②	③	④	⑤
	⑥	⑦	⑧	⑨	⑩

6	①	②	③

7	①	②	③

8	①	②	③	④

クラス	出席番号	名　前

得点

①

1	①	②	③	④	⑤	⑥	⑦	⑧

2	①	②	③	④	⑤	⑥	⑦	⑧

3	①	②	③	④	⑤	⑥	⑦	⑧

4	①	②	③	④	⑤	⑥

5	①	②	③	④	⑤
	⑥	⑦	⑧	⑨	⑩

6	①	②	③

7	①	②	③

8	①	②	③	④

クラス	出席番号	名　　前

得点

1	①	②	③	④	⑤	⑥	⑦	⑧

2	①	②	③	④	⑤	⑥	⑦	⑧

3	①	②	③	④	⑤	⑥	⑦	⑧

4	①	②	③	④	⑤	⑥

5	①	②	③	④	⑤
	⑥	⑦	⑧	⑨	⑩

6	①	②	③

7	①	②	③

8	①	②	③	④

クラス	出席番号	名　　前

得点

第3級　ビジネス文書部門筆記問題
第2回　模擬試験問題（p.147）　解答用紙

1	①	②	③	④	⑤	⑥	⑦	⑧

2	①	②	③	④	⑤	⑥	⑦	⑧

3	①	②	③	④	⑤	⑥	⑦	⑧

4	①	②	③	④	⑤	⑥

5	①	②	③	④	⑤
	⑥	⑦	⑧	⑨	⑩

6	①	②	③

7	①	②	③

8	①	②	③	④

クラス	出席番号	名　　前

得点

④

第3級　ビジネス文書部門筆記問題
第3回　模擬試験問題（p.152）　解答用紙

1	①	②	③	④	⑤	⑥	⑦	⑧

2	①	②	③	④	⑤	⑥	⑦	⑧

3	①	②	③	④	⑤	⑥	⑦	⑧

4	①	②	③	④	⑤	⑥

5	①	②	③	④	⑤
	⑥	⑦	⑧	⑨	⑩

6	①	②	③

7	①	②	③

8	①	②	③	④

クラス	出席番号	名　　前

得点

⑤

第3級　ビジネス文書部門筆記問題
第4回　模擬試験問題（p.157）　解答用紙

1	①	②	③	④	⑤	⑥	⑦	⑧

2	①	②	③	④	⑤	⑥	⑦	⑧

3	①	②	③	④	⑤	⑥	⑦	⑧

4	①	②	③	④	⑤	⑥

5	①	②	③	④	⑤
	⑥	⑦	⑧	⑨	⑩

6	①	②	③

7	①	②	③

8	①	②	③	④

クラス	出席番号	名　前

得点

第3級　ビジネス文書部門筆記問題
第　　回　　　　　　　　　　解答用紙

1	①	②	③	④	⑤	⑥	⑦	⑧

2	①	②	③	④	⑤	⑥	⑦	⑧

3	①	②	③	④	⑤	⑥	⑦	⑧

4	①	②	③	④	⑤	⑥

5	①	②	③	④	⑤
	⑥	⑦	⑧	⑨	⑩

6	①	②	③

7	①	②	③

8	①	②	③	④

クラス	出席番号	名　　前

得点

⑦

第３級　ビジネス文書部門筆記問題
第　　回　　　　　　　　解答用紙

1	①	②	③	④	⑤	⑥	⑦	⑧

2	①	②	③	④	⑤	⑥	⑦	⑧

3	①	②	③	④	⑤	⑥	⑦	⑧

4	①	②	③	④	⑤	⑥

5	①	②	③	④	⑤
	⑥	⑦	⑧	⑨	⑩

6	①	②	③

7	①	②	③

8	①	②	③	④

クラス	出席番号	名　　前

得点

第３級　ビジネス文書部門筆記問題
第　　回　　　　　　　　解答用紙

1	①	②	③	④	⑤	⑥	⑦	⑧

2	①	②	③	④	⑤	⑥	⑦	⑧

3	①	②	③	④	⑤	⑥	⑦	⑧

4	①	②	③	④	⑤	⑥

5	①	②	③	④	⑤
	⑥	⑦	⑧	⑨	⑩

6	①	②	③

7	①	②	③

8	①	②	③	④

クラス	出席番号	名　　前	得点

第3級　ビジネス文書部門筆記問題
第　　回　　　　　　　　　　　解答用紙

1	①	②	③	④	⑤	⑥	⑦	⑧

2	①	②	③	④	⑤	⑥	⑦	⑧

3	①	②	③	④	⑤	⑥	⑦	⑧

4	①	②	③	④	⑤	⑥

5	①	②	③	④	⑤
	⑥	⑦	⑧	⑨	⑩

6	①	②	③

7	①	②	③

8	①	②	③	④

クラス	出席番号	名　　　前

得点

⑩

第3級　ビジネス文書部門筆記問題
第　　回　　　　　　　　　　解答用紙

1	①	②	③	④	⑤	⑥	⑦	⑧

2	①	②	③	④	⑤	⑥	⑦	⑧

3	①	②	③	④	⑤	⑥	⑦	⑧

4	①	②	③	④	⑤	⑥

5	①	②	③	④	⑤
	⑥	⑦	⑧	⑨	⑩

6	①	②	③

7	①	②	③

8	①	②	③	④

クラス	出席番号	名　　前

得点

⑪

1	①	②	③	④	⑤	⑥	⑦	⑧

2	①	②	③	④	⑤	⑥	⑦	⑧

3	①	②	③	④	⑤	⑥	⑦	⑧

4	①	②	③	④	⑤	⑥

5	①	②	③	④	⑤
	⑥	⑦	⑧	⑨	⑩

6	①	②	③

7	①	②	③

8	①	②	③	④

クラス	出席番号	名　　前

得点

目 次

　　本書は、「全商ビジネス文書実務検定試験第3級」に合格できる知識・技術が確実に身につくよう編集したものです。

特　色

①文字の入力スピードをアップさせるための問題と解説を掲載しました。毎回繰り返し練習することで実力がつきます。

②問題数を多くという方針のもとで、「速度部門」は74回分、「ビジネス文書部門　実技編」は21回分を載せました。「ビジネス文書部門　実技編」では**読みやことばの意味**のほか**校正記号の説明**を下段に掲載しました。

③ビジネス文書部門　筆記編のうち、「機械・機械操作など」「文書の種類・文書の作成と用途」「ことばの知識」について学習のポイントを設け、ていねいな解説を加えました。

④各問題は、検定基準にあわせて作成してあるので、練習問題としても模擬試験問題としても利用できます。

1 初期設定

Word2019の「リボン」について

　Word2019は、Word2016と同様に、メニュータブとグループから構成されている「リボン」により、アイコンをグループ化して表示しています。操作方法・アイコンの場所などを確認してから操作することが必要です。それぞれの「タブ」と「リボン」の機能は次の通りです。

　①［ファイル］タブは、ファイルを「開く」「保存」「印刷」などの操作を選択します。

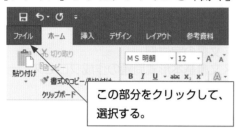
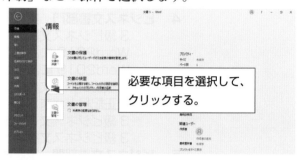

この部分をクリックして、選択する。

必要な項目を選択して、クリックする。

　②［ホーム］タブは、編集機能のアイコンが中心になっています。

リボン

グループ

　③［挿入］タブは、表・図形などのアイコンとなっています。

　④［レイアウト］タブは、ページ設定や段落の操作ができます。

　⑤［表示］タブでは、レイアウトやグリッド線などが操作できます。

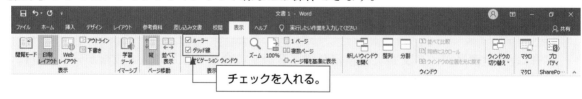

チェックを入れる。

　⑥文章中の「表」内を選択（クリック）すると、リボンに表ツールの［デザイン］タブと表ツールの［レイアウト］タブが追加表示されます。

　⑦文章中の「図形・オブジェクト」のデータを選択（クリック）すると、リボンに描画ツールの［書式］タブが追加表示されます。

Word2019で文字ずれをしない新しい書式設定

＊新しい書式設定は、ダブルクリックでのカーソル移動や、「すべての書式をクリア」アイコンを使用しても、「文字ずれしないための設定」が解除されません。

１．ページ設定

A　用　紙　サ　イ　ズ　　　………Ａ４
B　余　　　　　　　白　　　………上下左右とも２５mm
C　フォントの設定　　　………【解説１】参照
D　グリッド線の設定　　………【解説２】参照
E　文字数と行数の設定　………文字数３０字・行数３０行
　　　　　　　　　　　　　　　　（行数は問題により異なる）

２．文字ずれをしないための設定

F　日本語と半角英数字との間隔の調整………【解説３】参照
G　区切り文字のカーニング解除………【解説４】参照
H　禁則処理の繰り上げによる文字詰めを解除………【解説４】参照
I　画面上のグリッド線との文字ずれを解除………【解説４】参照

３．オートコレクト（段落番号）機能の解除

J　箇条書きの設定を解除　　　………【解説５】参照

【解説１】

[１．ページ設定　A 用紙サイズ　B 余白　C フォントの設定　E 文字数と行数の設定]

　文字の書体をフォントといいます。文字ずれは、半角英数字や記号などを入力するときに発生します。それは［英数字用のフォント］の既定値（デフォルト）がCentury（センチュリー）という自動的に文字の幅が調整されるフォントになっているためです。この自動的に文字幅が調整される機能を**カーニング**といいます。

　句読点やかっこ以外の全角文字は、フォントが「ＭＳ明朝」だとずれません。次の手順により、［日本語用のフォント］を「ＭＳ明朝」に、［英数字用のフォント］を「(日本語用と同じフォント)」に設定します。

①リボンから［レイアウト］タブをクリックします。［ページ設定グループ］の右下にある［ページ設定ダイアログボックス起動ツールボタン］をクリックすると、右下の［ページ設定］ダイアログボックスが表示されます。

②［用紙］タブで［用紙サイズ］を「Ａ４」にします。（**A**）
［余白］タブで［余白］は［上］［下］［左］［右］とも
「２５mm」にします。（**B**）

③［文字数と行数］タブで［フォントの設定］をクリックし、
［フォント］ダイアログボックスを表示します。

---

③［フォントの設定］をクリックすると、
［フォント］ダイアログボックスが表示される。

【解説２】参考
［グリッド線］をクリックすると、
［グリッドとガイド］ダイアログボックスが表示される。

＊文字数・行数は［解説１］の最後に指定する。

▼［ページ設定］ダイアログボックス

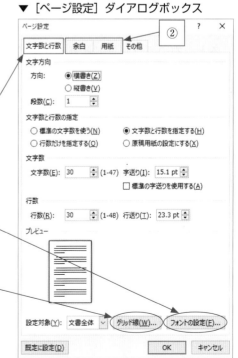

[フォントダイアログボックスの設定]
④右の［フォント］ダイアログボックスの［フォント］タブで、［日本語用のフォント］を「ＭＳ明朝」に設定します。

⑤［英数字用のフォント］を「（日本語用と同じフォント）」に設定します。

⑥［サイズ］を「１４」にします。

▼［フォント］ダイアログボックス

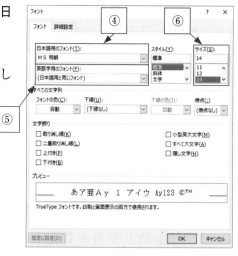

⑦［フォント］ダイアログボックスの［詳細設定］タブをクリックします。

⑧［文字幅と間隔］の［カーニングを行う］のチェックをはずします。

⑨［フォント］ダイアログボックスの［ＯＫ］をクリックします。

⑩最後に、［ページ設定］ダイアログボックス（p.3）の［文字数と行数］タブで［文字数と行数を指定する］を選択して、［文字数］を「３０」、［行数］を「３０」にします。（行数は問題により異なります）（Ｅ）続けて【解説２】で、グリッド線の設定（Ｄ）を行います。

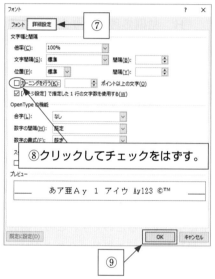

⑧クリックしてチェックをはずす。

【解説２】
［１．ページ設定　Ｄ グリッド線の設定］
　グリッド線を表示すると、文字ずれの部分を確認できます。また、罫線も引きやすくなります。
　グリッド線を１文字に１本、１行に１本となるように設定します。

①［ページ設定］ダイアログボックス（p.3）の［グリッド線］をクリックすると、右の［グリッドとガイド］ダイアログボックスが表示されます。

②［文字グリッド線の間隔］を「１字」、［行グリッド線の間隔］を「１行」とし、［グリッド線を表示する］と［文字グリッド線を表示する間隔(本)］にチェックを付け、［文字グリッド線を表示する間隔(本)］を「１」、［行グリッド線を表示する間隔(本)］を「１」にします。

③［グリッドとガイド］ダイアログボックスの［ＯＫ］をクリックします。

④最後に、［ページ設定］ダイアログボックスの［ＯＫ］をクリックします。

▼［グリッドとガイド］ダイアログボックス

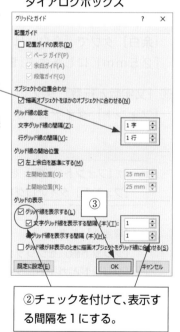

②チェックを付けて、表示する間隔を１にする。

【解説3】
[2．文字ずれをしないための設定　F 日本語と半角英数字との間隔の調整]
　日本語と半角英数字の余分な間隔が空かないように設定します。

①リボンから［ホーム］タブをクリックします。
②［スタイル］グループにある［あア亜　標準］を右クリックすると、プルダウンメニューが表示されるので、［変更（M)］をクリックします。

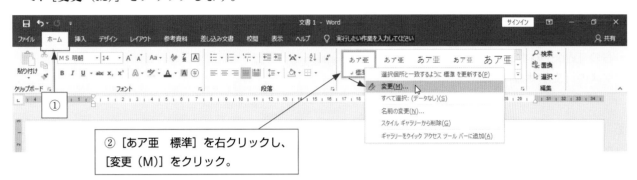

②［あア亜　標準］を右クリックし、［変更（M)］をクリック。

③右の［スタイルの変更］ダイアログボックスが表示されるので、左下の［書式（O)］をクリックし、［段落（P)］をクリックします。

▼［スタイルの変更］ダイアログボックス

③［書式（O)］をクリックして、［段落（P)］をクリック。

④右の［段落］ダイアログボックスが表示されます。

⑤［段落］ダイアログボックスの［体裁］タブをクリックして表示します。

⑥［禁則処理を行う］と［句読点のぶら下げを行う］、さらに、［日本語と英字の間隔を自動調整する］と［日本語と数字の間隔を自動調整する］の計4か所のチェックをはずします。

▼［段落］ダイアログボックス

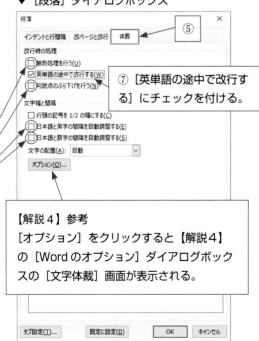

⑦［英単語の途中で改行する］にチェックを付ける。

⑥4か所のチェックをはずす。

【解説4】参考
［オプション］をクリックすると【解説4】の［Word のオプション］ダイアログボックスの［文字体裁］画面が表示される。

⑦［英単語の途中で改行する］にチェックを付けます。

　続けて【解説4】の設定を行います。

【解説4】

[2．文字ずれをしないための設定　G 区切り文字のカーニング解除　H 禁則処理の繰り上げによる文字
詰めを解除　I 画面上のグリッド線との文字ずれを解除]

　区切り文字（句読点やかっこなど）が二つ以上重なると間隔がつめられるので、この設定を解除します（G）。次
に、禁則処理などで繰り上げが行われると、区切り文字部分の文字詰めが行われるので、この設定も解除します（H）。
また、画面上のグリッド線との微妙な文字ずれを解除します（I）。

▼［Word のオプション］ダイアログボックス

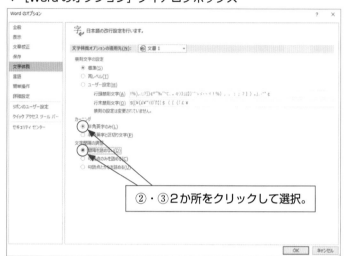

① ［段落］ダイアログボックスの［体裁］タ
ブにある［オプション］をクリックすると、
右の［Word のオプション］ダイアログボッ
クスの［文字体裁］画面が表示されます。

② ［カーニング］の［半角英字のみ］をクリッ
クして選択します。

③ ［文字間隔の調整］の［間隔を詰めない］
をクリックして選択します。

［Word のオプション］ダイアログボックスの画面のまま、続けて（D）の画面上のグリッド線との微妙な文字ず
れを解除します。

> **参考**
>
> 　［Word のオプション］ダイアログボックスは、［ファイル］タブの［オプション］をクリックしても表示されます。

▼［Word のオプション］ダイアログボックス

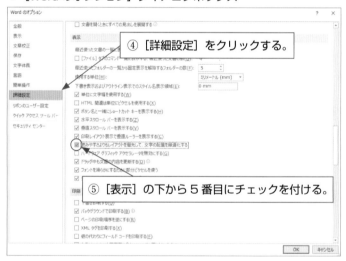

④ ［Word のオプション］ダイアログボック
スの左にある［詳細設定］をクリックし
ます。

⑤ ［詳細設定］画面を下にスクロールして、
［表示］にある、［読みやすさよりもレイ
アウトを優先して、文字の配置を最適化
する］にチェックを入れます。

［Word のオプション］ダイアログボックスの画面のまま、続けて【解説5】の設定を行います。

【解説5】

[3．オートコレクト（段落番号）機能の解除　J箇条書きの設定を解除]

　「1.」と入力して改行すると、次の行に自動的に「2.」と表示されることがあります。この機能は文字ずれを起こすので、設定を解除します。

▼ ［Wordのオプション］ダイアログボックス

①右の［Wordのオプション］ダイアログボックスの［文章校正］をクリックします。

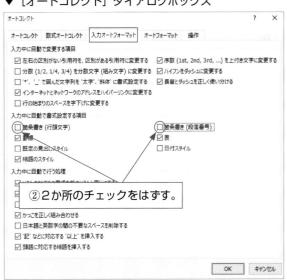

①［文章校正］をクリックする。

②［オートコレクトのオプション］をクリックする。

②［文章校正］画面から［オートコレクトのオプション］をクリックして、［オートコレクト］ダイアログボックスを表示します。

③右の［オートコレクト］ダイアログボックスにある［入力オートフォーマット］タブの［箇条書き（行頭文字）］と［箇条書き（段落番号）］の2か所のチェックをはずします。

▼ ［オートコレクト］ダイアログボックス

②2か所のチェックをはずす。

④［オートコレクト］ダイアログボックスの［OK］をクリックし、［Wordのオプション］ダイアログボックスの［OK］をクリック。［段落］ダイアログボックスの［OK］をクリックし、［スタイルの変更］ダイアログボックスの［OK］をクリックします。

＊以上の【解説1】から【解説5】までの設定を行うことにより、文字ずれが解消されます。

Word2019のヘッダーの設定方法

＊検定試験ではヘッダーに受験級、試験場校名、受験番号を左寄せで入力します。

①上余白をダブルクリックするだけでヘッダーに入力できます。
②ヘッダーの文字が1行目と重なった場合は、［上からのヘッダー］の数値を小さくします。
③編集の終了は、右端の「ヘッダーとフッターを閉じる」をクリックします。

第○級　○○○○　受験番号

参考

　［挿入］タブ→［ヘッダーとフッター］グループにある［ヘッダーの編集］をクリックしても、［ヘッダー部分］の編集が可能です。ヘッダーの編集は、Esc キーでも終了可能です。

2 タッチタイピングをマスターする

● **タイピング時の基本姿勢！**

①背筋をまっすぐに保ち、軽くアゴを引きます。足を組むことは厳禁。

②両ワキを軽く締め、ヒジが外に張らないよう注意してください。

③肩の力を抜いて、ホームポジションのキー（ＡＳＤＦ　ＪＫＬ；）に指を置きます。

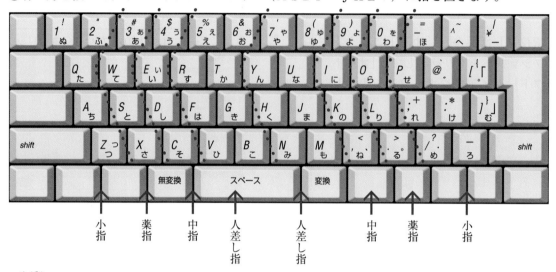

● **素早くタイピングするには！**

①基本姿勢を必ず守ってください。

②ホームポジションの位置を体でしっかりと覚えましょう。

③入力は、正しい指の分担で行うことを心がけてください。

④入力で動いた指は、必ずホームポジションに戻すようにしましょう。

⑤基礎練習を反復して行い、キーの位置を指で覚えましょう。

⑥キーボードは、極力見ないようにしてください。

基本練習

○１行の文字数を３０字、１ページの行数を３０行に設定しましょう。

○授業の前のウォーミングアップとして活用しましょう。

【基本練習１　清音の入力】

あいうえおかきくけこさしすせそたちつてとなにぬねのはひふへほ
まみむめもやゆよらりるれろわをん⏎
あいうえおかきくけこさしすせそたちつてとなにぬねのはひふへほ
まみむめもやゆよらりるれろわをん⏎
あいうえおかきくけこさしすせそたちつてとなにぬねのはひふへほ
まみむめもやゆよらりるれろわをん

【基本練習2　濁音・半濁音の入力】

がぎぐげござじずぜぞだぢづでどばびぶべぼぱぴぷぺぽ↵
がぎぐげござじずぜぞだぢづでどばびぶべぼぱぴぷぺぽ↵
がぎぐげござじずぜぞだぢづでどばびぶべぼぱぴぷぺぽ

【基本練習3　清音＋拗音の入力】

きゃきぃきゅきぇきょしゃしぃしゅしぇしょちゃちぃちゅちぇちょ
てゃてぃてゅてぇてょにゃにぃにゅにぇにょひゃひぃひゅひぇひょ
ふゃふぃふゅふぇふょみゃみぃみゅみぇみょりゃりぃりゅりぇりょ
つぁつぃつぇつぉふぁふぉ↵
きゃきぃきゅきぇきょしゃしぃしゅしぇしょちゃちぃちゅちぇちょ
てゃてぃてゅてぇてょにゃにぃにゅにぇにょひゃひぃひゅひぇひょ
ふゃふぃふゅふぇふょみゃみぃみゅみぇみょりゃりぃりゅりぇりょ
つぁつぃつぇつぉふぁふぉ↵
きゃきぃきゅきぇきょしゃしぃしゅしぇしょちゃちぃちゅちぇちょ
てゃてぃてゅてぇてょにゃにぃにゅにぇにょひゃひぃひゅひぇひょ
ふゃふぃふゅふぇふょみゃみぃみゅみぇみょりゃりぃりゅりぇりょ
つぁつぃつぇつぉふぁふぉ

【基本練習4　濁音・半濁音＋拗音の入力】

ぎゃぎぃぎゅぎぇぎょじゃじぃじゅじぇじょぢゃぢぃぢゅぢぇぢょ
でゃでぃでゅでぇでょびゃびぃびゅびぇびょぴゃぴぃぴゅぴぇぴょ
ぎゃぎぃぎゅぎぇぎょじゃじぃじゅじぇじょぢゃぢぃぢゅぢぇぢょ
でゃでぃでゅでぇでょびゃびぃびゅびぇびょぴゃぴぃぴゅぴぇぴょ
ぎゃぎぃぎゅぎぇぎょじゃじぃじゅじぇじょぢゃぢぃぢゅぢぇぢょ
でゃでぃでゅでぇでょびゃびぃびゅびぇびょぴゃぴぃぴゅぴぇぴょ

【基本練習5　促音の入力】

きっと　もっと　とって　きって　どっと　ばっと　ほっと↵
よっと　しっぷ　まっぷ　どっぐ　ばっぐ　びっぐ　ぶっく↵
かっと　ねっと　いっぱい　いったん　めりっと　あっぷる

【基本練習6　外来語の表記に用いる特別な音の入力】

ヴァ　ヴィ　ヴ　ヴェ　ヴォ↵
ヴァ　ヴィ　ヴ　ヴェ　ヴォ↵
ヴァ　ヴィ　ヴ　ヴェ　ヴォ

発展練習

○1行の文字数を３０字、1ページの行数を３０行に設定しましょう。

【発展練習1　英字・数字・記号】

a b c d e f g h i j k l m n o p q r s t u v w x y z ⏎
a b c d e f g h i j k l m n o p q r s t u v w x y z ⏎
A B C D E F G H I J K L M N O P Q R S T U V W X Y Z ⏎
A B C D E F G H I J K L M N O P Q R S T U V W X Y Z ⏎
1 2 3 4 5 6 7 8 9 0 1 4 7 2 5 8 3 6 9 0 1 5 9 3 5 7 ⏎
、。！＃＄％＆（）＝￥「」＠：；・＜＞＋＊／

【発展練習2　ひらがな入力】

にほんは、はる、なつ、あき、ふゆのよっつのきせつがあります。
はるは、いちねんをつうじてきこうがあんていし、すごしやすい。
なつは、きおんがもっともたかく、うみにでかけるひとがおおい。
あきは、どくしょやげいじゅつにさいてきで、しょくよくもわく。
ふゆは、さむさがきびしく、ちいきによっては、ゆきがふります。

【発展練習3　単漢字変換】（ふりがなは入力しません）

亜（あ）井（い）宇（う）絵（え）尾（お）可（か）木（き）区（く）毛（け）個（こ）佐（さ）史（し）酢（す）背（せ）曽（そ）⏎
多（た）地（ち）津（つ）手（て）戸（と）名（な）荷（に）濡（ぬ）根（ね）野（の）葉（は）火（ひ）普（ふ）辺（へ）穂（ほ）⏎
麻（ま）実（み）無（む）目（め）模（も）矢（や）由（ゆ）夜（よ）裸（ら）理（り）留（る）呂（ろ）和（わ）

【発展練習4　熟語変換】

朝日	意見	運動	映画	温室	介護	給水	群集	現金	故意 ⏎
砂糖	時価	水道	盛況	掃除	対照	注射	追求	定温	島民 ⏎
内閣	入場	布地	熱気	農家	配送	非常	普及	平気	方位 ⏎
満天	民俗	無給	迷彩	木工	野性	有休	陽気	来園	領海 ⏎
類型	冷害	老化	和製						

【発展練習5　長音記号を含むカタカナ】

ネーム　ボール　データ　ガール　ゲーム　パーク　キープ ⏎
サッカー　レジャー　メーカー　ペーパー　センター　ボーダー ⏎
データベース　ホームページ　カードリーダ　バレーボール

10

応用練習

○1行の文字数を３０字、1ページの行数を３０行に設定しましょう。

【応用練習1　使用頻度の高い文章表現】

である。です。ます。だろう。であろう。れる。られる。いえる。
いる。する。なる。ている。いた。きた。した。られた。いえた。
できた。できる。したい。あった。なった。いった。なっている。
だが、しかし、そこで、そこでは、さらに、さらには、これらが、
また、または、これが、これは、これには、これでは、これまで、
それが、それは、それには、それまでは、においては、ところが、
ところで、ここで、ここでは、ここまでは、

【応用練習2　使用頻度の高い語句】

最近　近年　今日の　現代の　多様な　さまざまな　一方　一方で
経済の　経営が　企業が　価格は　価額が　わが国は　景気を回復
日本では　海外では　環境が　環境保護を　国民の　一人ひとりが
私たち　人たち　ほとんどを　大半を　課題は　問題は　問題点は
消費者の　生産者の　大きな　多大な　発達が　発展を　米国では
欧米では　情報を　情報技術の　検討を　場合が　商品の　予定だ
大切だ　望みたい　期待したい　考えたい　必要である

【応用練習3　使用頻度の高いカタカナ】

パソコン　ワープロ　コンピュータ　インターネット　サービス↵
ビジネス　リサイクル　エネルギー　システム　ソフト　ハード↵
コンビニ　コンビニエンスストア　コミュニケーション　コスト↵
メリット　デメリット　アメリカ　イギリス　オランダ　カナダ↵
ヨーロッパ　ネットワーク　ニーズ　プラス　マイナス　グラム↵
アジア　ユーロ　オーストラリア　プラン　イメージ　メーカー↵
クレジット　メディア

【応用練習4　入力しづらいカタカナ】

ヴァイオリン　ヴァージニア　ヴィレッジ　ヴィクトリア↵
ヴェルサイユ　ヴォイス　ミネラルウォーター　ウォーキング↵
フィクション　グラフィックス　カリフォルニア

実践練習

〇文章を速く正確に入力するためには、効率のよい変換を行うことが重要です。効率のよい変換方法の一つ
　が、文節変換です。

〇１行の文字数を３０字、１ページの行数を３０行に設定しましょう。

【実践練習１　文節変換】

　・文章中の■の位置で、スペースキーなどを利用して漢字やカタカナに変換させましょう。

　・文章中の▼の位置で、エンターキーなどを利用して文字を確定させましょう。

┌─問題１────────────────────────────────────┐
　　わたしは、■このはる、■こうこうせいに■なりました。▼
〔入力結果１〕
　　私は、この春、高校生になりました。
└──────────────────────────────────────┘

┌─問題２────────────────────────────────────┐
　　こくないの■けいざいじょうきょうは、■しだいに■かいふくしつ
つ■あります。▼
〔入力結果２〕
　　国内の経済状況は、次第に回復しつつあります。
└──────────────────────────────────────┘

【実践練習２　短文入力】

┌─問題１────────────────────────────────────┐
　　地球は、太陽からエネルギーを受けている。植物と動物はこれを　　　30
大きなサイクルで循環させ、生態系を築き上げている。　　　　　　　　55
└──────────────────────────────────────┘

┌─問題２────────────────────────────────────┐
　　現代は、科学にもとづく技術が進歩し、実用化されている。私た　　　30
ちは、その恩恵を受けることで、便利で快適な生活を送れるように　　　60
なった。↵　　　　　　　　　　　　　　　　　　　　　　　　　　　65
　　しかし、その一方では、科学技術がもたらしたさまざまな問題点　　　95
もある。大切なことは、技術を利用する人間が、正しい利用目的を　　　125
持つことである。　　　　　　　　　　　　　　　　　　　　　　　133
└──────────────────────────────────────┘

3 速度部門

【3級－1】 次の文章を1行30字で入力しなさい。（制限時間10分）

防災の第一歩は、自然災害の危険性が地域にどの程度あるかを知	30
ることにある。まずするべきなのは、自治体が作成する「ハザード	60
マップ」を見ることだ。これは、被害が及ぶ範囲を地図上で示して	90
いる。	94
次に行いたいことは、災害用の備蓄をすることだ。災害に備え、	124
備蓄が重要だと感じても、二の足を踏む人も多いのではないだろう	154
か。乾パンなど、特別なものを用意する必要はない。日頃食べてい	184
る食品や使っている物を、多めに買い置いておくだけで立派な備蓄	214
になる。これは、日常備蓄という。	231
ここ数年、各地で相次ぐ災害が起きているが、また起きないとも	261
限らない。だが、備えを怠らなければ、被害を最小限に食い止める	291
ことができる。できることから始めたい。	310

備（そな）え・怠（おこた）らなければ

	学習日	総字数	－	エラー数	＝	純字数
1			－		＝	
2			－		＝	

	学習日	総字数	－	エラー数	＝	純字数
3			－		＝	
4			－		＝	

【3級－2】 次の文章を1行30字で入力しなさい。（制限時間10分）

京都にあるステーキ丼の店は、どんなに売れても一日１００食の	30
限定だという。営業時間はわずか３時間半で、完売したらその日は	60
営業終了となる。	69
通常の飲食店では、営業時間が一つの区切りになっており、閉店	99
間際に来店する客に対しては、心から歓迎することができないこと	129
もあるだろう。しかし、１００食限定という目標を決めると、残り	159
数食になるにつれて次第にテンションが上がり、最後のお客様まで	189
最高の笑顔で迎えられるという。	205
メニューを３種類に絞ったことで、かなり評判が高い料理を提供	235
することが可能となった。来店客があれこれ選ばなくてもよいとい	265
う安心感は、気持ちの余裕をもって、自分のすべきことを確実にこ	295
なすということに繋がっている。	310

京都（きょうと）・絞（しぼ）った・繋（つな）がって

	学習日	総字数	－	エラー数	＝	純字数
1			－		＝	
2			－		＝	

	学習日	総字数	－	エラー数	＝	純字数
3			－		＝	
4			－		＝	

【3級－3】 次の文章を1行30字で入力しなさい。（制限時間10分）

　口に含むと、懐かしい甘さが広がる金平糖は、日本古来の菓子だ　　30
と思っていないだろうか。すっかり日本の菓子として、広まってい　　60
る金平糖だが、本当は海外から伝わったものである。　　　　　　　　85
　キリスト教布教のため、日本に渡来したポルトガルの宣教師が、　115
織田信長に献上したお菓子がその起源だといわれている。砂糖菓子　145
のことを、ポルトガル語でコンフェイトスと呼び、その発音が変化　175
してこんぺいとうになったといわれる。　　　　　　　　　　　　　194
　金平糖の特徴は、つぶつぶの角だ。角ができる理由は、職人たち　224
も明確に説明できないそうだ。当初、金平糖は貴重なものとして、　254
その製造方法は長らく秘密にされてきた。だが、１８世紀には各地　284
に広まり、一般庶民に愛される菓子へと大きく成長した。　　　　　310

懐（なつ）かしい・金平糖（こんぺいとう）・献上（けんじょう）・庶民（しょみん）

	学習日	総字数	－	エラー数	＝	純字数
1			－		＝	
2			－		＝	

	学習日	総字数	－	エラー数	＝	純字数
3			－		＝	
4			－		＝	

【3級－4】 次の文章を1行30字で入力しなさい。（制限時間10分）

　わが国では、他に類を見ないほど、多くの自販機が設置されてい　　30
る。販売される商品は、水やジュース、お茶などの飲料品が中心で　　60
ある。それらは、ほとんどが定価で販売されているため、やや高い　　90
と感じる人も少なくない。　　　　　　　　　　　　　　　　　　　103
　ここ数年、自販機のライバルといえるコンビニが、飲料品を値下　133
げして売り始めた。その影響は大きく、自販機による売り上げは、　163
下降しつつある。これを打破するために、沖縄県の企業が自販機の　193
格安販売に挑戦し成功している。　　　　　　　　　　　　　　　　209
　その自販機は、商品の９割が１００円で購入できる。また、一部　239
の飲料品は５０円という驚きの価格で、どちらもワンコインで買え　269
るように配慮がなされている。安さの秘密は、大量の仕入れや自社　299
ブランドの開発にある。　　　　　　　　　　　　　　　　　　　　310

設置（せっち）・影響（えいきょう）・打破（だば）・挑戦（ちょうせん）・購入（こうにゅう）・驚（おどろ）き・配慮（はいりょ）

	学習日	総字数	－	エラー数	＝	純字数
1			－		＝	
2			－		＝	

	学習日	総字数	－	エラー数	＝	純字数
3			－		＝	
4			－		＝	

【3級−5】 次の文章を１行30字で入力しなさい。(制限時間10分)

　健康のため、家庭での減塩が勧められている。主に高血圧予防の　　30
ためだ。食塩は、しょうゆやみそといった調味料、漬物やソーセー　　60
ジなどの加工食品からの摂取が多い。食品を選ぶうえで参考にした　　90
いのは、栄養成分の表示だ。　　104

　これまで、加工食品は、食塩に含まれる成分「ナトリウム」の量　　134
を、メーカーが任意で表記してきた。しかし、ナトリウムを食塩に　　164
換算するには、計算をする必要があり、一見してわかるものではな　　194
かった。　　199

　新しい食品表示法では、加工食品の栄養成分表示を義務化してい　　229
る。その一つが、食塩相当量だ。ナトリウムの量は、食塩相当量に　　259
換算して、１袋あたり１．５グラムなどと示すことを義務付けた。　　289
加工食品を購入するときには、参考にしたい。　　310

勧(すす)め・漬物(つけもの)・摂取(せっしゅ)・換算(かんさん)

	学習日	総字数	−	エラー数	=	純字数
1			−		=	
2			−		=	

	学習日	総字数	−	エラー数	=	純字数
3			−		=	
4			−		=	

【3級−6】 次の文章を１行30字で入力しなさい。(制限時間10分)

　国内の観光名所において、駅から目的地までの距離が離れている　　30
ことは珍しくない。これまでは、バスやレンタカーなどが移動手段　　60
のほとんどを占めていた。一方で、レンタル自転車を使って観光地　　90
を巡る、新しい取り組みが注目されている。　　111

　それは、美しい自然や地形を肌で感じながら、自分の力でのんび　　141
りと旅を楽しむ手段の一つである。観光資源を積極的に活用したい　　171
自治体と、昨今の自転車ブームとが相まって、その数を増加させて　　201
いる。　　205

　青森県では、レンタル自転車にナビ機能を備えた「ナビチャリ」　　235
を導入し、観光客に新たなサービスを開始した。これは、ＧＰＳと　　265
連動した端末を電動自転車に取り付け、観光地までの道順や見どこ　　295
ろなどを案内する新しい試みだ。　　310

巡(めぐ)る・相(あい)まって

	学習日	総字数	−	エラー数	=	純字数
1			−		=	
2			−		=	

	学習日	総字数	−	エラー数	=	純字数
3			−		=	
4			−		=	

【3級－7】 次の文章を1行30字で入力しなさい。（制限時間10分）

　　日本人とアイスクリームの出会いは、江戸時代の末期にまでさか　　30
のぼる。幕府が派遣した使節団が、アメリカで食べたのが始まりだ　　60
が、その美味には誰もが驚いたという。　　79

　　明治２年には、わが国でも最初の製品が横浜で作られ、当時は、　　109
あいすくりんの名称で販売された。文明開化の波に乗って、鹿鳴館　　139
などの社交場では、欧米人を接待する際に不可欠なデザートとして　　169
珍重されていた。　　178

　　昭和３０年代初めには、酪農先進国のデンマークから大量生産が　　208
可能な機械が輸入され、アイスクリームは大衆へも広まった。今で　　238
は、大人の味や高級感を打ち出したものなど、数多くの種類が存在　　268
する。また、５月９日はアイスクリームの日として、全国各地では　　298
イベントが開かれている。　　310

派遣（はけん）・鹿鳴館（ろくめいかん）・珍重（ちんちょう）

	学習日	総字数	－	エラー数	＝	純字数
1			－		＝	
2			－		＝	

	学習日	総字数	－	エラー数	＝	純字数
3			－		＝	
4			－		＝	

【3級－8】 次の文章を1行30字で入力しなさい。（制限時間10分）

　　充電池は、スマートフォンやハイブリッド自動車などの電源とし　　30
て、現代の生活には欠かせない存在になっている。こうした製品の　　60
安全性を高め、使いやすくしようと、高性能の次世代充電池の開発　　90
が進められている。　　100

　　現在、最も広く使われている充電池は、リチウムイオン電池で、　　130
１９９０年代に製品化された。ただ、電解質に可燃性の有機溶媒を　　160
使用しているため、加熱すると燃えることがあるのが欠点だ。扱い　　190
方によっては、液もれを起こす恐れもある。　　211

　　このような課題を解決したのが、電解質を含め素材すべてを固体　　241
にした全固体電池だ。液体を密封しなければならないリチウムイオ　　271
ン電池に比べ、構造を単純にできるため、小型化も可能だ。今後の　　301
開発に期待したい。　　310

有機溶媒（ゆうきようばい）・密封（みっぷう）

	学習日	総字数	－	エラー数	＝	純字数
1			－		＝	
2			－		＝	

	学習日	総字数	－	エラー数	＝	純字数
3			－		＝	
4			－		＝	

【3級-9】 次の文章を1行30字で入力しなさい。（制限時間10分）

蛇口から出てくる水道水が、最近、おいしくなったといわれてい　　30
る。東京都の水源は、荒川水系や利根川水系が約8割を占めている　　60
が、取水するすべての水道で高度浄水処理を実現した。　　86

　ただ、高度浄水処理は費用がかかり、すべての地域で、このよう　　116
な処理が必要なわけでもない。どういう浄水方法をとるかは、原水　　146
の質による。水がおいしいといわれる、熊本市の水道水は、原水が　　176
地下水だ。　　182

　水道水には、おいしさの基準はないが、旧厚生省がおいしい水の　　212
要件を公表していた。例えば、水に含まれるミネラルの含有量は、　　242
味をおいしくする要素の一つだ。残留塩素などは、多いと味を損な　　272
うという。私たちが毎日口にする水道水は、少しでもおいしくなっ　　302
て欲しいものだ。　　310

蛇口（じゃぐち）・取水（しゅすい）

	学習日	総字数	−	エラー数	=	純字数
1			−		=	
2			−		=	

	学習日	総字数	−	エラー数	=	純字数
3			−		=	
4			−		=	

【3級-10】 次の文章を1行30字で入力しなさい。（制限時間10分）

大企業の多くは、IT化の進展や業務の細分化に伴って、社員間　　30
のコミュニケーションが希薄になりつつある。同じ会社に勤めなが　　60
ら、話をするのは10人ほどといったケースも少なくない。これに　　90
により、職場の人間関係に悩む社員が増えている。　　113

　このほど、都内でデパートを経営する大手の企業が、20年ぶり　　143
に社員運動会を開催した。その目的は、人間関係をより円滑にする　　173
ことにある。綱引きや玉入れなどの競技を通して、社員に一体感を　　203
持ってもらうことが狙いだ。　　217

　経営者は、運動会や社員旅行などのイベントを企画して、職場の　　247
コミュニケーションを推進する必要がある。一方で、休日は家族と　　277
ゆっくり過ごしたい、という意見も強く、適切な判断が求められて　　307
いる。　　310

開催（かいさい）

	学習日	総字数	−	エラー数	=	純字数
1			−		=	
2			−		=	

	学習日	総字数	−	エラー数	=	純字数
3			−		=	
4			−		=	

【3級－11】 次の文章を1行30字で入力しなさい。（制限時間10分）

　　近所のコンビニやスーパーの店頭に並ぶ、すべての加工食品には　　30
期限表示が義務付けられている。賞味期限と消費期限の２つがある　　60
のだが、皆さんは、両者の違いをご存じだろうか。　　84

　　賞味期限は、ハムやソーセージ、スナック菓子、缶詰などの冷蔵　　114
や常温で保存がきく食品に表示がある。未開封の状態で、表示され　　144
た保存方法に従って保存した時に、美味しく食べられる期限を示し　　174
ている。　　179

　　これに対して、弁当やスイーツなど、長期保存ができない食品に　　209
用いられるのが消費期限である。この期間を過ぎると、衛生上何ら　　239
かの問題が起こる可能性が高くなる。なお、両方とも開封前の期限　　269
を表している。一度開封してしまった食品については、早めに食べ　　299
切るように注意したい。　　310

	学習日	総字数	－	エラー数	＝	純字数
1			－		＝	
2			－		＝	

	学習日	総字数	－	エラー数	＝	純字数
3			－		＝	
4			－		＝	

【3級－12】 次の文章を1行30字で入力しなさい。（制限時間10分）

　　大手の総合アパレルメーカーは、これまで百貨店を中心に販売を　　30
伸ばしてきた。だが、現在では多様化している消費者のニーズをつ　　60
かみあぐねている。そのため、大手４社の売上高は前年よりも落ち　　90
込んだ。　　95

　　その背景には、以前は情報が百貨店の側にあったが、今では誰も　　125
が手軽に情報を得たり、発信したりする時代となったことがある。　　155
通信販売のサイトは、流行している商品をそろえることにより、若　　185
い世代の支持を受けている。　　199

　　また、売買アプリの登場によって、個人で簡単に中古品の売買が　　229
できるようになった。サービス開始後、国内におけるダウンロード　　259
の数は、５千万件を超えており急成長を遂げた。これまで以上に、　　289
電子商取引を使った戦略が重要になっている。　　310

遂（と）げた

	学習日	総字数	－	エラー数	＝	純字数
1			－		＝	
2			－		＝	

	学習日	総字数	－	エラー数	＝	純字数
3			－		＝	
4			－		＝	

【3級-13】　次の文章を1行30字で入力しなさい。（制限時間10分）

　めがねフレームの生産高が、全国トップの町をご存じだろうか。　　30
福井県鯖江（さばえ）市はめがねのまちと呼ばれ、国内シェアの約　　60
９５％を占める一大産業となっている。　　79

　その歴史は古く、ある人が明治３８年に、フレームの製造技術を　　109
この地に持ち込んだのが始まりだ。戦後の高度経済成長において、　　139
めがねの需要も急増し、産地として大きく成長したのである。　　168

　世界で初めてチタン金属を用いた、フレームの製造技術の確立に　　198
も成功し、人体に優しいめがねとして、世界に広まっている。しか　　228
し、国内市場をみると、大量の海外製品もあふれている。世界有数　　258
の産地として、これまで培った技術とデザイン力を結集し、産業の　　288
活性化のためにも、さらなる発展を期待したい。　　310

培（つちか）った

	学習日	総字数	−	エラー数	=	純字数
1			−		=	
2			−		=	

	学習日	総字数	−	エラー数	=	純字数
3			−		=	
4			−		=	

【3級-14】　次の文章を1行30字で入力しなさい。（制限時間10分）

　大手の通販サイトでは、コンパクトな電動バイクに人気が集まっ　　30
ている。自転車とほぼ同じサイズでありながら、二つに折りたたむ　　60
ことができる。公道での走行が可能で、１０万円台と購入しやすい　　90
価格も魅力である。　　100

　購入者のほとんどは、キャンプなどの行楽で利用することを想定　　130
している。目的地までは自動車で出かけて、到着してからの周辺の　　160
移動に用いるという。一方で、その手軽さから、近所のちょっとし　　190
た買い物に利用する人たちもいる。　　207

　国内における自動二輪車の販売台数は、昭和６２年を境に減少し　　237
続けている。特に、平成１０年からはその落ち込みが著しく、生産　　267
を中止した企業もある。この気軽な電動バイクが、業界に新風を巻　　297
き起こすことに期待したい。　　310

公道（こうどう）・魅力（みりょく）・行楽（こうらく）・境（さかい）・著（いちじる）しく

	学習日	総字数	−	エラー数	=	純字数
1			−		=	
2			−		=	

	学習日	総字数	−	エラー数	=	純字数
3			−		=	
4			−		=	

【3級－15】　次の文章を１行30字で入力しなさい。（制限時間10分）

　　じゃがいもには、食物繊維やビタミンＣなどの栄養素が豊富に含　　　30
まれている。栽培に手間がかからないうえに収穫量が多く、加えて　　　60
長期間の保存が可能である。世界中から親しまれ、日本人が好きな　　　90
野菜の第３位に選出されている。　　　　　　　　　　　　　　　　　106

　　デンプン質が多く食べ応えがあるため、じゃがいもが主食だとい　　136
う国もある。揚げてよし、蒸してよし、煮込んでよしと、調理方法　　166
を問わない万能の食材といえる。唯一の欠点は、緑に変色した皮と　　196
芽に毒があることだ。　　　　　　　　　　　　　　　　　　　　　　207

　　このほど、国内の研究者たちが、毒のないじゃがいもを作り出す　　237
ことに成功した。それは、ゲノム編集と呼ばれる技術を利用して、　　267
遺伝子を改変することで実現できた。現状は克服すべき課題も多い　　297
が、研究の進展を願いたい。　　　　　　　　　　　　　　　　　　　310

食物繊維（しょくもつせんい）・豊富（ほうふ）・栽培（さいばい）・収穫量（しゅうかくりょう）・万能（ばんのう）・毒（どく）
遺伝子（いでんし）・克服（こくふく）

	学習日	総字数	－	エラー数	＝	純字数
1			－		＝	
2			－		＝	

	学習日	総字数	－	エラー数	＝	純字数
3			－		＝	
4			－		＝	

【3級－16】　次の文章を１行30字で入力しなさい。（制限時間10分）

　　日本の家庭でも、浴槽に入らずにシャワーだけを浴びる人が増え　　　30
ている。さらに、夏には朝シャワーを利用している人も多くいる。　　　60
この理由は「清潔にするため」や「目が覚めるから」と、回答する　　　90
人が最も多く、全体の５割を超える。　　　　　　　　　　　　　　　108

　　民間の研究所の調査では、朝シャワーの効果は、爽快感が上昇し　　138
て疲労感が減少し、手早く目覚めの効果を実感できる点にある。ま　　168
た、心理テストでも、仕事に対する意欲や集中度が上昇するという　　198
結果も出ている。　　　　　　　　　　　　　　　　　　　　　　　　207

　　朝シャワーの効果は、３分から５分で十分に出るという。朝の忙　　237
しさを考えると、節水も考えて３分間をうまく活用したいものだ。　　267
そして快眠効果のある夜の入浴と組み合わせることで、メリハリの　　297
ある快適な生活を送りたい。　　　　　　　　　　　　　　　　　　　310

浴槽（よくそう）・爽快感（そうかいかん）・疲労感（ひろうかん）

	学習日	総字数	－	エラー数	＝	純字数
1			－		＝	
2			－		＝	

	学習日	総字数	－	エラー数	＝	純字数
3			－		＝	
4			－		＝	

【3級-17】 次の文章を1行30字で入力しなさい。（制限時間10分）

　　中国の研究チームが、サルの体細胞から、遺伝的に同じ情報を持　　30
つクローンを誕生させることに成功した。哺乳類の体細胞クローン　　60
は、羊や牛などで誕生していたが、霊長類では初めてだ。人に近い　　90
サルのクローンは、医療研究などに役立つと、このチームは主張し　　120
ている。　　125
　　世界初の哺乳類の体細胞クローンは、１９９６年に英国で、羊の　　155
ドリーが誕生した。マウスや豚などでも成功が相次いだが、霊長類　　185
は、技術的に難しかった。　　198
　　今回の体細胞クローンは、人にも応用できる可能性がある。しか　　228
し、実際に試すことは、日本を含む多くの国で、法令で禁じられて　　258
いる。クローン人間の誕生に近付くことにもなり、議論を呼びそう　　288
だ。今後の社会への影響が、あるかもしれない。　　310

哺乳類（ほにゅうるい）・霊長類（れいちょうるい）・相次（あいつ）いだ

	学習日	総字数	−	エラー数	=	純字数
1			−		=	
2			−		=	

	学習日	総字数	−	エラー数	=	純字数
3			−		=	
4			−		=	

【3級-18】 次の文章を1行30字で入力しなさい。（制限時間10分）

　　浴衣は、日本の伝統的な服装の一つである。これは、複数の人た　　30
ちと入浴することが多かった時代に、湯上がりの汗取りと裸を隠す　　60
ために用いられた。他の和服と比べて簡単に着たり脱いだりできる　　90
ので、庶民が愛好する衣類となった。　　108
　　この特徴は、汗を吸い取る生地が使用され、風通しの良い構造に　　138
なっていることである。そのため、夏の暑い時期に着用されること　　168
が一般的で、花火大会や縁日などのイベントに、浴衣で出かける人　　198
も多い。　　203
　　洋服の量販店においても、豊富なデザインの浴衣を販売し人気が　　233
ある。また、スポーツ施設やテーマパークの一部では、浴衣で来場　　263
すれば料金を割り引くシステムを導入している。夏の定番アイテム　　293
として、多くの若者に定着しそうだ。　　310

浴衣（ゆかた）・裸（はだか）・庶民（しょみん）・縁日（えんにち）

	学習日	総字数	−	エラー数	=	純字数
1			−		=	
2			−		=	

	学習日	総字数	−	エラー数	=	純字数
3			−		=	
4			−		=	

【3級－19】　次の文章を1行30字で入力しなさい。（制限時間10分）

　警視庁災害対策課が、公式ツイッターに投稿した災害用レシピが　　30
人気を集めている。麺をゆでない水漬けパスタや、期限切れになり　　60
そうな非常食を活用する、乾パングラタンなどがある。　　　　　　　86

　水漬けパスタの作り方は簡単だ。市販のパスタを4時間ほど水に　　116
漬けてふやかし、薄く切ったハムや玉ねぎ、ケチャップとともに、　　146
ガスコンロで1分間炒めるだけだ。災害現場では、ガス燃料は貴重　　176
で少しも無駄遣いはできない。　　　　　　　　　　　　　　　　　191

　賞味期限切れになりそうな、非常食を活用した料理も紹介してい　　221
る。乾パングラタンは、牛乳に浸した乾パンに、クリームシチュー　　251
とチーズをのせて焼くだけで、ザクザク感たっぷりだと紹介した。　　281
災害への備えを万全にし、非常食の買い替えを促す狙いもある。　　　310

投稿(とうこう)・麺(めん)・浸(ひた)した・促(うなが)す・狙(ねら)い

	学習日	総字数	－	エラー数	＝	純字数
1			－		＝	
2			－		＝	

	学習日	総字数	－	エラー数	＝	純字数
3			－		＝	
4			－		＝	

【3級－20】　次の文章を1行30字で入力しなさい。（制限時間10分）

　世界には、様々な文化が存在する。そして、それと同じ数だけの　　30
言語が使用されている。ある研究報告によれば、世界に存在する約　　60
7000種類の言語のうち2500種類が、今後20年のうちに消　　90
えてしまうという。　　　　　　　　　　　　　　　　　　　　　　100

　ユネスコではこの問題に対して、長期的な調査を実施している。　　130
1950年以降に消滅した言語は219語で、その数は飛躍的に増　　160
えている。最近では2008年に、アラスカ州に古くから伝わって　　190
いた言語が消滅してしまった。　　　　　　　　　　　　　　　　　205

　日本では北海道に伝わるアイヌ語について、話し手が15人とな　　235
り「深刻な危機」と判定された。さらに、鹿児島や沖縄の離島に伝　　265
わる一部の方言も「危険」と分類している。地域の文化に誇りを持　　295
ち、次の世代に残すべきである。　　　　　　　　　　　　　　　　310

消滅(しょうめつ)・飛躍的(ひやくてき)・深刻(しんこく)

	学習日	総字数	－	エラー数	＝	純字数
1			－		＝	
2			－		＝	

	学習日	総字数	－	エラー数	＝	純字数
3			－		＝	
4			－		＝	

【3級−21】 次の文章を１行30字で入力しなさい。（制限時間10分）

私たちが、ドリンク剤の成分として注目しているタウリンには、	30
体調を整える働きがある。この物質を大学で研究している教授によ	60
れば、アミノ酸に化学構造が似ており、体の機能を整え、潤滑油の	90
ような働きがあるという。また、疲労の回復効果があるそうだ。	120
この物質は、私たちの体内で作ることもできるものだ。食卓に並	150
ぶ食材では、魚介類に多く含まれている。特に、ホタテやサザエな	180
どの貝類、イカやタコなどの頭足類には多く含まれている。	208
一方、日本人の食生活では魚離れが指摘されている。健康を考え	238
ると、この物質が豊富な魚介類を積極的に摂取してほしい。私たち	268
の体調を整えてくれるタウリンの機能が、さらに研究が進んで解明	298
されることを期待したい。	310

潤滑油(じゅんかつゆ)・疲労(ひろう)・頭足類(とうそくるい)

	学習日	総字数	−	エラー数	=	純字数
1			−		=	
2			−		=	

	学習日	総字数	−	エラー数	=	純字数
3			−		=	
4			−		=	

【3級−22】 次の文章を１行30字で入力しなさい。（制限時間10分）

スズメバチは、東南アジアの広い範囲に分布し、国内では１６種	30
の生息が確認されている。女王蜂を中心とした集団生活を営み、大	60
きな巣を作る社会性の高い生物である。一方で、攻撃的な性質と強	90
い毒を持っているため、危険な昆虫に分類されている。	116
このハチは、８月から１０月にかけて活動の最盛期を迎える。そ	146
のため、バーベキューやキャンプなどの野外活動で、スズメバチに	176
刺される被害が多い。一方で、木材があればどこにでも巣を作るの	206
で、都市部でも攻撃を受ける事例が増えている。	229
もし、スズメバチが近寄ってきたら、体を低くして静かにその場	259
を離れることが大切である。屋外に出かける場合は、帽子で頭部を	289
保護し、黒い衣服を着用しないことも重要だ。	310

生息(せいそく)・営(いとな)み・最盛期(さいせいき)

	学習日	総字数	−	エラー数	=	純字数
1			−		=	
2			−		=	

	学習日	総字数	−	エラー数	=	純字数
3			−		=	
4			−		=	

3

速度部門

【3級－23】 次の文章を1行30字で入力しなさい。（制限時間10分）

　　国内のある調査機関によれば、勤労者の約４０％が仕事に対して　　30
不満を感じている。その理由としては、働きに見合った賃金を得ら　　60
れていないが最も多かった。労働意欲の低下が、日本の経済に大き　　90
なダメージを与えている。　　103

　　社員にやる気を出してもらうため、新しい試みを行っている企業　　133
がある。そのユニークな制度は、家族の誕生日に休みが取れたり、　　163
社員間でのみ使える通貨を支給したりする。また、パソコンやデジ　　193
カメなどを無料で貸し出す会社もある。　　212

　　経営者にとって、利益を追求し企業を存続させることは重要であ　　242
る。一方で、働く意欲を向上させることも見過ごしてはならない。　　272
新しい時代の経営者には、労働環境を整え適切な給与を支給するこ　　302
とが必須である。　　310

試（こころ）み・環境（かんきょう）・必須（ひっす）

	学習日	総字数	－	エラー数	＝	純字数
1			－		＝	
2			－		＝	

	学習日	総字数	－	エラー数	＝	純字数
3			－		＝	
4			－		＝	

【3級－24】 次の文章を1行30字で入力しなさい。（制限時間10分）

　　日本人は、カルシウムが不足しがちだ。効率よく摂取する方法と　　30
して、牛乳を乳酸菌で発酵させたヨーグルトが有効だという。さら　　60
に、乳酸菌の効能の一つに、整腸作用がよく知られている。腸内の　　90
善玉菌の増殖を助け、悪玉菌が増えるのを抑えてくれる。腸内環境　　120
を整えることで、健康と美容にも効果がある。　　142

　　また、注目されているのは、インフルエンザなどの予防やがんを　　172
抑制する効果だ。民間の研究所では、特定の乳酸菌によりＮＫ細胞　　202
を活性化させ、免疫力を高めることを証明している。　　227

　　デザートの印象が強いヨーグルトだが、ブルガリアでは、料理の　　257
材料であるとともに調味料でもあるという。私たちも、健康のため　　287
に、工夫して普段の食事にも取り入れたいものだ。　　310

摂取（せっしゅ）・乳酸菌（にゅうさんきん）・発酵（はっこう）・整腸（せいちょう）・増殖（ぞうしょく）・抑（おさ）えて
抑制（よくせい）・免疫力（めんえきりょく）

	学習日	総字数	－	エラー数	＝	純字数
1			－		＝	
2			－		＝	

	学習日	総字数	－	エラー数	＝	純字数
3			－		＝	
4			－		＝	

【3級−25】 次の文章を１行30字で入力しなさい。（制限時間10分）

国内の家電メーカーが、特殊な砂を開発し話題となっている。そ	30
れは、砂粒の表面を膜でコーティングし、水の浸透を極限まで抑え	60
る仕組みである。水資源の節約や乾燥地の緑化、農作物の増産など	90
が期待されている。	100
この研究は、電子レンジやオーブンなどの製品に、汚れが付かな	130
いようにするために行われていた。だが、これよりも安くて汚れに	160
くい素材が開発され、予算は打ち切りとなってしまった。そこで、	190
新分野にチャレンジした結果が、砂の特殊加工である。	216
この砂は、農作物に必要な水を大幅に減らすことができる。さら	246
に、その特性を応用すれば、海水を飲み水に変える新装置が完成す	276
る可能性もある。この技術は、人類の課題を解決する一つの手段と	306
いえる。	310

特殊（とくしゅ）・膜（まく）・浸透（しんとう）

	学習日	総字数	−	エラー数	=	純字数
1			−		=	
2			−		=	

	学習日	総字数	−	エラー数	=	純字数
3			−		=	
4			−		=	

【3級−26】 次の文章を１行30字で入力しなさい。（制限時間10分）

日本が発信する文化や情報が、若者を中心に世界各国で受け入れ	30
られている。漫画やアニメなどは「ＭＡＮＧＡ」という呼び名で親	60
しまれ、愛らしさを表現する「カワイイ」は、世界共通の言葉にな	90
りつつある。	97
クールジャパンとは、直訳すると「かっこいいニッポン」という	127
意味になる。一般的にはアニメやゲームなど、ポップカルチャーを	157
指す場合が多い。さらには、自動車や電気機器などの日本製品に加	187
え、料理・武道といった伝統文化も含めた総称である。	213
和家具が、最新のクールジャパンとして注目を集めている。それ	243
らは、江戸時代からの技法を用い、釘を一本も使わずに作られる。	273
欧米の家具店では高値で売買されており、その技術を学ぶため来日	303
する人もいる。	310

釘（くぎ）

	学習日	総字数	−	エラー数	=	純字数
1			−		=	
2			−		=	

	学習日	総字数	−	エラー数	=	純字数
3			−		=	
4			−		=	

【3級−27】 次の文章を1行30字で入力しなさい。(制限時間10分)

　　世界でもトップレベルの運動選手は、オリンピックでの金メダル　　30
を目標としている場合が多い。その一方で、高校生を対象としたも　　60
う一つのオリンピックをご存じだろうか。そこで行われる競技は、　　90
運動ではなく学問である。　　103

　　科学のオリンピックには、生物学・数学・物理学・化学・情報と　　133
五つの分野がある。世界各地で毎年開催され、日本もすべての分野　　163
に選手を派遣している。厳しい国内予選が行われ、これを勝ち抜い　　193
た高校生に代表の名誉が与えられる。　　211

　　本大会では、成績上位の１０％に金メダルが与えられる。その次　　241
の２０％に銀メダルが授与され、さらに次の３０％が銅メダルとな　　271
る。日本代表は、これまでに多くのメダルを獲得しており、今後も　　301
活躍が期待できる。　　310

開催(かいさい)・派遣(はけん)・名誉(めいよ)・授与(じゅよ)・活躍(かつやく)

	学習日	総字数	−	エラー数	=	純字数
1			−		=	
2			−		=	

	学習日	総字数	−	エラー数	=	純字数
3			−		=	
4			−		=	

【3級−28】 次の文章を1行30字で入力しなさい。(制限時間10分)

　　ある大手化学メーカーが、細菌による家庭の汚染状況について調　　30
べた。家庭では、掃除用のキッチンスポンジや、冷蔵庫の野菜室に　　60
多くの細菌がいて、増えやすい環境になっているという。　　87

　　メーカーは、首都圏と関西圏の１００世帯に調査員を派遣した。　　117
調理台やキッチンの蛇口周辺、冷蔵庫など、最大２４か所から菌を　　147
とって解析した。細菌の数はほとんどの家庭で、シンクの排水口や　　177
蛇口の付け根、キッチンのスポンジなどに多く見られた。テーブル　　207
やカウンターなども、トイレの床と同じ程度の細菌の数だった。　　237

　　調査員によると、意外と冷蔵庫の野菜室が汚れているので、注意　　267
が必要だという。野菜室を取り出し、水で洗うなどの手入れをする　　297
ことが大事だということだ。　　310

	学習日	総字数	−	エラー数	=	純字数
1			−		=	
2			−		=	

	学習日	総字数	−	エラー数	=	純字数
3			−		=	
4			−		=	

【3級-29】 次の文章を１行30字で入力しなさい。（制限時間10分）

　最近、アナログレコードの人気が、復活したようだ。生産枚数は　　30
右肩上がりで、業界からは、単なる一時的な人気ではないようだ、　　60
との意見も聞かれる。人気の理由は、音が温かく聞こえるなど諸説　　90
あるが、音楽の本質である「音」にもあるのだろうか。　　　　　　116

　音を盤面に刻むレコードは、構造上音域に制限がない。しかし、　146
あまり高い音をレコードに記録すると、溝が極端に細くなりすぎ　　176
て、再生時に針が素通りしてしまう。再生できなければ意味がない　206
ので、現場では必要以上の高音は刻まないことが多い。　　　　　　232

　盤面に針が触れて音を出す、というレコードの構造は、楽器のよ　262
うでもある。数値上の音質ではなく、このような再生上の特徴が、　292
音が良いと感じさせるのかもしれない。　　　　　　　　　　　　　310

盤面（ばんめん）・刻（きざ）む

	学習日	総字数	-	エラー数	=	純字数
1			-		=	
2			-		=	

	学習日	総字数	-	エラー数	=	純字数
3			-		=	
4			-		=	

【3級-30】 次の文章を１行30字で入力しなさい。（制限時間10分）

　農産物は、おいしくて安全であることを前提に生産される。一方　　30
で、消費者ニーズの変化に伴って、農産物に付加価値を求める意見　　60
もある。これに対応するため、新しい品種の研究が各地で盛んに行　　90
われている。　　　　　　　　　　　　　　　　　　　　　　　　　97

　岡山県と長野県は、消費者からの「皮や種を取ることが面倒」と　127
いった声を受けて、皮が薄くて種なしのブドウを発売した。青森県　157
では、外食産業やスーパーからの要望を受けて、時間が経過しても　187
変色しないリンゴを販売し好評である。　　　　　　　　　　　　　206

　農林水産省は、こうした流れを促進するため、年間５億円の予算　236
を投じて新品種の開発に着手している。今後の目標は、切っても崩　266
れにくいトマト、冷めても硬くならないお米、匂いの少ない豆乳用　296
の大豆を生産することである。　　　　　　　　　　　　　　　　　310

伴（ともな）って・盛（さか）ん・崩（くず）れ・硬（かた）く

	学習日	総字数	-	エラー数	=	純字数
1			-		=	
2			-		=	

	学習日	総字数	-	エラー数	=	純字数
3			-		=	
4			-		=	

【3級－31】 次の文章を１行30字で入力しなさい。（制限時間10分）

　　国内の都市部には、さまざまなビルが建ち並んでいる。そして、　　　30
その屋上には、水を供給する水槽やエアコンの室外機など、建物を　　　60
管理するうえで重要な設備が置かれている。一方で、何も設置され　　　90
ていない空間もある。　　　　　　　　　　　　　　　　　　　　　　101

　　屋上に植物を植え緑化を進める運動は、９０年代の初頭から行わ　　131
れていた。省エネや節電の効果があり、エコロジーな取り組みとし　　161
て注目を集めた。当初は、官公庁などの限られた建物だけであった　　191
が、今日では個人の住宅にも普及しつつある。　　　　　　　　　　213

　　また、最近の商業ビルでは、屋上にフットサルのコートを設置す　　243
る事例が増えている。さらに別の事例では、ミツバチの飼育を行う　　273
団体もある。限られた空間を有効に活用して、新たなビジネスにつ　　303
なげて欲しい。　　　　　　　　　　　　　　　　　　　　　　　　310

水槽（すいそう）・普及（ふきゅう）

	学習日	総字数	－	エラー数	＝	純字数
1			－		＝	
2			－		＝	

	学習日	総字数	－	エラー数	＝	純字数
3			－		＝	
4			－		＝	

【3級－32】 次の文章を１行30字で入力しなさい。（制限時間10分）

　　私たちが眠る理由は分かっていないが、一般的に寝不足になれば　　30
なるほど眠くなる。この寝不足の具合を測定する指標として、眠り　　60
の深さと、眠りに入るまでに必要とする時間が、知られている。　　　90

　　眠りの深さは、眠りに入った直後の脳波により測定できる。脳波　　120
の低周波成分が強ければ強いほど、眠りが深い状態である。一方、　　150
眠りに入るまでに必要とする時間は、眠気と言い換えることもでき　　180
る。この時間が短ければ短いほど、眠気が強い状態になる。　　　　　208

　　この両者はこれまで、寝不足になればなるほど、単純に強くなる　　238
と考えられてきた。眠気はどのようなメカニズムによって制御され　　268
るのか、脳内のさまざまな物質を足がかりとして、これからの研究　　298
が進むことに期待したい。　　　　　　　　　　　　　　　　　　　310

指標（しひょう）・制御（せいぎょ）

	学習日	総字数	－	エラー数	＝	純字数
1			－		＝	
2			－		＝	

	学習日	総字数	－	エラー数	＝	純字数
3			－		＝	
4			－		＝	

【3級-33】 次の文章を1行30字で入力しなさい。（制限時間10分）

　ウナギの価格は、ここ１０年で約２倍になっている。価格がこれ　　30
だけ上昇しても、日本でのウナギ人気は根強い。年間の消費量は、　　60
世界の消費量の約７０％に相当する。　　78

　世界のウナギ１６種類のうち、５種類が日本で食用として流通し　　108
ている。国内で消費されているものの多くを占めるのが、ニホンウ　　138
ナギである。しかし、最近になって国際自然保護連合のレッドリス　　168
トにも加えられ、個体数の減少は予断を許さない。ウナギの生態に　　198
は謎が多く、未だに解明されていない点もある。　　221

　ただ、近年の目覚ましい技術革新を見ると、状況が変わる可能性　　251
が感じられる。長年にわたって研究が続けられてきた、悲願の「ウ　　281
ナギの完全養殖」を目指して、今後の新しい技術に期待したい。　　310

謎（なぞ）

	学習日	総字数	−	エラー数	=	純字数
1			−		=	
2			−		=	

	学習日	総字数	−	エラー数	=	純字数
3			−		=	
4			−		=	

【3級-34】 次の文章を1行30字で入力しなさい。（制限時間10分）

　渡り鳥のツバメほど、人間を頼りにする野鳥はいない。観察調査　　30
を続けている人の報告によると、２０年前の繁殖成功率は、約９割　　60
だった。ツバメは人間を頼り、人間を用心棒として使うことで、飛　　90
び抜けて高い成功率を誇ってきた。それが現在では、６割前後まで　　120
落ち込んだ。　　127

　原因は環境が変化したことにある。ツバメの出入りが自由だった　　157
住宅や作業所は、サッシ戸などで閉ざされた。また、町を流れる川　　187
は改修され、ツバメが巣作り前に利用していたねぐらが消えた。　　217

　しかたなく、ツバメは条件の悪い場所に巣をかけるようになり、　　247
繁殖成功率の低下につながっている。ツバメと人間の交流は立派な　　277
文化遺産だ。これから先、ツバメは生まれ故郷に帰ってくるのだろ　　307
うか。　　310

繁殖（はんしょく）・用心棒（ようじんぼう）・誇（ほこ）って・立派（りっぱ）・遺産（いさん）

	学習日	総字数	−	エラー数	=	純字数
1			−		=	
2			−		=	

	学習日	総字数	−	エラー数	=	純字数
3			−		=	
4			−		=	

【3級－35】 次の文章を1行30字で入力しなさい。（制限時間10分）

　日本の伝統的なスポーツといえば、相撲である。本場所が開催さ　　30
れる施設も「国技館」という名称が付いており、相撲が日本の国技　　60
であると認識している人が多いのではないだろうか。しかし、残念　　90
ながら相撲は、わが国の国技ではない。　　　　　　　　　　　　109

　世界各国には、それぞれ印象深い種目がある。ブラジルならサッ　139
カー、アメリカなら野球やバスケットボールである。ただ、これら　169
のスポーツも、すべて国技ではない。　　　　　　　　　　　　　187

　国技とは、国家機関が正式に国を代表するスポーツだと定めたも　217
のを指す。国技を法律的に定めている国は、意外に少ない。認知度　247
が高く、普及しているため、国技だと勘違いをされてしまう。しか　277
し、多くの人々が、その競技に愛着を持ち、楽しむことに変わりは　307
ない。　　　　　　　　　　　　　　　　　　　　　　　　　　　310

相撲（すもう）

	学習日	総字数	－	エラー数	＝	純字数
1			－		＝	
2			－		＝	

	学習日	総字数	－	エラー数	＝	純字数
3			－		＝	
4			－		＝	

【3級－36】 次の文章を1行30字で入力しなさい。（制限時間10分）

　東京都心の、地上45メートルにあるビルの屋上で、絶滅危惧種　30
に指定されたメダカが大量に繁殖している。5年前に放流した9匹　60
が、今では数百匹まで増えた。都会育ちのため、天敵の鳥がいない　90
ことなどが幸いしているようだ。　　　　　　　　　　　　　　　106

　実はこの屋上は、土砂や水などの重さ3650トンを利用して、　136
地震時の揺れを最小限に抑える、振動を制御する装置の役割を果た　166
している。普段は立ち入れないが、修学旅行の見学や行事などの際　196
は、事前予約を受けて公開されている。　　　　　　　　　　　　215

　メダカは、用水路のコンクリート化と、田んぼの激減で、生息が　245
難しくなったといわれている。修学旅行で訪れた、小学校6年生の　275
児童は「初めてメダカを見ました。こんなところにいるとは」と驚　305
いていた。　　　　　　　　　　　　　　　　　　　　　　　　　310

絶滅危惧種（ぜつめつきぐしゅ）・繁殖（はんしょく）・揺（ゆ）れ・抑（おさ）える・制御（せいぎょ）・激減（げきげん）

	学習日	総字数	－	エラー数	＝	純字数
1			－		＝	
2			－		＝	

	学習日	総字数	－	エラー数	＝	純字数
3			－		＝	
4			－		＝	

【3級－37】 次の文章を1行30字で入力しなさい。（制限時間10分）

　マイバッグ運動とは、スーパーやコンビニなどで渡されるレジ袋　　30
を使用せずに、持参したバッグを利用する試みである。これは、ゴ　　60
ミの減量や石油資源の節約など、エコロジーを目的とした取り組み　　90
といえる。　　96

　その一方で、日本の伝統文化である風呂敷が見直されつつある。　126
風呂敷は、奈良時代から使用されている。当初は、蒸し風呂に敷い　156
て利用していた。これが、後に運搬用具として変化し、広く普及し　186
たのは明治時代になってからである。　204

　風呂敷は、平面的な一枚の布であり、人の手で包まれ結ぶことに　234
よって、さまざまな生活用具へと変化する。工夫次第では、贈り物　264
のラッピングにも利用できる。私たちは、先人たちの知恵を生かし　294
て、循環型の社会を実現すべきだ。　310

風呂敷（ふろしき）・普及（ふきゅう）

	学習日	総字数	－	エラー数	＝	純字数
1			－		＝	
2			－		＝	

	学習日	総字数	－	エラー数	＝	純字数
3			－		＝	
4			－		＝	

【3級－38】 次の文章を1行30字で入力しなさい。（制限時間10分）

　現代社会は「ＩＴ社会」と呼ばれる。私たちの身の回りには、多　　30
くの家庭にインターネットが普及し、小中学生は半数以上、高校生　　60
ではほとんどの生徒が、携帯電話を所有している。情報化はさらに　　90
進み、Ｗｅｂでのコミュニケーションは広がりを見せている。　119

　その反面、急速な普及と利用者の低年齢化によるトラブルの多発　149
が、社会問題化している。パソコンや携帯電話の操作を熟知してい　179
ても、情報モラルについての理解は、まだ十分とはいえない。帰宅　209
してからもスマホをずっと手放せない、依存症の対策も急務だ。　239

　私たちは、情報技術やネットワーク技術の進化を見すえ、きたる　269
べき社会に適応したシステムの研究開発に、力を注ぐ必要がある。　299
今後の進展が望まれる。　310

	学習日	総字数	－	エラー数	＝	純字数
1			－		＝	
2			－		＝	

	学習日	総字数	－	エラー数	＝	純字数
3			－		＝	
4			－		＝	

【3級－39】 次の文章を1行30字で入力しなさい。（制限時間10分）

　　サラリーマンの街、新橋や虎ノ門などのランチ激戦区で、新しい　　30
タイプのグルメ本が注目されている。ランチパスポートと呼ばれる　　60
その本には、通常では千円以上もするメニューが、わずか５００円　　90
で食べられる特典が付く。　　　　　　　　　　　　　　　　　　　103

　　使用可能な期間は発行から３か月で、各店３回までに制限されて　133
いる。食費を安く抑えたい会社員らにも好評で、賢く使用すれば、　163
お得にランチを楽しむことができる。　　　　　　　　　　　　　　181

　　掲載された飲食店は、常連客に加え新規の客を獲得できるため、　211
多少の赤字は覚悟の上だ。この本は、地域ごとに発行されているの　241
で、自分の家の近所で探してみるのもおもしろい。財布に優しいだ　271
けでなく、地域の活性化にも貢献している。今後も、紙面の充実に　301
期待が寄せられる。　　　　　　　　　　　　　　　　　　　　　　310

虎ノ門（とらのもん）・特典（とくてん）・賢（かしこ）く・掲載（けいさい）・覚悟（かくご）・貢献（こうけん）

	学習日	総字数	－	エラー数	＝	純字数
1			－		＝	
2			－		＝	

	学習日	総字数	－	エラー数	＝	純字数
3			－		＝	
4			－		＝	

【3級－40】 次の文章を1行30字で入力しなさい。（制限時間10分）

　　テレビや新聞で暑さを表す用語には、一日の最高気温が摂氏２５　30
度以上になる「夏日」や、３０度以上の「真夏日」がある。夜間の　60
最低気温が２５度以上になると「熱帯夜」と呼ばれる。最近では、　90
３５度を超える日を示す「猛暑日」もおなじみだ。　　　　　　　　114

　　気温が上昇して猛暑日となるのは、高気圧に覆われて風が弱く、　144
晴れて日射が強いときである。沿岸部よりも、気温が上昇しやすい　174
内陸部や盆地に多い。フェーン現象やヒート・アイランド現象など　204
が深く関係していると思われる。　　　　　　　　　　　　　　　　220

　　猛暑のような高温が続けば、暑さで体温の調節ができなくなるな　250
ど、身体への負担が大きく、熱中症になる人が増加する。その予防　280
のためには、水分の補給と適度の塩分をとることを、心がけたい。　310

摂氏（せっし）・覆（おお）われ

	学習日	総字数	－	エラー数	＝	純字数
1			－		＝	
2			－		＝	

	学習日	総字数	－	エラー数	＝	純字数
3			－		＝	
4			－		＝	

【3級−41】 次の文章を1行30字で入力しなさい。（制限時間10分）

　　日本の排他的経済水域の面積は、世界の中では6位だ。海底に眠　　30
る資源を活用できれば資源大国になる。今のところ海底から安定的　　60
に産出されるのは、石油や天然ガスなどだ。その他にも、採算のと　　90
れる資源を掘り出すために、開発が進められている。　　　　　　　115

　　海底には、鉱物資源も眠っている。ボーリング調査などにより、　145
金や銀などを含む鉱石がとれた。そして、こうした鉱石がどのくら　175
いの範囲でとれるのかは、正確な調査をしなければならないが、そ　205
の可能性は十分にあるということだ。　　　　　　　　　　　　　　223

　　しかし、この資源開発には、生態系を壊さない採掘法や、環境に　253
負荷をかけない探査法の開発などの課題も多い。できるだけ早く、　283
安いコストで、海底の資源が活用されることに期待したい。　　　　310

鉱物（こうぶつ）・鉱石（こうせき）

	学習日	総字数	−	エラー数	=	純字数
1			−		=	
2			−		=	

	学習日	総字数	−	エラー数	=	純字数
3			−		=	
4			−		=	

【3級−42】 次の文章を1行30字で入力しなさい。（制限時間10分）

　　このほど科学技術振興機構が、全国の中学校を対象にして調査を　30
行った。その結果によると、多くの学校で、科学系の部活動がない　60
ことがあきらかになった。　　　　　　　　　　　　　　　　　　　73

　　公立中学校を対象に、ランダムに５００校を選び、生徒や教師に　103
アンケートを行った。8割を超える学校からの回答があり、科学部　133
に所属している生徒は、全体の1パーセントであった。さらに、約　163
7割の中学校には、そのような部活動がなかった。4年前の調査と　193
比べ、7ポイントも増えた。その原因は、指導できる教員が少ない　223
ためだ。　　　　　　　　　　　　　　　　　　　　　　　　　　　228

　　この機構の分析では、子どもたちが科学を身近に感じにくい状況　258
にあるとしている。観察や実験などを多く取り入れることで、子ど　288
もたちの興味を育てる環境の整備が急務である。　　　　　　　　　310

	学習日	総字数	−	エラー数	=	純字数
1			−		=	
2			−		=	

	学習日	総字数	−	エラー数	=	純字数
3			−		=	
4			−		=	

【3級−43】 次の文章を1行30字で入力しなさい。（制限時間10分）

　　乱数は、私たちの身近なところで使われている。次に何が起きる　　30
か予測できない現象を使ってつくられた数字の列を、乱数と呼んで　　60
いる。日常生活では、楽曲をランダムに再生する音楽プレーヤーを　　90
使用する時などに、乱数の存在を感じることができる。　　116

　　そのほかにも、乱数には大切な用途がある。地震などの自然災害　　146
の予測や構造設計、素粒子物理学などでの数値シミュレーションな　　176
どだ。インターネットを使う時に、情報を盗み見されない仕組みで　　206
ある暗号技術にも使用される。　　221

　　これらの用途では、乱数のでたらめ度の高さが大切だ。次に来る　　251
数字に何らかの傾向があると、シミュレーションの精度が下がった　　281
り、暗号が解読されやすくなったりする。乱数は、奥深いのだ。　　310

	学習日	総字数	−	エラー数	=	純字数
1			−		=	
2			−		=	

	学習日	総字数	−	エラー数	=	純字数
3			−		=	
4			−		=	

【3級−44】 次の文章を1行30字で入力しなさい。（制限時間10分）

　　小さなクレヨン工場の経営者が亡くなり、クレヨンが工場に山積　　30
みされた。その一部が、ある展示会で配られたのを機会に、本当に　　60
必要とする人に使って欲しい、と願う人の輪が広がった。　　87

　　心を動かされたのが、展示会に作品を出品した絵本作家だ。本当　　117
に必要とする人にクレヨンを渡せる方法はないかと、アフガニスタ　　147
ンの戦争孤児を支援するグループに持ちかけた。このグループは、　　177
ヘラート州に２５０人が暮らせる孤児院を建設した。その運営状況　　207
を視察する際に、８００本を寄付した。　　226

　　孤児院の子どもたちは、クレヨンを１本も買うことができない。　　256
経営者の長女は「クレヨンが子どもたちに使われて嬉しい。両親も　　286
きっと喜んでいるに違いありません」と話していた。　　310

孤児（こじ）

	学習日	総字数	−	エラー数	=	純字数
1			−		=	
2			−		=	

	学習日	総字数	−	エラー数	=	純字数
3			−		=	
4			−		=	

【3級－45】 次の文章を１行30字で入力しなさい。(制限時間10分)

　　今日の小売業は、低下する消費者の購買意欲に対して、価格競争　　30
や販売経路の効率化を図って対応している。その一方、九州におい　　60
てスーパーマーケットを経営するＨ社は、別の視点から営業展開し　　90
成功を収めている。　　　　　　　　　　　　　　　　　　　　　100

　　そのスーパーのスローガンは「お客様はもちろん、働いている人　　130
も楽しめる店作り」である。店内には、陳列棚の上に巨大なキノコ　　160
が設置され、リスや熊のぬいぐるみが飾られている。天井にはクジ　　190
ラの模型が泳ぎ、まるで遊園地のようだ。　　　　　　　　　　　210

　　このようなディスプレイは、顧客だけでなく従業員も元気づける　　240
という。また、苺の食べ比べパックや母の日用の果物タワーなど、　　270
商品にもアイデアが盛り込まれている。顧客も従業員も、笑顔が絶　　300
えない優良店である。　　　　　　　　　　　　　　　　　　　310

購買(こうばい)・図(はか)って・陳列(ちんれつ)・顧客(こきゃく)・苺(いちご)

	学習日	総字数	－	エラー数	＝	純字数
1			－		＝	
2			－		＝	

	学習日	総字数	－	エラー数	＝	純字数
3			－		＝	
4			－		＝	

【3級－46】 次の文章を１行30字で入力しなさい。(制限時間10分)

　　最近、注目されている食材の一つに、和製スローフードといわれ　　30
る乾物がある。高野豆腐や切り干し大根など、自然の恵みや職人の　　60
技が凝縮されたすばらしい食材である。　　　　　　　　　　　　79

　　また、乾物の力量はその成分分析でも証明されている。切り干し　　109
大根を生の場合と比べると、カルシウムが約１５倍、鉄分は約３１　　139
倍というデータがある。また、ひじきと湯葉というように、組み合　　169
わせを工夫することで相乗効果が期待できる。　　　　　　　　　191

　　一方で、この食材の難点は「戻す」必要があることだ。そして、　　221
手間がかかるため、忙しい現代人や若い世代に敬遠されている。だ　　251
が、この自然の恵みで作られた乾物が、健康食品として見直され、　　281
手間のかかる料理が、家族のきずなを深めることを認識したい。　　310

乾物(かんぶつ)・高野豆腐(こうやどうふ)・技(わざ)・凝縮(ぎょうしゅく)・湯葉(ゆば)・相乗効果(そうじょうこうか)
手間(てま)

	学習日	総字数	－	エラー数	＝	純字数
1			－		＝	
2			－		＝	

	学習日	総字数	－	エラー数	＝	純字数
3			－		＝	
4			－		＝	

【3級-47】 次の文章を1行30字で入力しなさい。（制限時間10分）

　　小さな子どもがいる母親にとって、保育園の送迎や買い物の際に　　30
便利なのは、子どもを乗せられる自転車である。安全面からも、何　　60
を基準に選べばよいのか、選び方や乗り方を調べて知っておくこと　　90
が必要だ。　　　　　　　　　　　　　　　　　　　　　　　　　　96

　　自転車の協会によれば、前輪が後輪よりも小さく、ベビーチェア　126
がハンドルの回転軸上に付いているものは、安全性が高いという。　156
さらに、転倒を防ぐため、タイヤのサイズが自分に合っているか確　186
かめることも大切だ。　　　　　　　　　　　　　　　　　　　　　197

　　また、電動の力で楽に走れる電動アシスト自転車も人気がある。　227
この電動アシスト自転車は、車体が約３０キロあり意外に重い。選　257
ぶ際は、必ず試乗して重さを体験し、子どもも乗せて確認した方が　287
よい。バッテリーの容量にも、注意が必要である。　　　　　　　　310

送迎（そうげい）・際（さい）・転倒（てんとう）・試乗（しじょう）

	学習日	総字数	−	エラー数	=	純字数
1			−		=	
2			−		=	

	学習日	総字数	−	エラー数	=	純字数
3			−		=	
4			−		=	

【3級-48】 次の文章を1行30字で入力しなさい。（制限時間10分）

　　鉱物の中で、最も硬い物質がダイヤモンドである。明るく光り輝　　30
く天然石であり、産出量が極端に少ないことから、価値の高い宝石　　60
として取り扱われている。一方で、その性質を工業の分野で活かす　　90
ため、人工の代替品も古くから作られている。　　　　　　　　　　112

　　このほど、米国の研究チームがダイヤモンドよりも明るく輝き、　142
しかも硬度の高い物質を開発した。それは、炭素の原子にレーザー　172
を当てて３７００度まで一気に加熱し、それを急速に冷却すること　202
で完成するという。　　　　　　　　　　　　　　　　　　　　　　212

　　Ｑカーボンと名付けられたこの物質は、磁気を帯びさせることが　242
できるなど、いくつかの優れた特徴を有している。さらには、低コ　272
ストの生産も可能なため、光電子工学や医療など多分野での応用が　302
期待されている。　　　　　　　　　　　　　　　　　　　　　　　310

代替品（だいたいひん）・冷却（れいきゃく）・優（すぐ）れた・特徴（とくちょう）

	学習日	総字数	−	エラー数	=	純字数
1			−		=	
2			−		=	

	学習日	総字数	−	エラー数	=	純字数
3			−		=	
4			−		=	

【3級－49】 次の文章を１行30字で入力しなさい。（制限時間10分）

　　大会とは、一定の目的のため、多くの人が集まる会合や行事のこ　　　30
とである。球技大会やマラソン大会など、スポーツ関連の競技もあ　　　60
れば、花火大会のように美しさを楽しむ催し物も存在する。　　　　　88

　　その一方で、日本の文化や伝統などをモチーフにしたユニークな　　118
大会が、人気を集めつつある。忍者選手権大会は、滋賀県のテーマ　　148
パークが主催し、毎年１０月に行われている。手裏剣投げや水上走　　178
りなどの競技が行われ、参加者にはリピーターも多い。　　　　　　204

　　水戸市では、ご当地食材を使った「納豆早食い世界大会」が実施　　234
されている。３００人を超える人が集まり、イベントを楽しみつつ　　264
もタイムを争った。これら以外にも、地域を活性化させるための新　　294
たな大会が、各地で誕生している。　　　　　　　　　　　　　310

催（もよお）し物（もの）・忍者（にんじゃ）・主催（しゅさい）・手裏剣（しゅりけん）・争（あらそ）った

	学習日	総字数	－	エラー数	＝	純字数
1			－		＝	
2			－		＝	

	学習日	総字数	－	エラー数	＝	純字数
3			－		＝	
4			－		＝	

【3級－50】 次の文章を１行30字で入力しなさい。（制限時間10分）

　　９月２６日は「ワープロ記念日」だ。ワープロとは、ワードプロ　　　30
セッサの略で、文書を作成する機械のことである。１９７８年に、　　　60
日本企業のＴ社が、世界で最初に製品を発表したことに、その由来　　　90
がある。　　　　　　　　　　　　　　　　　　　　　　　　　95

　　大正時代から文書の作成には、和文タイプライターが使われてい　　125
た。それが、かな漢字変換の機能を搭載することにより、日本語の　　155
入力が容易になり編集効率も向上した。当時の製品としては画期的　　185
で、高評価を得た。　　　　　　　　　　　　　　　　　　195

　　現代では、文書以外の機能も数多く備えたパソコンが普及したこ　　225
とで、ワープロ専用機を目にする機会も、めっきり減った。だが、　　255
パソコンよりも慣れ親しんだ機器の方がよい、と話す往年のファン　　285
も多く、中古機を取り扱う市場も賑わいを見せている。　　　　　310

賑（にぎ）わい

	学習日	総字数	－	エラー数	＝	純字数
1			－		＝	
2			－		＝	

	学習日	総字数	－	エラー数	＝	純字数
3			－		＝	
4			－		＝	

【3級－51】 次の文章を1行30字で入力しなさい。（制限時間10分）

　野菜や豆など、主に植物を発酵させて増殖する植物性乳酸菌が、 30
健康のためにいろいろな役割を持つことがわかってきた。しょうゆ 60
やみそ、漬け物など、日本の伝統食品にも含まれる。 85
　乳酸菌は、約２５０種類あると言われる。そのうち、植物性が約 115
２００種類を占めている。植物性は動物性乳酸菌に比べ、菌の増殖 145
を阻害する成分や胃酸に耐える能力が高い。そのため比較的、生き 175
て腸にたどりつく可能性が高いらしい。 194
　植物性乳酸菌が、腸の中にすみつくわけではない。腸を通過する 224
ときに酸を作り出すことで、腸の細胞に働きかけたり、ストレスな 254
どで乱れた腸内細菌のバランスを整えたり、さまざまな機能を発揮 284
すると考えられている。上手に食べて健康に役立てたい。 310

発酵（はっこう）・乳酸菌（にゅうさんきん）・阻害（そがい）・胃酸（いさん）

	学習日	総字数	－	エラー数	＝	純字数
1			－		＝	
2			－		＝	

	学習日	総字数	－	エラー数	＝	純字数
3			－		＝	
4			－		＝	

【3級－52】 次の文章を1行30字で入力しなさい。（制限時間10分）

　一般的に、昼寝は「怠け者」「さぼっている」という印象を抱く 30
人が多い。だが、最近の研究では、昼休みに短時間で、浅く眠ると 60
仕事の作業効率がアップすることが実証されている。また、学校の 90
中には、昼寝を奨励するところもあるという。 112
　最近では、机の上で使える枕が登場し注目を集めている。首都圏 142
を中心に展開している雑貨店では、香り袋を装着できる枕が、若い 172
女性たちに人気があり、売り上げを伸ばしている。 196
　昼寝のポイントは、眠りすぎないことだ。深く眠ると、体温とと 226
もに身体機能が低下し、だるさを感じて作業効率が悪くなる。その 256
ために２０分以下にすることと、夜の睡眠に支障をきたさないよう 286
に、就寝の８時間前に切り上げることが大切である。 310

怠（なま）け者（もの）・抱（いだ）く・奨励（しょうれい）・枕（まくら）・首都圏（しゅとけん）・雑貨店（ざっかてん）
装着（そうちゃく）・就寝（しゅうしん）

	学習日	総字数	－	エラー数	＝	純字数
1			－		＝	
2			－		＝	

	学習日	総字数	－	エラー数	＝	純字数
3			－		＝	
4			－		＝	

【3級−53】 次の文章を1行30字で入力しなさい。（制限時間10分）

　世界中のあらゆる地域には、その国が誇る文化財や自然環境など　　30
が存在する。世界遺産とは、現代を生きるすべての人間が共有し、　　60
未来の子どもたちへ引き継ぐべき貴重な財産である。　　85

　たとえばピラミッドは、古代エジプト王のために作られた四角す　　115
いの巨大な墓である。この建造物は、エジプトの国民だけが大切に　　145
すれば良いといったものではなく、私たち日本人を含む人類全体が　　175
協力して、大切に守るべき宝物といえる。　　195

　一方、国によっては、歴史的に価値ある物件であっても、遺産と　　225
して登録できないケースがある。その原因として、国内の法が整備　　255
されていないことや、民族間での争いが絶えないことなどが考えら　　285
れている。世界遺産を通じて平和の大切さも学びたい。　　310

誇(ほこ)る・世界遺産(せかいいさん)・引(ひ)き継(つ)ぐ・貴重(きちょう)・建造物(けんぞうぶつ)・物件(ぶっけん)
争(あらそ)い

	学習日	総字数	−	エラー数	=	純字数
1			−		=	
2			−		=	

	学習日	総字数	−	エラー数	=	純字数
3			−		=	
4			−		=	

【3級−54】 次の文章を1行30字で入力しなさい。（制限時間10分）

　東京や大阪、名古屋の百貨店では、一人ひとりの足のサイズに合　　30
わせたパンプスを、販売するサービスが登場している。客は店頭で　　60
足の長さや幅を測り、自分に合った大きさやヒールの高さ、色を選　　90
び、注文すると約4週間で自宅に届く。　　109

　管理職や営業職で働く女性が増え、良い印象を与えるとともに、　　139
足が痛くならない靴へのニーズが高まっている。また、購入しやす　　169
くするために、革問屋や工場などと協業することによって、価格を　　199
抑えて提供している。　　210

　このようなサービスが広がったのは、一人ひとりに寄り添った売　　240
り方をすることで、満足度の高い顧客体験を提供し、ネット通販と　　270
差別化をするためである。企業も、成長が見込める機能性パンプス　　300
には期待をしている。　　310

	学習日	総字数	−	エラー数	=	純字数
1			−		=	
2			−		=	

	学習日	総字数	−	エラー数	=	純字数
3			−		=	
4			−		=	

【3級－55】 次の文章を１行30字で入力しなさい。（制限時間10分）

　　犬には、人間の３歳児と同等に言葉を学習する能力がある。これ　　30
は、ドイツの動物研究所が行った実験によって、明らかにされた。　　60
一般家庭でペットとして飼われているコリー犬を対象に、テストは　　90
行われた。　　96

　　最初の実験は、いつも遊んでいる玩具の名前を呼び、犬に取って　　126
くるように指示するものであった。その結果、理解できる単語は、　　156
２００種類程度であり、人間の言葉と品物とを結びつけて考えてい　　186
ることが確認された。　　197

　　犬は、人間とのつきあいが最も古く、生活に身近な動物である。　　227
だが、その心理や行動原理などのすべてが、解明されているとはい　　257
えない。この実験を今後も進め、犬の持つ言語能力を明らかにし、　　287
人と犬との相互理解にさらなる発展を期待したい。　　310

玩具（がんぐ）

	学習日	総字数	－	エラー数	＝	純字数
1			－		＝	
2			－		＝	

	学習日	総字数	－	エラー数	＝	純字数
3			－		＝	
4			－		＝	

【3級－56】 次の文章を１行30字で入力しなさい。（制限時間10分）

　　私たちは、日本の素晴らしい部分を本当に理解しているのだろう　　30
か。アメリカのある調査会社は、来日した旅行者を対象に大規模な　　60
アンケートを行った。その回答からは、生活しているだけでは気付　　90
かない、別の日本が見えてくる。　　106

　　外国人が驚く日本の美点として、ファッションセンスを挙げた人　　136
は多い。都内には和服姿の人もいれば、アニメに出てくるような服　　166
を着た若者もいる。清潔な身だしなみに気を配る姿は、多くの人た　　196
ちから高い評価を受けた。　　209

　　アメリカ人が感じる最大の魅力は、最先端の技術と独自の伝統が　　239
融合していることだ。世界でも有数の高層ビルもあれば、そのわず　　269
か先には１０００年の歴史を持つお寺もある。自国の利点を再認識　　299
し、アピールすべきだ。　　310

清潔（せいけつ）

	学習日	総字数	－	エラー数	＝	純字数
1			－		＝	
2			－		＝	

	学習日	総字数	－	エラー数	＝	純字数
3			－		＝	
4			－		＝	

【3級-57】 次の文章を1行30字で入力しなさい。（制限時間10分）

　電子マネー機能を持つ携帯電話やカードには、ＩＣ（集積回路）　30
チップが内蔵されている。専用の機械にお金を入れると、入金額が　60
データとして記録され、専用の読み取り機にかざすと、代金が瞬時　90
に引き落とされる。　100

　プリペイドカードと違う点は、追加入金が可能で繰り返し使える　130
点だ。最近ではさまざまなサービスが増え、電子マネーを使うこと　160
で、割引サービスや特典が得られるようになった。この提携カード　190
の利用は、現金払いにない価値を生む。　209

　だが、電子マネーは紛失や盗難の危険も現金と同じだ。定期券や　239
クレジットカードとの一体型でない限り、紛失したカードを、他人　269
が使えないように利用を停止することはできない。残金も戻らない　299
ので注意が必要である。　310

集積回路（しゅうせきかいろ）・特典（とくてん）・提携（ていけい）・紛失（ふんしつ）・盗難（とうなん）

	学習日	総字数	−	エラー数	=	純字数
1			−		=	
2			−		=	

	学習日	総字数	−	エラー数	=	純字数
3			−		=	
4			−		=	

【3級-58】 次の文章を1行30字で入力しなさい。（制限時間10分）

　暑い夏のごちそうといえば、ウナギの蒲焼きである。日本では、　30
江戸時代から食べる風習が続いてきたが、近年は、その風習の存続　60
が危ぶまれている。　70

　ニホンウナギを始めとするウナギは、今では絶滅危惧種に指定さ　100
れるほど資源量の減少が続いている。では、なぜこれほどまでに数　130
が減ったのか。その原因は、制限を超える乱獲や生育環境の悪化だ　160
との指摘がある。　169

　国の研究機関だけでなく、愛知県の水産高校でも、３０年以上に　199
わたって養殖の研究が続けられている。卵からふ化させ、親にまで　229
育てる「完全養殖」の実現に向けて挑戦している。ウナギを絶滅さ　259
せずに、さらに私たちの食卓から消さないためにも、この完全養殖　289
の技術が、実用化されることに期待をしたい。　310

蒲焼（かばや）き・江戸（えど）・絶滅危惧種（ぜつめつきぐしゅ）・乱獲（らんかく）・愛知県（あいちけん）
養殖（ようしょく）・挑戦（ちょうせん）

	学習日	総字数	−	エラー数	=	純字数
1			−		=	
2			−		=	

	学習日	総字数	−	エラー数	=	純字数
3			−		=	
4			−		=	

3

速度部門

【3級－59】　次の文章を1行30字で入力しなさい。（制限時間10分）

　　このほど、厚生労働省研究班からある疫学調査結果が出された。　　30
コーヒーを1日に3杯以上飲む女性は、ほとんど飲まない女性と比　　60
べると、子宮体がんになる危険度が約6割も低い。　　84

　　子宮体がんは、肥満や糖尿病の人、女性ホルモンの働きの活発な　　114
人がなりやすいとされる。研究班の一人は「コーヒーが血糖値を下　　144
げ、女性ホルモンの働きを調整したりすることで、がんの危険度を　　174
低くしているのではないか」と話す。　　192

　　調査開始時にコーヒーを飲む習慣について聞き取り、量によって　　222
4つのグループに分けて関連を調べた。飲む頻度が週に2日以下と　　252
いうグループと比較すると、毎日1・2杯飲む人で約4割、毎日3　　282
杯以上飲む人では約6割、がん発症の危険度が低下していた。　　310

疫学（えきがく）・糖尿病（とうにょうびょう）・血糖値（けっとうち）・頻度（ひんど）・がん発症（はっしょう）

	学習日	総字数	－	エラー数	＝	純字数
1			－		＝	
2			－		＝	

	学習日	総字数	－	エラー数	＝	純字数
3			－		＝	
4			－		＝	

【3級－60】　次の文章を1行30字で入力しなさい。（制限時間10分）

　　現在、多くの自治体は、地域の活性化を目的として、花火大会や　　30
夏祭りなどのイベントを開催している。一方で、こうしたイベント　　60
から出るごみの問題が、運営者を悩ませている事実もある。ごみの　　90
ほとんどは、紙コップや紙皿などの焼却が必要な使い捨て容器であ　　120
る。　　123

　　都内の自治体では、この問題を解決するために、リユースできる　　153
食器をイベントへ無料で貸し出す試みを行った。その結果は、例年　　183
に比べて、ごみを15キロも減らすことに成功した。　　208

　　使い捨て容器の使用を抑えるため、専用の洗浄車を用意している　　238
自治体もある。その車には、食器洗浄機や流し台などが完備され、　　268
容器をその場で洗うことができる。今後の行事は、環境に配慮した　　298
ものでなければならない。　　310

開催（かいさい）・悩（なや）ませ・焼却（しょうきゃく）・試（こころ）み・抑（おさ）える・洗浄（せんじょう）・完備（かんび）
配慮（はいりょ）

	学習日	総字数	－	エラー数	＝	純字数
1			－		＝	
2			－		＝	

	学習日	総字数	－	エラー数	＝	純字数
3			－		＝	
4			－		＝	

【3級－61】 次の文章を１行30字で入力しなさい。（制限時間10分）

　ノーベル賞とは、人類の発展に最も貢献した人物に与えられる賞　　30
である。化学賞や文学賞など五つの部門に分かれて、毎年１０月の　　60
中旬に受賞者が発表される。受賞者には、金メダルや賞金の小切手　　90
などが授与されるが、名誉が一番の賞品である。　　　　　　　　　113

　この賞の設立者であるノーベルは、ダイナマイトを発明した人物　143
である。これは、人類にとって大きな発明で、その後の土木工事を　173
飛躍的に発展させることになった。また、彼はダイナマイトの売り　203
上げで、生涯で使い切れないほどの財産を得ることになる。　　　　231

　一方でダイナマイトは、戦争などにも悪用され、多くの命を奪う　261
結果となった。これを悲しんだノーベルは、自分の財産を基金とし　291
て、後世の研究者のために賞を設立した。　　　　　　　　　　　　310

貢献（こうけん）・授与（じゅよ）・名誉（めいよ）・飛躍（ひやく）・生涯（しょうがい）・奪（うば）う

	学習日	総字数	－	エラー数	＝	純字数
1			－		＝	
2			－		＝	

	学習日	総字数	－	エラー数	＝	純字数
3			－		＝	
4			－		＝	

【3級－62】 次の文章を１行30字で入力しなさい。（制限時間10分）

　その国の「豊かさ」を示す指標が、大きく変化するようだ。これ　　30
までは、ある期間内に国内で生み出されたサービスの総額を示す、　　60
国内総生産が基準であった。これが、包括的な富と呼ばれる三つの　　90
資本に変わりつつある。　　　　　　　　　　　　　　　　　　　　102

　まずは、森林や農地の総面積、海や川から得られる漁獲高などを　132
金額化した自然資本である。さらに、教育を受けた年数や若い人た　162
ちの割合、寿命の長さなどをあえて金銭に換算する、人的資本とい　192
う考えがある。　　　　　　　　　　　　　　　　　　　　　　　　200

　そして、電気や水道といったライフラインの整備、道路や工場な　230
どの生活インフラを計算したものが、人工資本である。これら三つ　260
のトータルは、経済力を数値化するだけではなく、その国に暮らす　290
人たちの幸福度までを含めた指標といえる。　　　　　　　　　　　310

包括的（ほうかつてき）・富（とみ）・漁獲高（ぎょかくだか）・寿命（じゅみょう）・換算（かんさん）

	学習日	総字数	－	エラー数	＝	純字数
1			－		＝	
2			－		＝	

	学習日	総字数	－	エラー数	＝	純字数
3			－		＝	
4			－		＝	

【3級－63】 次の文章を1行30字で入力しなさい。（制限時間10分）

　夏休みの期間に、海外へ旅行をする人が多い。そして、旅先での　　30
支払いでは、現金やクレジットカードを使うことが一般的だ。しか　　60
し、紛失や盗難、使い過ぎなどで困ることがある。その心配がある　　90
人には、海外用プリペイドカードが便利だ。　　　　　　　　　　　111

　プリペイドとは、先払いのことだ。旅行の前に入金すれば、海外　141
にある現金自動預け払い機で、現地の通貨を引き出せたり、買い物　171
の支払いに使えたりする。利用は海外だけだが、取り扱う企業が増　201
えている。　　　　　　　　　　　　　　　　　　　　　　　　　207

　だが、引き出しや買い物には限度額があって、高額な買い物には　237
向かない。また、引き出す際には、為替手数料や引き出し手数料を　267
差し引かれるので注意が必要だ。現金やクレジットカードと併用す　297
ることで、利便性が高まる。　　　　　　　　　　　　　　　　　310

紛失（ふんしつ）・併用（へいよう）

	学習日	総字数	－	エラー数	＝	純字数
1			－		＝	
2			－		＝	

	学習日	総字数	－	エラー数	＝	純字数
3			－		＝	
4			－		＝	

【3級－64】 次の文章を1行30字で入力しなさい。（制限時間10分）

　近年、スマートフォンに代表される高性能な電子機器が、民間へ　　30
と急速に広まった。特に、カメラやセンサーの小型化には目覚まし　　60
い進歩がある。一方で、これらを活用した新しい研究が、さまざま　　90
な分野で繰り広げられている。　　　　　　　　　　　　　　　　105

　バイオロギングとは、生物に小型カメラなどを取り付け、生態を　135
調べる技術のことである。従来の調査は、人の視点で観察されたた　165
め、動物の行動には誤りや謎の部分も多くあった。この新しい技術　195
により、いくつかの真実が判明した。　　　　　　　　　　　　　213

　例えば、日本人が大好きなマグロは、瞬間時速８０キロで泳ぐと　243
されていた。しかし、実際に計測したところ、その半分の速さでし　273
か泳げないことが分かった。今後も研究を続けて、新事実の解明に　303
努めて欲しい。　　　　　　　　　　　　　　　　　　　　　　　310

生態（せいたい）・謎（なぞ）

	学習日	総字数	－	エラー数	＝	純字数
1			－		＝	
2			－		＝	

	学習日	総字数	－	エラー数	＝	純字数
3			－		＝	
4			－		＝	

【3級−65】 次の文章を1行30字で入力しなさい。（制限時間10分）

　新品として売り出された商品の中には、初期動作で不具合が発生　　30
し、返品されるものがある。また、型落ち品や店内に長く陳列した　　60
展示品などは、値下げをしても買い手が現れないため、メーカーへ　　90
返品されることが多い。　　　　　　　　　　　　　　　　　　　　102

　リファービッシュ品とは、メーカーが返送された商品の再点検と　132
洗浄を行って、新品同様に磨き直した品物のことである。その性能　162
は新品と変わらないが、値段は３割ほど安い。実質的な価値を重ん　192
じるアメリカでは、一つの市場として確立している。　　　　　　　217

　このような商品は、製造業者が保証書を付けて再度販売する。そ　247
のため、中古のリフレッシュ品と比べて、やや割高ではあるが良質　277
なサービスを受けられる。新たな市場として、日本にも普及して欲　307
しい。　　　　　　　　　　　　　　　　　　　　　　　　　　　　310

陳列（ちんれつ）・磨（みが）き・普及（ふきゅう）

	学習日	総字数	−	エラー数	=	純字数
1			−		=	
2			−		=	

	学習日	総字数	−	エラー数	=	純字数
3			−		=	
4			−		=	

【3級−66】 次の文章を1行30字で入力しなさい。（制限時間10分）

　野菜は、日の光と水分、土の養分などで育つ。バランスの取れた　　30
食生活を送るには、欠かすことのできない食材といえる。その一方　　60
で、収穫量が天候に左右されやすく、栽培するためには広い土地を　　90
必要とするなど、いくつかの課題もある。　　　　　　　　　　　　110

　日本の企業が始めた未来的な農業が、世界中から注目を集めてい　140
る。それは、閉鎖された空間に栽培ベッドを並べ、わずかな水分と　170
ＬＥＤ照明で育てる野菜の工場だ。新鮮なレタスが、毎日５トンも　200
出荷されている。　　　　　　　　　　　　　　　　　　　　　　　209

　工場のメリットとして、水の使用量を９９％カットできること、　239
安定した生産量と低価格の維持が考えられる。現在は、春菊やレタ　269
スなど葉物野菜が中心であるが、今後は、ジャガイモやトマトなど　299
も生産する予定である。　　　　　　　　　　　　　　　　　　　　310

栽培（さいばい）・閉鎖（へいさ）

	学習日	総字数	−	エラー数	=	純字数
1			−		=	
2			−		=	

	学習日	総字数	−	エラー数	=	純字数
3			−		=	
4			−		=	

【3級-67】 次の文章を1行30字で入力しなさい。(制限時間10分)

　オゾン層は、有害な紫外線から地球を守ってくれる。そのオゾン　30
層を破壊するとして、問題視されたのが特定フロンガスだ。国際的　60
な取り組みの効果が出たようで、オゾン層は回復への軌道に乗りつ　90
つある、と国連が発表した。　104

　フロンガスは、スプレーのガスや冷媒、電子部品の洗浄剤などに　134
広く使われてきたが、オゾン層へのダメージが大きな物質だった。　164
オゾン層が壊れると有害な紫外線が地上まで届き、皮膚がん、しわ　194
やシミなど皮膚への悪影響や、白内障などの目の病気が増える。　224

　オゾン層を破壊する力が大きかった特定フロンは、１９８７年に　254
採択されたモントリオール議定書により、生産が禁止された。この　284
議定書には、途上国も含めて、多くの国が参加している。　310

軌道(きどう)・冷媒(れいばい)・皮膚(ひふ)

	学習日	総字数	−	エラー数	=	純字数
1			−		=	
2			−		=	

	学習日	総字数	−	エラー数	=	純字数
3			−		=	
4			−		=	

【3級-68】 次の文章を1行30字で入力しなさい。(制限時間10分)

　急病や事故の際、いかに早く適切な治療を受けられるかが、生死　30
の分かれ目になることも多い。病院にたどり着くまでの貴重な時間　60
を有効に活用できるよう、救急車から患者の様子を高度な画像で送　90
る、新しいシステムの開発が進んでいる。　110

　医師が同乗するドクターカーの普及は、専門医の不足などでなか　140
なか進んでいない。最も高度な救急医療ができるはずの救急救命セ　170
ンターでも、地域によって治療水準には格差がある。　195

　新しいシステムでは、画像を通して対面診断に近いやりとりがで　225
きる。そのため全国のどこにいても、同質の救急医療を受けること　255
が可能になると期待されている。情報技術を駆使した未来型の新し　285
い救急車は、救命率アップの切り札となるのだろうか。　310

際(さい)・治療(ちりょう)・貴重(きちょう)・救急(きゅうきゅう)・普及(ふきゅう)・救命(きゅうめい)・格差(かくさ)
駆使(くし)・切(き)り札(ふだ)

	学習日	総字数	−	エラー数	=	純字数
1			−		=	
2			−		=	

	学習日	総字数	−	エラー数	=	純字数
3			−		=	
4			−		=	

【3級-69】 次の文章を１行30字で入力しなさい。（制限時間10分）

　最近、農業に従事する女性が考案した商品、サービスに注目が集　　30
まっている。この背景に、農林水産省の「農業女子プロジェクト」　60
がある。農業に携わる女性がアイデアを持っていても、商品化する　90
ことは難しい。そこで、同省が企業と連携できるように支援するも　120
のだ。　　　　　　　　　　　　　　　　　　　　　　　　　　　124

　商品化されたものに、旅行業者との「農業体験ツアー」がある。　154
この企画は、人気があり好評である。さらに、旬の野菜を使用した　184
新しいメニューの開発など、女性の視点を生かしたものが多い。　　214

　このプロジェクトでは、女性農業者における仲間作りも推進して　244
いる。地方では出会いが少なく、仲間を作ることが難しい。女性た　274
ちの連携が進むことで、新しいビジネスも生まれ、農業の活性化に　304
もつながる。　　　　　　　　　　　　　　　　　　　　　　　　310

携(たずさ)わる・連携(れんけい)・旬(しゅん)

	学習日	総字数	－	エラー数	＝	純字数
1			－		＝	
2			－		＝	

	学習日	総字数	－	エラー数	＝	純字数
3			－		＝	
4			－		＝	

【3級-70】 次の文章を１行30字で入力しなさい。（制限時間10分）

　日本近海で、水温上昇によるとみられる魚の異変が起きている。　30
海水温は、じわじわと上がっていくと予測される。海水温の平均は　60
過去約１００年間で、０．７度から１．７度上昇した。　　　　　86

　魚には、種ごとに分布の中心となる緯度がある。ある大学の教授　116
は、魚の定点調査を続けて、データを集計した。わずか３０年の間　146
に南方系の魚が、３００キロ近くも北上している、との結果をまと　176
めた。日本近海では、南方系の魚が増えている。温暖化に伴う水温　206
上昇を反映したと考えられる。　　　　　　　　　　　　　　　　221

　変わりゆく海に、私たちはどう対応すればよいのだろう。海水温　251
の上昇で増えた魚種は積極的に利用し、逆に、減りつつある種類に　281
ついては、しっかりと資源管理を進めていくことが重要だろう。　　310

異変(いへん)・緯度(いど)

	学習日	総字数	－	エラー数	＝	純字数
1			－		＝	
2			－		＝	

	学習日	総字数	－	エラー数	＝	純字数
3			－		＝	
4			－		＝	

3

速度部門

【3級-71】 次の文章を1行30字で入力しなさい。（制限時間10分）

　風力発電は、二酸化炭素を排出しないクリーンなエネルギー源と　　30
して、世界中に普及している。発電量が最も多い中国は、世界全体　　60
の約２０パーセントを占めており、２位のアメリカについても同じ　　90
レベルの発電力がある。　　102

　日本に吹く風は、諸外国と比較すると風力が弱く、風向きも安定　　132
しないという特徴がある。つまり、わが国の風力は発電に適してい　　162
ないのだ。だが、原子力による発電が見直されている現在、重要な　　192
エネルギーとして注目された。　　207

　国内の大学は、従来よりも発電効率の高い風車を開発することに　　237
成功した。これは「風レンズ」と呼ばれ、海上の風を効果的に集め　　267
ることができる。騒音が少なくバードストライクも防げるため、こ　　297
れからの普及が期待できる。　　310

普及(ふきゅう)・騒音(そうおん)

	学習日	総字数	−	エラー数	=	純字数
1			−		=	
2			−		=	

	学習日	総字数	−	エラー数	=	純字数
3			−		=	
4			−		=	

【3級-72】 次の文章を1行30字で入力しなさい。（制限時間10分）

　わが国の医療技術は、世界でもトップクラスに位置しているとい　　30
える。特に、最先端の機器を用いた検査や治療、看護師のサービス　　60
などは他国を圧倒している。そこで、これらの優位性を新たな資源　　90
とする動きがある。　　100

　医療ツーリズムとは、居住する国とは異なる地域で、健康診断や　　130
治療をしてもらう旅行である。これは、欧米諸国では盛んに行われ　　160
ている。タイやシンガポールなどの国へ出かけて、自分が納得でき　　190
る診療を受けることが狙いだ。　　205

　このような目的の人々を日本に招き入れるため、さまざまな試み　　235
がなされている。それは、受け入れ先の病院を確保したり、旅行の　　265
仲介業者を増やしたりするなどである。解決すべき課題は多いが、　　295
官民が協力して推進して欲しい。　　310

圧倒(あっとう)・試(こころ)み

	学習日	総字数	−	エラー数	=	純字数
1			−		=	
2			−		=	

	学習日	総字数	−	エラー数	=	純字数
3			−		=	
4			−		=	

【3級−73】　次の文章を１行30字で入力しなさい。（制限時間10分）

　シーラカンスは、生きる化石と呼ばれる魚である。この魚が最も　　30
繁栄したのは、今から４億年以上も昔のことだ。浅い海や淡水に広　　60
く分布していたと考えられ、これを裏付ける化石が世界中で発見さ　　90
れている。　　96

　この魚の化石は、白亜紀時代に発見された標本を最後にして、そ　　126
れ以降は出土されていない。そのため、すでに絶滅した種だとする　　156
説が有力であった。だが、１９３８年に生きたシーラカンスが捕獲　　186
され、その調査が始まった。　　200

　最新の報告によれば、シーラカンスは寿命の長い魚であることが　　230
判明した。潜水艇による長期間の調査では、３００匹の個体群の中　　260
に幼魚は１匹もいなかった。死亡率が極端に低いことも確認されて　　290
おり、１００年以上は生きると予測される。　　310

繁栄（はんえい）・出土（しゅつど）・潜水艇（せんすいてい）

	学習日	総字数	−	エラー数	=	純字数
1			−		=	
2			−		=	

	学習日	総字数	−	エラー数	=	純字数
3			−		=	
4			−		=	

【3級−74】　次の文章を１行30字で入力しなさい。（制限時間10分）

　最近、社員の意欲を引き出すための、賞金制度を設ける会社が増　　30
えている。自動車関係のある企業では個人の働きに応じ、バッジを　　60
与えるという。金のバッジ１０個、銀のバッジを２０個集めると、　　90
特別報奨金として、１０００万円が贈られるというユニークな仕組　　120
みで、彼らのモチベーションを高めている。　　141

　また、従業員が失敗したら賞金を出す会社もある。そこでは大き　　171
な失敗をした人を、年２回表彰する「大失敗賞」があり、２万円が　　201
贈られる。前向きな失敗は社内のノウハウとして残り、次の仕事の　　231
糧にさえなる。　　239

　他にも業務や数値の改善、よい接客をした社員を社長自らが表彰　　269
する制度も整備されつつある。働く者の士気を高める取り組みが、　　299
増えることを期待する。　　310

報奨金（ほうしょうきん）・表彰（ひょうしょう）・糧（かて）

	学習日	総字数	−	エラー数	=	純字数
1			−		=	
2			−		=	

	学習日	総字数	−	エラー数	=	純字数
3			−		=	
4			−		=	

【1】

次の文章を１行30字で入力しなさい。フォントの種類は明朝体とし、プロポーショナルフォントは使用しないこと。(制限時間10分)

お米と同様に、食パンは日本人の主食と呼べる食品の一つといえ	30
る。最近は、全国展開を行う専門店も現れ、もっちりとした食感と	60
耳まで柔らかく焼き上げたパンが、広い世代に人気である。Ｗｅｂ	90
による販売も定着し、特定の顧客を獲得している。	114
その一方で、食パンを調理するトースターの市場も、徐々に変化	144
している。これまでの消費者は、どちらかといえば安さを重視した	174
商品を選び、購入する傾向が強かった。しかし、ここ数年は景気の	204
好転も影響して、価格よりも機能が重視されている。	229
このほど、１台の値段が３万円を超えるトースターが発売され、	259
ＳＮＳや通販レビューなどで話題となった。従来品と大きく異なる	289
のは、食パンを再加熱するのではなく、ベーカリーでの焼き立てと	319
同じ状態を目指した点にある。	334
調理工程は、２枚のプレートで食パンを挟み、密閉状態にして焼	364
き上げる。そのため、庫内の熱が効果的に循環して、水分を保ちな	394
がらもパン特有の香りを逃がさない、独自の仕上がりが可能となっ	424
た。同製品の売り上げは順調で、味にこだわる人々から、高く評価	454
されている。	460

獲得(かくとく)・徐々(じょじょ)・密閉(みっぺい)・庫内(こない)・循環(じゅんかん)

	学習日	総字数	−	エラー数	=	純字数
1			−		=	
2			−		=	

	学習日	総字数	−	エラー数	=	純字数
3			−		=	
4			−		=	

【2】

次の文章を１行30字で入力しなさい。フォントの種類は明朝体とし、プロポーショナルフォントは使用しないこと。(制限時間10分)

国土交通省は、高速道路と、近くの遊園地やアウトレットモール	30
などを直結させる、専用インターチェンジの設置を認めることにし	60
た。一般道の渋滞緩和と、利便性の向上がねらいだという。施設側	90
に集客のメリットがあることから、建設費の一部は施設側に負担さ	120
せるということだ。	130
従来のインターチェンジは、国や高速道路会社が設置を計画し、	160
建設費も負担した。新たなインターチェンジは、民間施設を運営す	190
る企業が設置を提案し、国の審査をパスすれば設置できる。ＥＴＣ	220
専用のインターチェンジを想定し、建設費は２０億円ほどかかると	250
いう。	254
想定するのは、千葉県や大阪府にある、人気のアミューズメント	284
パークだ。混雑時には、近くの高速出口付近から、施設の駐車場ま	314
で渋滞が続き、問題となっていた。インターチェンジができれば、	344
利用者は、一般道に出ずに往来できる。	363
これまでも、地域に人を呼び込むために、費用の一部を市町村が	393
負担する、インターチェンジの設置は認められてきた。このたび、	423
利便性の向上が実証されたことから、民間企業の提案も受け入れる	453
ことになった。	460

渋滞（じゅうたい）・往来（おうらい）

	学習日	総字数	－	エラー数	＝	純字数
1			－		＝	
2			－		＝	

	学習日	総字数	－	エラー数	＝	純字数
3			－		＝	
4			－		＝	

【3】

次の文章を１行30字で入力しなさい。フォントの種類は明朝体とし、プロポーショナルフォントは使用しないこと。（制限時間10分）

国土が狭く資源の乏しい我が国は、製造業を中心とした工業立国	30
を目指し努力してきた。経済の順調な発展は生活水準を向上させ、	60
日本は豊かな国へと成長した。だが、高すぎる賃金が製品の単価を	90
押し上げたため、生産計画を見直す企業も増えている。	116
ファクトリーオートメーション（ＦＡ）とは、工場の内部をでき	146
るだけ自動化し、生産性を維持しつつもコストを抑える経営手法の	176
一つである。特に賃金の高い国においては有効で、これを実現する	206
ための機器が産業用ロボットといえる。	225
国内ではすでに、自動車産業を始めとしてあらゆる分野で導入さ	255
れている。ところが、素材の形や大きさが異なる食材加工の分野で	285
は、手作業が重視されていたため、導入をためらう企業も少なくな	315
かった。	320
こうした現状の中、ある水産工場では、地元で採れたホタテ貝を	350
加工する新しいロボットを導入した。その機器は、１分間に９６枚	380
の貝殻を処理することが可能で、１０人分の作業を難なくこなすと	410
いう。また、ジャガイモから有毒な芽を取り除くロボットも開発さ	440
れており、さらなる普及が期待されている。	460

乏（とぼ）しい・抑（おさ）える・採（と）れた・貝殻（かいがら）・芽（め）

	学習日	総字数	－	エラー数	＝	純字数
1			－		＝	
2			－		＝	

	学習日	総字数	－	エラー数	＝	純字数
3			－		＝	
4			－		＝	

【4】

　次の文章を１行30字で入力しなさい。フォントの種類は明朝体とし、プロポーショナルフォントは使用しないこと。（制限時間10分）

ある特定の観光地において、訪問する人たちが急激に増えたこと	30
により、様々な弊害が生じることを、オーバーツーリズムという。	60
生活用の道路や電車、バスなどに観光客がおしよせることで、地域	90
の住民に弊害をもたらすことがその一例である。	113
こうした事態に陥ったのは、ＬＣＣ（格安航空会社）の普及や、	143
新興国を中心とした来日客の増加などが、大きな要因と分析されて	173
いる。特に、最近は円安の傾向にあるため、日本へ旅行する絶好の	203
機会と考える人も多い。	215
オーバーツーリズムに頭を悩ませているのが、国内有数の観光地	245
である京都だ。シーズン中は、どこに行っても人だらけで、古都の	275
街並みや建造物をゆっくりと眺めることは難しい。京都市は、旅人	305
の一極集中を避けるため、三つの分散を呼びかけている。	332
まずは、朝や夜の観光を促す時間の分散である。次に、季節ごと	362
の魅力をＰＲすることで、来客を四季に分ける方策だ。そして、新	392
たな観光スポットを発掘し訴求することで、訪問地を分散させる取	422
り組みも実施中である。この情報は海外にも発信され、問題の解決	452
を目指している。	460

弊害（へいがい）・新興国（しんこうこく）・屈指（くっし）・魅力（みりょく）・発掘（はっくつ）・訴求（そきゅう）

	学習日	総字数	−	エラー数	=	純字数
1			−		=	
2			−		=	

	学習日	総字数	−	エラー数	=	純字数
3			−		=	
4			−		=	

【5】

次の文章を1行30字で入力しなさい。フォントの種類は明朝体とし、プロポーショナルフォントは使用しないこと。（制限時間10分）

夏を楽しむ行楽の一つとして、野外で飲食したり宿泊したりする　　　30
キャンプがある。これには、心身をリフレッシュし、健康と体力を　　　60
増進させる働きもある。特に、成長期の子どもにとっては、海や山　　　90
などの自然を体験し協調性を養う場にもなっている。　　　　　　　　115

一方で、このようなキャンプ用品を揃えるためには、ある程度の　　145
費用が必要になる。また、テントの設営や火起こしなどは、初心者　　175
にとって手間と時間のかかる作業といえる。さらには、虫刺されや　　205
トイレの心配をする人も多い。　　　　　　　　　　　　　　　　　220

グランピングとは、ホテルと変わらない設備やサービスを利用し　　250
ながら、自然の中で快適に過ごすキャンプのことである。欧米では　　280
すでに定着しており、国内においてもここ数年で急速に浸透し始め　　310
ている。現在は、多くの企業が同事業に取り組み、全国各地で設備　　340
が整えられている。　　　　　　　　　　　　　　　　　　　　　　350

宿泊関連業を展開するH社は、CS（顧客満足度）の高い企業と　　380
して有名である。同社がこのほど、河口湖のほとりでグランピング　　410
が楽しめる施設を開業した。1泊の料金は約5万円とやや高値であ　　440
るが、自然を満喫する人々で賑わっている。　　　　　　　　　　　460

揃（そろ）える・浸透（しんとう）・満喫（まんきつ）・賑（にぎ）わって

	学習日	総字数	−	エラー数	=	純字数
1			−		=	
2			−		=	

	学習日	総字数	−	エラー数	=	純字数
3			−		=	
4			−		=	

【6】

次の文章を１行30字で入力しなさい。フォントの種類は明朝体とし、プロポーショナルフォントは使用しないこと。（制限時間10分）

現代の日本は、経済が高度に発展し、多くの物品が市場で取引さ	30
れている。特に食料品は、主食のお米から嗜好品であるコーヒーま	60
で、ありとあらゆる商品を世界中から輸入している。その中には、	90
驚くほど安く入手できる食材もある。	108
私たちの暮らしだけを考えれば、安価な食材は生活を楽にしてく	138
れる。一方で、これを供給する生産国では、労働者に正当な報酬が	168
支払われなかったり、効率を上げるために過剰な農薬が使われたり	198
している。	204
フェアトレードとは、開発途上国から適正な価格で継続的に輸入	234
することで、立場の弱い生産者や労働者たちを守り、生活の改善と	264
自立を促す貿易の仕組みのことである。その推進活動は８０年代に	294
オランダで始まり、瞬く間にヨーロッパ全土へ広まった。	321
ＦＬＯ（国際フェアトレードラベル機構）は、公正な貿易に関す	351
る厳しい基準を定め、これをクリアした商品に認証ラベルを貼付し	381
ている。日本でも大手ブランドが積極的な取り組みを見せており、	411
そのラインナップも増えつつある。こうした認証製品が普及するに	441
は、私たち消費者に意識の変化が必要だ。	460

嗜好品（しこうひん）・報酬（ほうしゅう）・過剰（かじょう）・促（うなが）す・瞬（またた）く間（ま）・普及（ふきゅう）

	学習日	総字数	−	エラー数	=	純字数
1			−		=	
2			−		=	

	学習日	総字数	−	エラー数	=	純字数
3			−		=	
4			−		=	

4 ビジネス文書部門
実技編

＊ビジネス文書の作成問題の制限時間は 15 分です（印刷は時間外）。
審査方法は別冊 p.4 ～ 5 ページにあります。

3級ビジネス文書の模範解答形式

第3級のビジネス文書作成問題は、下記の形式が模範解答です。

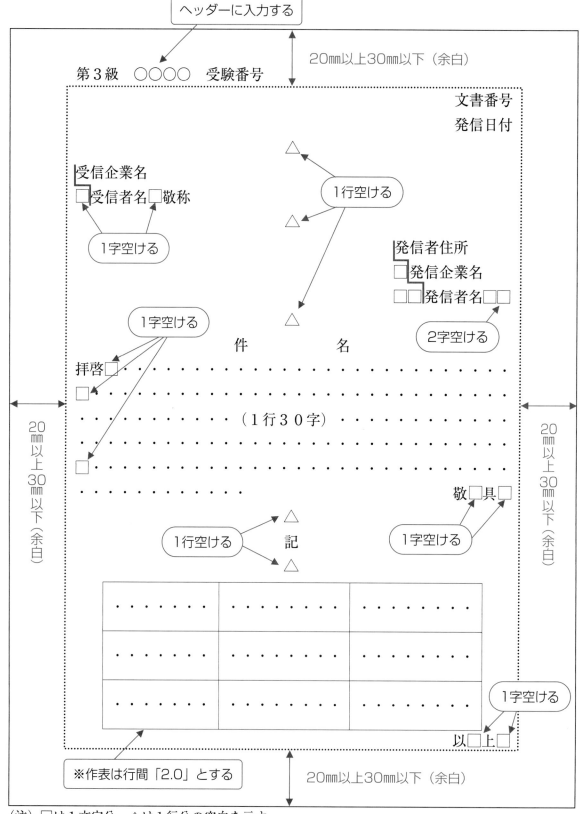

（注）□は1文字分、△は1行分の空白を示す。

ビジネス文書の作成ポイント

ヘッダーに入力する

※校正記号に従い文書を作成してください。

営発第３１６号
令和○年１１月２５日

右寄せ

左寄せ

△ 1行空ける

エアクール株式会社
□営業部長□中沢□幸雄□様

1字空ける

△ 1行空ける

右寄せ後、2字分挿入する

徳島市徳島本町６−５

1字ずつ下げる
□株式会社□クリン開発
□営業部長□小田□和美□□

△ 1行空ける

フォントは横200％（横倍角）にし、一重下線を引き、センタリングする

1字空ける

見本送付のお知らせ

拝啓□貴社ますますご隆盛のこととお喜び申し上げます。
□さて、このたびは当社製品の見本をご請求いただきまして、厚く御礼申し上げます。ご照会いただいたマイナスイオン発生機能付き空気清浄機は、当社製品の中でもご好評をいただいております。
□つきましては、下記の製品見本を送付いたしますので、ご検討をよろしくお願い申し上げます。

1字空ける

敬□具□

1字空ける

※作表は行間「2.0」とし、センタリングする。

△ 1行空ける

記 ← センタリング

△ 1行空ける

スペースを入力後、センタリング

品□□□番	品□□□□□名	単□□□価
ＮＡＣ−８５	ニューエアクリーン	９，８００円
ＩＣＡ−２４７	イオンクリーン	２７，０００円

均等割付け

右寄せ

以□上□

1字空ける

4

実技編

Word2019による３級ビジネス文書の完成例

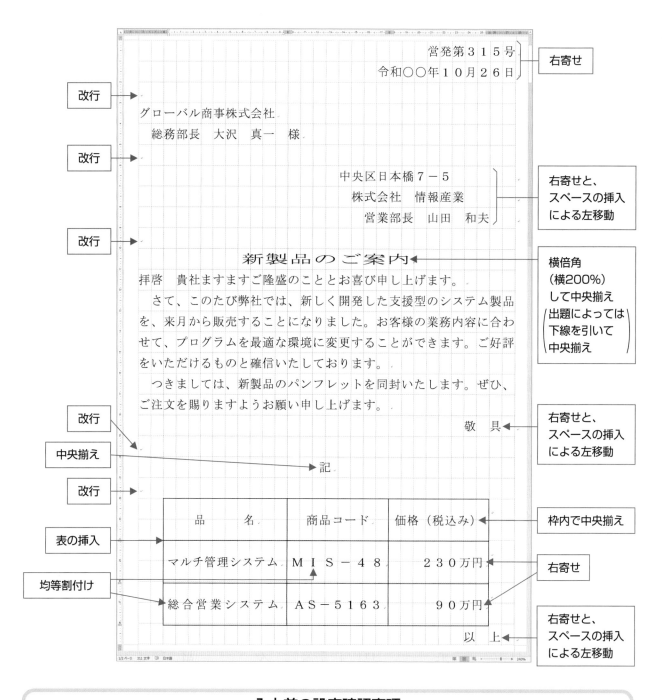

営発第３１５号（右寄せ）

令和○○年１０月２６日

改行

グローバル商事株式会社

　総務部長　大沢　真一　様

改行

中央区日本橋７－５（右寄せと、スペースの挿入による左移動）

株式会社　情報産業

営業部長　山田　和夫

改行

　　　　　　　新製品のご案内（横倍角（横200%）して中央揃え 出題によっては下線を引いて中央揃え）

拝啓　貴社ますますご隆盛のこととお喜び申し上げます。

　さて、このたび弊社では、新しく開発した支援型のシステム製品を、来月から販売することになりました。お客様の業務内容に合わせて、プログラムを最適な環境に変更することができます。ご好評をいただけるものと確信いたしております。

　つきましては、新製品のパンフレットを同封いたします。ぜひ、ご注文を賜りますようお願い申し上げます。

敬　具（右寄せと、スペースの挿入による左移動）

改行

記（中央揃え）

改行

（表の挿入）（均等割付け）

品　　　名	商品コード	価格（税込み）
マルチ管理システム	ＭＩＳ－４８	２３０万円
総合営業システム	ＡＳ－５１６３	９０万円

枠内で中央揃え

右寄せ

以　上（右寄せと、スペースの挿入による左移動）

入力前の設定確認事項

１．文字ずれの確認

初めに、文字ずれをしないための書式設定を行います。（「文字ずれをしない新しい書式設定」(p.3)を参照してください。）

２．ページ設定

以下のようにページ設定してください。

［用紙サイズ］………Ａ４縦　　　［余白］………上下左右２５ｍｍ　　　［フォントサイズ］………１４ポイント

［文字数］…………３０字　　　［行数］………２９行　　　（行数は、問題により異なります。）

３．グリッド線の表示

文字位置や、罫線位置の確認のために必要です。

Word2019による３級ビジネス文書基本形式問題の作成プロセス

1 前付けの作成

本文よりも前にある部分を、前付けと呼びます。文字を先に入力してから、編集を行います。

①文書番号・発信日付・受信者名・発信者名を右のように入力します。

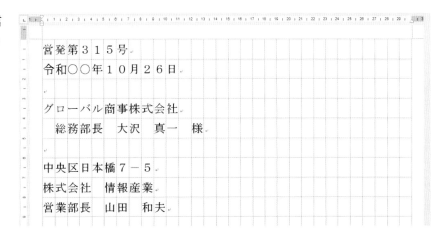

【文書番号と発信日付（右寄せ）】

②文書番号と発信日付をドラッグして範囲指定し、リボンから［ホーム］タブ⇒［段落］グループにある［右揃え］アイコンをクリックします。

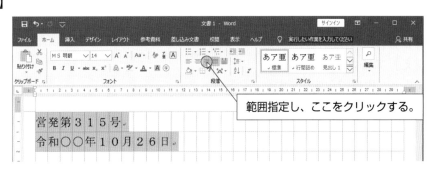

範囲指定し、ここをクリックする。

【発信者名の右寄せ】

③「氏名」「会社名」「住所」を②と同じように右寄せします。

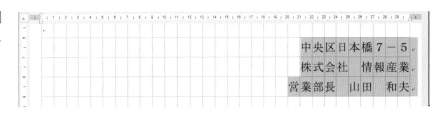

【発信者名の位置決め】

④「氏名」「会社名」「住所」の順に下から設定すると、編集がしやすくなります。

右寄せした発信者名（山田和夫）の右側にカーソルを置き、スペースを挿入して、文字列を左移動します。

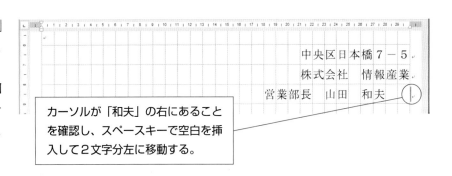

カーソルが「和夫」の右にあることを確認し、スペースキーで空白を挿入して２文字分左に移動する。

4

実技編

【「会社名」「住所」の左移動】

⑤続けて「会社名」「住所」の順に下から、スペースの挿入を使ってそれぞれ正しい位置に移動します。

氏名の右側は2字分あけ、行頭を階段状に配置する。

中央区日本橋7－5
株式会社　情報産業
営業部長　山田　和夫

2 件名の作成

入力する位置をダブルクリックしてカーソル移動し、件名を入力します。（※ダブルクリックして改行すると、前の行の右寄せの編集内容を引き継ぎません。）２００％に横拡大してから、中央揃えにします。

①件名を入力し、範囲指定して［ホーム］タブ⇒［段落］グループにある［拡張書式］アイコンの▼をクリックして、［文字の拡大／縮小］から「２００％」をクリックします。

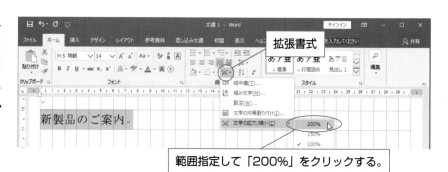

範囲指定して「200%」をクリックする。

②続けて［ホーム］タブ⇒［段落］グループにある［中央揃え］アイコンをクリックすると、中央揃えされます。

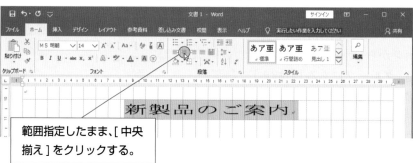

範囲指定したまま、［中央揃え］をクリックする。

③エンターキーで改行せずに、マウスをダブルクリックしてカーソルを移動し、改行します。

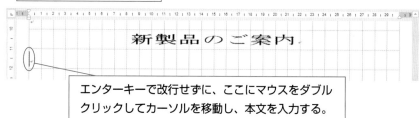

エンターキーで改行せずに、ここにマウスをダブルクリックしてカーソルを移動し、本文を入力する。

参考　書式のクリア

エンターキーで改行すると、「２００％」「中央揃え」を引き継ぎますので、書式を元に戻します。

①［ホーム］タブ⇒［フォント］グループにある［すべての書式をクリア］アイコンをクリックすると、先に指示した編集内容（「２００％」「中央揃え」）をクリアすることができ、左端からはじめの設定の大きさで本文の入力ができます。

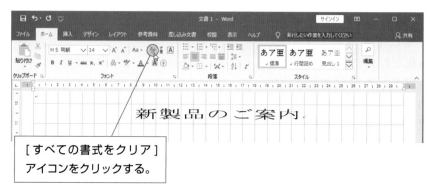

［すべての書式をクリア］アイコンをクリックする。

3 本文の入力

①文字を入力します。

※ 入力オートフォーマット機能
により、「拝啓」と入力すると
「敬具」が自動的に入力される
場合があります。

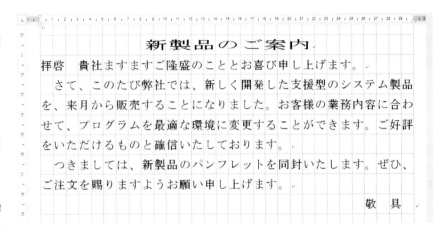

②「敬具」は右寄せし、字間
に1字分の空白を挿入しま
す。
また、右側にスペースを挿
入して1字分左に移動しま
す。

4 別記の作成 （「敬具」と「記」の間は、1行空けます。）

①「記」と入力してエンター
キーを押すと、自動的に中
央揃えされ、「以上」も右寄
せで入力されます。

もう1行増やす。

②「記」と「以上」の間を改行
して、もう1行増やします。

5 表の作成

①カーソルを「記」から1行
空けた位置に移動し、縦3
×横3の表を作成します。

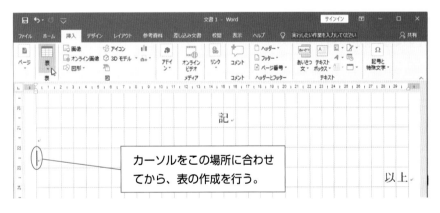

カーソルをこの場所に合わせ
てから、表の作成を行う。

②［挿入］タブ⇒［表］グルー
プにある［表］アイコンを
クリックし、縦3×横3の
範囲をドラッグして指を離
します。

③縦3×横3の表が挿入され
　ました。

④表と「以上」の間の行間は、
　削除します。

＊Wordでは、改行マークのこ
　とを「段落記号」と呼びます。

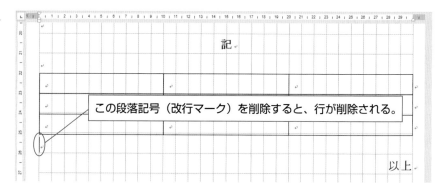

この段落記号（改行マーク）を削除すると、行が削除される。

6 縦罫線の調整

①左側の縦罫線にマウスポイ
　ンタを合わせて、クリック
　します。

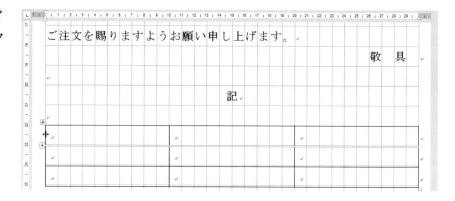

②縦罫線をAltキーを押しな
　がら右にドラッグし、本文
　の目印になる文字に合わせ
　て離します。

③左の縦罫線が移動しました。

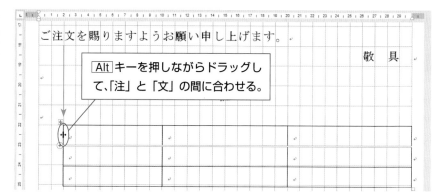

Altキーを押しながらドラッグし
て、「注」と「文」の間に合わせる。

④同じように、左側から順に、
　他の縦罫線も位置を揃えま
　す。

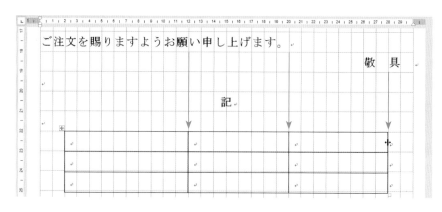

7 表内文字入力

①表内に文字を入力します。

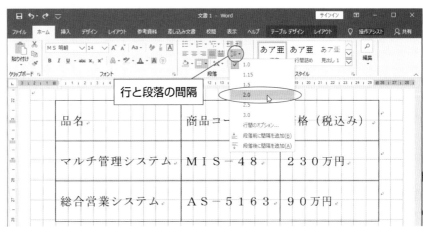

品名	商品コード	価格（税込み）
マルチ管理システム	MIS－48	230万円
総合営業システム	AS－5163	90万円

8 横罫線の調整

表の縦幅を広くします。横罫線を2行に1本引くように調整します。

①表全体をドラッグします。

② ［ホーム］タブ⇒［段落］グループにある［行と段落の間隔］アイコンの▼から「2.0」をクリックします。

行と段落の間隔

③表内が2行どりとなり、それぞれのセルの上下の中央位置に文字が配置されました。

品名	商品コード	価格（税込み）
マルチ管理システム	MIS－48	230万円
総合営業システム	AS－5163	90万円

9 項目名の位置調整

項目名全体を一度にセンタリングして、各項目名の文字を適切な位置に配置します。

①項目名全体のセルをすべてドラッグして範囲指定します。

範囲指定して、ここをクリックすると範囲指定したセルがセンタリングされる。

② ［ホーム］タブ⇒［段落］グループにある［中央揃え］アイコンをクリックします。

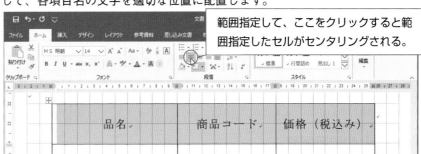

品名	商品コード	価格（税込み）

③「品名」の字間に3字分の空白を挿入して、文字を適切な位置に配置します。

品　　　名	商品コード	価格（税込み）

🔟 均等割付け（ブロック全体で一度にする方法）

①均等割付けが必要なセルを
　含む、ブロック全体のセル
　をすべてドラッグして範囲
　指定します。

②［ホーム］タブ⇒［段落］
　グループにある［均等割り
　付け］アイコンをクリック
　します。

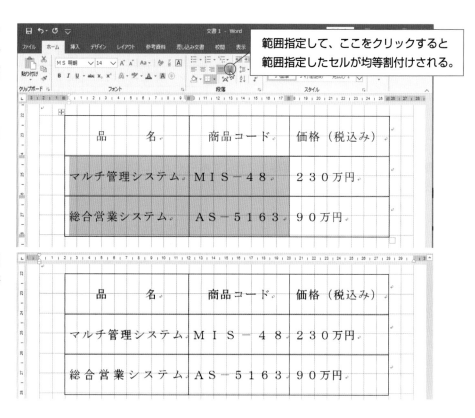

範囲指定して、ここをクリックすると
範囲指定したセルが均等割付けされる。

③表中の「総合営業システム」
　と、「MIS－48」が均等
　割付けされました。

🔢 右寄せ（ブロック全体で一度にする方法）

①右寄せが必要なセルを含む
　ブロック全体のセルをすべ
　てドラッグして範囲指定し
　ます。

②［ホーム］タブ⇒［段落］
　グループにある［右揃え］
　アイコンをクリックします。

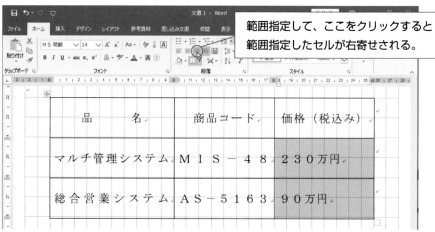

範囲指定して、ここをクリックすると
範囲指定したセルが右寄せされる。

③表中の「２３０万円」と、
　「９０万円」が右寄せされま
　した。

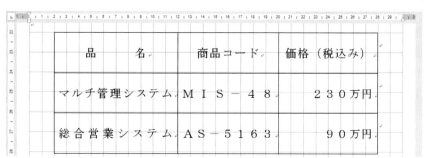

🔢 「以上」の位置調整

①「以上」の字間に１字分の
　空白を挿入します。
　また、右側に空白を挿入し
　て１字分左に移動します。

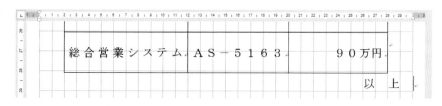

参考 均等割付け（1か所単位でする方法）

セル内の文字列を、1か所ずつ均等割付けする方法です。

①「総合営業システム」
　をドラッグして範囲指
　定します。

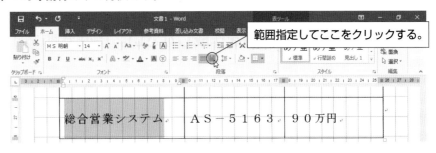

範囲指定してここをクリックする。

②［ホーム］タブ⇒［段落］
　グループにある［均等
　割り付け］アイコンをク
　リックして、［文字の均
　等割り付け］ダイアロ
　グボックスを表示します。

③ダイアログボックスの
　［新しい文字列の幅］に、
　割付け幅の数字（9字）
　を入力し［OK］をク
　リックします。

［新しい文字列の幅］に割付け幅の数字
を入力する（この場合は「9字」）。

④均等割付けされました。

⑤同様に「MIS-48」も7字に均等割付けします。

4

実技編

【1】　1行を30字、1ページを29行に設定し、ヘッダーに左寄せでクラス、出席番号、
　　　名前を入力し、次の文書を作成しなさい。(制限時間15分)

営発第２７８号

令和６年７月１２日

大森水産株式会社

　　販売部長　　山口　行正　　様

堺市堺区南瓦町３－１

株式会社　　ＭＧＣ販売

営業部長　　浜田　三枝

商品の注文について

拝啓　貴社ますますご隆盛のこととお喜び申し上げます。

　さて、先日は新商品のプレゼンテーションをご提示いただき、あ
りがとうございました。弊社で調査した結果でも、多くのニーズが
あり、昨日の販売戦略会議において、９月より販売することが決定
しました。

　つきましては、下記の商品を注文いたしますので、８月２０日ま
でに納入いただきたく、お願い申し上げます。

敬　具

記

品　　番	品　　　名	発注数量／セット
Ｎ２５４－１	お茶漬け最中	５０，０００個
Ｈ３６－７	北海道産海鮮茶漬け	８０，０００個

以　上

拝啓（はいけい）…………手紙のはじめに書く挨拶の言葉。敬具と対応して用いる。

貴社（きしゃ）……………相手の会社の敬称。御社（おんしゃ）。

隆盛（りゅうせい）………栄えて(反映して)盛んなこと。

弊社（へいしゃ）…………自分の属する会社をへりくだっていう表現。小社。

敬具（けいぐ）……………手紙のおわりに書くあいさつの言葉。拝啓などと対応して用いる。

【2】　1行を30字、1ページを29行に設定し、ヘッダーに左寄せでクラス、出席番号、名前を入力し、次の文書を作成しなさい。（制限時間15分）

営発第２８６号
令和７年３月１２日

株式会社　ハズキスーパー
　仕入部長　桜井　憲一　様

伊勢市岩渕１－７－２９
若宮ベーカリー株式会社
営業部長　石原　大和

価格改定のお願い

拝啓　貴社ますますご盛栄のこととお喜び申し上げます。

　さて、皆様もご承知のとおり、天候の不順や円安が進み、原材料などが高騰している状況です。弊社といたしましては、商品の価格を据え置く努力を重ねてまいりましたが、価格の維持が困難となりました。

　つきましては、４月の出荷分より新価格とさせていただきます。何卒ご理解のほど、よろしくお願い申し上げます。

敬　具

記

品　　番	商　品　名	価格（1本）
Ｙ－４０	やわらか食パンゴールド	８４０円
ＪＮ－１０７	熟　成　生　食　パ　ン	１，２５０円

以　上

高騰（こうとう）………物価などがひどく上がること。
出荷（しゅっか）………市場に商品を出すこと。
何卒（なにとぞ）………相手に強くお願いすること。

【3】 1行を30字、1ページを29行に設定し、ヘッダーに左寄せでクラス、出席番号、名前を入力し、次の文書を作成しなさい。（制限時間15分）

営発第１７８号

令和６年９月２０日

株式会社　オフプライス
　販売部長　西野　哲夫　様

　　　　　　　　　　　　前橋市大手町１－１－５
　　　　　　　　　　　　アーク産業株式会社
　　　　　　　　　　　　　営業部長　田代　和宏

　　　　　　不良品混入についてのお詫び

拝啓　時下ますますご清栄のこととお喜び申し上げます。日頃より弊社の製品をご愛顧賜り、厚くお礼申し上げます。

　さて、貴社よりご返品いただいた下記の製品について、弊社にてその原因を確認したところ、人為的なミスであったことが判明いたしました。大変ご迷惑をおかけして、申し訳ございません。

　なお、代替品につきましては、取り急ぎ担当者が直接お届けに伺う所存でございます。何卒よろしくお願い申し上げます。

　　　　　　　　　　　　　　　　　　　　　敬　具

　　　　　　　　　　　　記

品　　番	製　品　名	数　量
ＮＰ－６０４２	小型急速充電器タイプＣ	３個
Ｌ－３０Ｈ	ＭｉｃｒｏＨＤＭＩケーブル	１０本

　　　　　　　　　　　　　　　　　　　　以　上

時下（じか）………………手紙のあいさつにもちいる。このごろ。
愛顧（あいこ）……………「いつも使ってもらっている」という意味。
賜（たまわ）り……………いただく。
代替品（だいたいひん）………代わりになる商品のこと。
所存（しょぞん）…………心に思うこと。考え。

【4】 1行を30字、1ページを29行に設定し、ヘッダーに左寄せでクラス、出席番号、名前を入力し、次の文書を作成しなさい。（制限時間15分）

サ学発第８４３号
令和６年７月２５日

鹿沼実業高等学校
　校長　吉沢　幸一　様

宇都宮市峰町３０１
　サイエンス総合学院
　　学院長　田中　広美

学校説明会のご案内

拝啓　貴校ますますご発展のこととお喜び申し上げます。

　さて、今年度も学校説明会を下記のとおり実施いたします。当日は、学科別体験授業のほか、個別相談などを行います。

　ぜひ、この機会に一人でも多くの方にご参加をいただきたく、ご案内申し上げます。

　つきましては、学校説明会の資料と学校案内を同封いたしましたので、ご紹介のほどよろしくお願い申し上げます。

敬　具

記

日　　程	学　　科	受付時間
９月１７日	サイエンス科	１３時から１６時
１０月２９日	ＡＩシステム情報科	９時から１２時

以　上

貴校（きこう）………相手の学校の敬称。御校（おんこう）。

【5】 1行を30字、1ページを29行に設定し、ヘッダーに左寄せでクラス、出席番号、名前を入力し、次の文書を作成しなさい。（制限時間15分）

営発第３７４号
令和６年８月２３日

株式会社　オート機工
　生産部長　原口　修司　様

川口市青木２－１－５
セレクト電子株式会社
営業部長　重田　弥生

営業所開設のお知らせ

拝啓　貴社ますますご発展のこととお喜び申し上げます。

　さて、このたび弊社では、業務の拡張にともない、下記のとおり営業所を開設することといたしました。これにより同エリアの皆様には、これまでよりも、迅速できめ細かいサービスのご提供が可能となります。

　今回の開設を契機に、営業サービスの向上も図りたいと考えています。従来に増してのご用命のほど、お願いいたします。

敬　具

記

開設営業所	担当地区	営業所開設日
北茨城営業所	茨城県北・福島県	９月２７日
つくばみらい営業所	茨城県全域	１０月１１日

以　上

迅速（じんそく）………きわめて早いこと。

校正記号とさまざまな記号

ここでは実技問題で使用される校正記号と、さまざまな記号を確認しましょう。

〔校正記号の種類〕

No.	校正項目	校正記号使用例	校 正 結 果	No.	校正項目	校正記号使用例	校 正 結 果
1	行を起こす	完成した。一方で	完成した。 一方で	8	詰　め	ス　ペースを	スペースを
2	行を続ける	目標だ。 さらに、	目標だ。さらに、			文書番号 発信日付	文書番号 発信日付
3	誤字訂正	研究を成果は、（の）	研究の成果は、	9	入れ替え	現実した。	実現した。
		研究の盛夏は、（成果）				太平洋 大西洋	大西洋 太平洋
4	余分字を削除し詰める	夢だの実現（トル）	夢の実現	10	移　動	文字位置	文字□□位置
		夢の完成実現（トル）				文字位置 を直す	文字位置を直す
		＊「トル」は「トルツメ」でも可。		11	（欧文） 大文字に直す	unicef	UNICEF
5	余分字を削除し空けておく	検定と認定（トルアキ）	検定　認定	12	書体変更	フォント（ゴ）	フォント
		検定×2認定（トルアキ）	検定　　認定			＊「ゴシック体」・「ゴチ」でも可。	
		＊「トルアキ」は「トルママ」でも可。		13	ポイント変更	サイズ（20ポ）	サイズ
6	脱字補充	研究成果は、（の）	研究の成果は、			＊「ポ」は「ポイント」でも可。	
		検定認定の資格（・）	検定・認定の資格	14	下付き（上付き）文字に直す	H2O	H₂O
7	空　け	スペース改行	スペース　改行			m2	m²
		発信日付 受信企業名	発信日付 受信企業名	15	上付き（下付き）文字を下付き（上付き）文字にする	H2O	H₂O
						m2	m²

〔記号の読みと使用例〕 ＊ユーロ記号は、実技には出題されません。記号の読みと使用例は筆記でも出題されます。

No.	記 号	読 み	使用方法
1	、	読点	文の途中の区切り符号
2	。	句点	一文の最後の区切り符号
3	,	コンマ	①読点　②数値の桁区切り符号
4	.	ピリオド	①句点　②小数点　③（コンピュータ）拡張子の区切り符号
5	・	中点	①単語の区切り　②外国人名の区切り
6	:	コロン	①用語・記号とその説明の区切り　②ドライブ名とディレクトリの区切り　③時刻の区切り
7	;	セミコロン	①単語の区切り　②Toなどでメールアドレスの区切り
8	＿	アンダーライン	①メールアドレス内での語の区切り ②（コンピュータ）データベースの1字のワイルドカード ☆JIS通称名称での表記はアンダライン
9	―	長音記号	カタカナの伸びる音　☆郵便番号や住所などの区切りとして使わない。
10	¥	円記号	円通貨の単位記号
11	$	ドル記号	ドル通貨の単位記号
12	€	ユーロ記号	ユーロ通貨の単位記号
13	£	ポンド記号	ポンド通貨の単位記号
14	%	パーセント	①百分率　②（コンピュータ）データベースのワイルドカード
15	&	アンパサンド	andの記号
16	*	アスタリスク	①箇条書きの先頭につける　②（コンピュータ）乗算 ③（コンピュータ）Windowsのワイルドカード
17	@	単価記号	①単価　②メールアドレスの区切り符号
18	〃	同じく記号	表内で、上または右の枠と内容が同じ場合に用いる。
19	々	繰返し記号	漢字が連続重複する際に用いる。
20	〆	しめ	①締め切り　②封緘（ふうかん）の印

1行を30字、1ページを29行に設定し、ヘッダーに左寄せでクラス、出席番号、名前を入力し、次の文書を問題の指示や校正記号に従い作成しなさい。(制限時間15分)なお、作成後に右ページの模範解答で確認し、74ページの審査基準で審査すること。

企発第１５８号
令和６年９月１３日

太陽ビジネス高等学校
　研修・企画ご担当者各様 ←トルアキ

千葉市中央区千葉港１－１
株式会社　教育サポート
企画部長　伊藤　由美

フォントは横200%(横倍角)にし、一重下線を引き、センタリングする。→
教育改革セミナーのご案内

拝啓　貴校ますますご発展のこととお喜び申し上げます。←課題

　さて、当社では、現在の高等学校における教育改革や過大に対して、先生方をサポートするために、さまざまなセミナーを企画しています。今回は、主体的な学びの授業を展開するために、先生方とともに考える参加型のセミナーをご用意しました。

　つきましては、同封いたしました資料をご覧いただき、ぜひ、ご参加くださいますよう、お願い申し上げます。

敬　具 ←右寄せし、行末に１文字分スペースを入れる。

記 ←センタリングする。

表の行間は2.0とし、センタリングする。→

セミナー名	内　　　容	セミナー参加費
受験対策	最新の教育改革情報	３，２４０円
授業実践例提案	分科会報告形式	２，７６０円

以　上

枠内で均等割付けする。　　　枠内で右寄せする。

当社(とうしゃ)………この会社。

「○○○」…余分字を削除し空ける　　「＜」…行間を詰める　　「○○」…誤字訂正 ←トルアキ

【模範解答】

企発第１５８号
令和６年９月１３日

太陽ビジネス高等学校
　研修・企画ご担当者　様

千葉市中央区千葉港１－１
株式会社　教育サポート
企画部長　伊藤　由美

教育改革セミナーのご案内

拝啓　貴校ますますご発展のこととお喜び申し上げます。
　さて、当社では、現在の高等学校における教育改革や課題に対して、先生方をサポートするために、さまざまなセミナーを企画しています。今回は、主体的な学びの授業を展開するために、先生方とともに考える参加型のセミナーをご用意しました。
　つきましては、同封いたしました資料をご覧いただき、ぜひ、ご参加くださいますよう、お願い申し上げます。

敬　具

記

セミナー名	内　　　容	セミナー参加費
受　験　対　策	最新の教育改革情報	３，２４０円
授業実践例提案	分科会報告形式	２，７６０円

以　上

３級の実技試験は、審査基準（別冊p.4〜5）、審査表をもとに採点箇所方式となっています。本書では、審査基準をもとに作成した指示事項を採点箇所にしています。採点箇所は①〜⑳の20か所で、それぞれ各5点です。以下の指示事項をもとに、自分自身で審査してみましょう。70点以上が合格です。本冊での審査の練習は、【３級－２】まで続きます。

【模範解答及び審査基準】

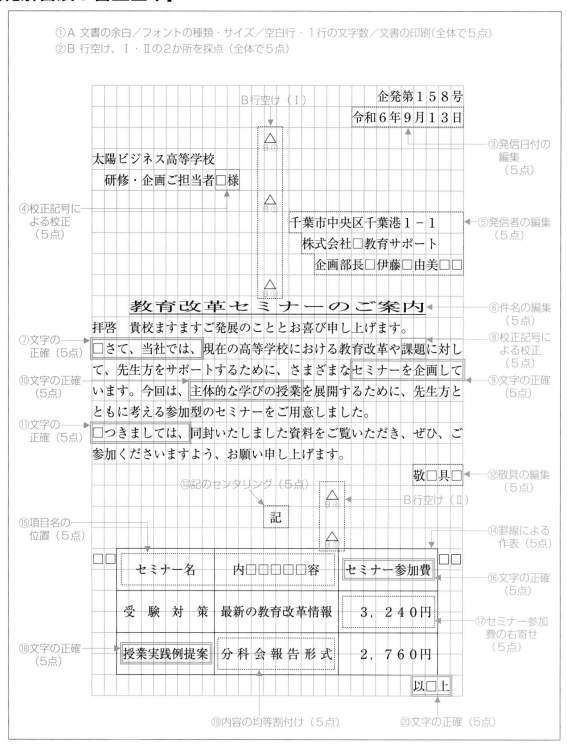

できた箇所には〇を、できなかった箇所には×を書きましょう。

①		②		③		④		⑤		⑥		⑦		⑧		⑨		⑩
⑪		⑫		⑬		⑭		⑮		⑯		⑰		⑱		⑲		⑳

〇の数 [　　] 個×５点＝ [　　] 点

3級ビジネス文書の出題形式練習問題

【3級－1】 1行を30字、1ページを28行に設定し、ヘッダーに左寄せでクラス、出席番号、名前を入力し、次の文書を問題の指示や校正記号に従い作成し（制限時間15分）、76ページの【模範解答及び審査基準】で審査しなさい。

人発第３８４号 ← *右寄せする。*
令和６年７月１９日 ←

山陽学園高等学校
　　進路指導部　御中

尾道市久保１－１５－６
株式会社　マリンｔｏｐ
人事部長　財前　東太

フォントは横200%（横倍角）にし、一重下線を引き、センタリングする。
工場見学会のご案内 ←

拝啓　貴校ますますご発展のこととお喜び申し上げます。

　さて、今年度も下記のとおり就職を希望される方を対象に、工場の見学会を実施いたします。当社工場の働く環境とともに、職場における雰囲気を知っていただきたいと考えております。

　つきましては、当社への就職を希望される生徒の皆さまにご案内いただきたく、お願い申し上げます。

敬具

記 ← *センタリングする。*

表の行間は2.0とし、センタリングする。

日　　程	場　　所	当日の持ち物
９月２６日	尾道マリン工場	筆記用具
１０月１７日	呉ＩＴ工場	筆記用具と学生証

以　上

枠内で右寄せする。 *枠内で均等割付けする。*

御中（おんちゅう）‥‥‥‥団体などの宛名の下に書き添える語。
雰囲気（ふんいき）‥‥‥‥職場やそこで働く人たちが作り出している空気。

　「○」…大文字にする（欧文）　　「○○」…誤字訂正　「○○」…字間を空ける

4

実技編

3級の実技試験は、審査基準（別冊p.4〜5）、審査表をもとに採点箇所方式となっています。本書では、審査基準をもとに作成した指示事項を採点箇所にしています。採点箇所は①〜⑳の20か所で、それぞれ各5点です。以下の指示事項をもとに、自分自身で審査してみましょう。70点以上が合格です。

【模範解答及び審査基準】

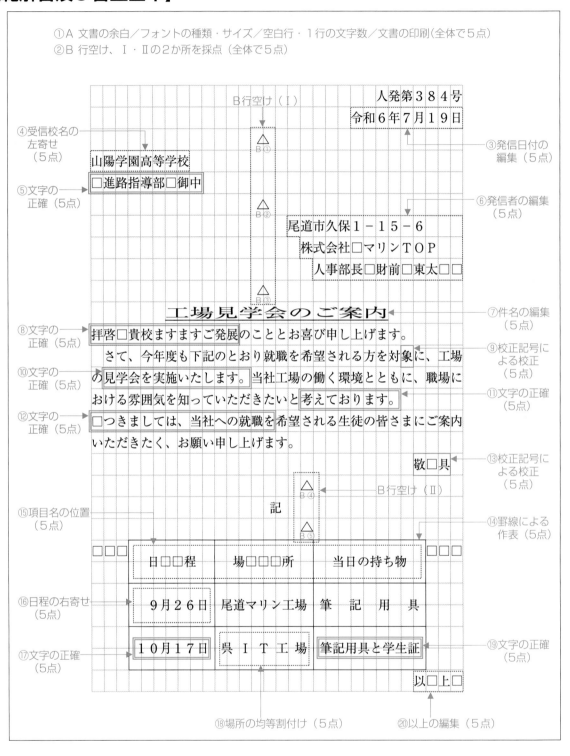

①A 文書の余白／フォントの種類・サイズ／空白行・1行の文字数／文書の印刷(全体で5点)
②B 行空け、Ⅰ・Ⅱの2か所を採点（全体で5点）

④受信校名の左寄せ（5点）
⑤文字の正確（5点）
⑧文字の正確（5点）
⑩文字の正確（5点）
⑫文字の正確（5点）
⑮項目名の位置（5点）
⑯日程の右寄せ（5点）
⑰文字の正確（5点）

③発信日付の編集（5点）
⑥発信者の編集（5点）
⑦件名の編集（5点）
⑨校正記号による校正（5点）
⑪文字の正確（5点）
⑬校正記号による校正（5点）
⑭罫線による作表（5点）
⑲文字の正確（5点）

⑱場所の均等割付け（5点）
⑳以上の編集（5点）

B行空け（Ⅰ）
B行空け（Ⅱ）

人発第３８４号
令和６年７月１９日

山陽学園高等学校
□進路指導部□御中

尾道市久保１−１５−６
株式会社□マリンＴＯＰ
人事部長□財前□東太□□

工場見学会のご案内

拝啓□貴校ますますご発展のこととお喜び申し上げます。
　さて、今年度も下記のとおり就職を希望される方を対象に、工場の見学会を実施いたします。当社工場の働く環境とともに、職場における雰囲気を知っていただきたいと考えております。
□つきましては、当社への就職を希望される生徒の皆さまにご案内いただきたく、お願い申し上げます。

敬□具

記

□□□	日□□程	場□□□所	当日の持ち物	□□□
	９月２６日	尾道マリン工場	筆　記　用　具	
	１０月１７日	呉　ＩＴ　工場	筆記用具と学生証	

以□上□

できた箇所には○を、できなかった箇所には×を書きましょう。

①		②		③		④		⑤		⑥		⑦		⑧		⑨		⑩	
⑪		⑫		⑬		⑭		⑮		⑯		⑰		⑱		⑲		⑳	

○の数　　　　個×5点＝　　　　点

販発第１４６号
令和６年７月２５日

近畿グルメ株式会社
　営業部長　沢田　義男　様　（トルアキ）

　　　　　　　　　　　神戸市北区鳴子３－８
　　　　　　　　　　　　株式会社　ヘルシー食品
　　　　　　　　　　　　販売部長　白川　晴美

ナチュラル食品新商品のご案内　←──一重下線を引き、センタリングする。
拝啓　貴社ますますご発展のこととお喜び申し上げます。
　さて、このたび弊社におきましては、９月より新商品を発売することになりました。この商品は厳選した素材を配合し、ダイエットにも効果があります。また、手ごろな価格により、気軽にご購入いただけるように配慮いたしました。つきましては、試供品を同封いたしますので、お試しください。
今後も、弊社製品をご愛顧のほどよろしくお願い申し上げます。
　　　敬　　具　←──右寄せし、行末に１文字分スペースを入れる。

　　　　　　　　　　　　　記

表の行間は2.0とし、センタリングする。

商品番号	商　品　名	金　　額
ＧＡ－４	グリーンスムージー	７９０円
ＡＮＦ－２９	ヘルシー青汁	１，１５０円

枠内で均等割付けする。　　枠内で右寄せする。

以　上
右寄せし、行末に１文字分スペースを入れる。

厳選（げんせん）…………きびしい基準で念入りに選ぶこと。
配慮（はいりょ）…………心を配ること。気づかい。
試供品（しきょうひん）………サンプル。お試しの品。

「○○○」（トルアキ）…余分字を削除し空ける　　「○○─」…移動　　「○○」行を起こす

3級の実技試験は、審査基準（別冊p.4〜5）、審査表をもとに採点箇所方式となっています。本書では、審査基準をもとに作成した指示事項を採点箇所にしています。採点箇所は①〜⑳の20か所で、それぞれ各5点です。以下の指示事項をもとに、自分自身で審査してみましょう。70点以上が合格です。

【模範解答及び審査基準】

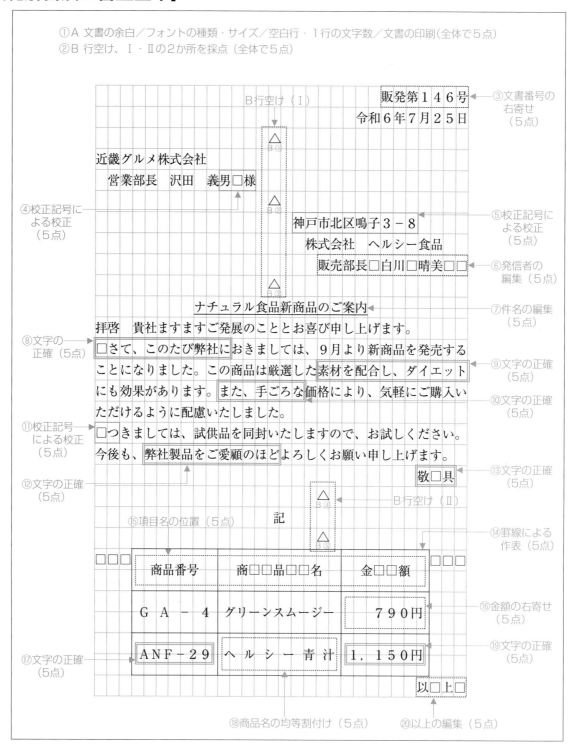

できた箇所には○を、できなかった箇所には×を書きましょう。

①	②	③	④	⑤	⑥	⑦	⑧	⑨	⑩
⑪	⑫	⑬	⑭	⑮	⑯	⑰	⑱	⑲	⑳

○の数　　　　個×5点＝　　　　点

【3級−3】　1行を30字、1ページを29行に設定し、ヘッダーに左寄せでクラス、出席番号、名前を入力し、次の文書を問題の指示や校正記号に従い作成しなさい。(制限時間15分)

営発第４１６号
令和６年１０月２５日

サプライズ株式会社
　厚生部長　安西　まみ　様

川崎市中原区小杉町３−２
株式会社　旅ツーリスト
営業部長　多田　ゆい

フォントは横200%(横倍角)で、一重下線を引き、センタリングする。

インセンティブ旅行のご案内
拝啓　貴社ますますご発展のこととお喜び申し上げます。
　さて、当社では、企業の業績向上と社員のモチベーションを高めるために、お客様のご要望による旅行の企画・立案から、ツアーの実施までをサポートします。
今回は、ご依頼のあった下記のプランをご案内いたします。
　つきましては、詳細な資料を同封いたしました。ご覧いただき、ご検討のほどよろしくお願い申し上げます。
敬　具

記←── センタリングする。

表の行間は2.0とし、センタリングする。

プラン	宿泊ホテル	料　　金
名湯めぐり	ホテル湯の花館	９，８７０円
絶品海鮮グルメ	ニュー白水	２０，５００円

枠内で均等割付けする。　　枠内で右寄せる。

以　上

右寄せし、行末に１文字分スペースを入れる。

詳細（しょうさい）………詳しくて細かなこと。

「○◯」…脱字補充　　「○∧○」…字詰め　　「○○○○」…行を続ける

連発第１４７号
令和６年９月５日

株式会社ザ・プラン企画
　企画室長　浜田　栄二　様

岐阜市今沢町１８−１
　桜井中央商店街連合会
　連合会長　新井　進一

商店街再開発プランのご依頼について　←── 一重下線を引き、センタリングする。
拝啓　貴社ますますご発展のこととお喜び申し上げます。
　さて、このたび当連合会では、地域の商店街の再開発を目的に、実行委員会を組織し検討を進めています。そこで、キャンペーンやイベントにおいて実績のある貴社に、地域活性化のための企画のご検討をお願いしたいと存じます。
　つきましては、ご多忙の中、申し訳ありませんが１０月２４日までに、ご提案のほどお願い申し上げます。
敬　具

記　←── センタリングする。

表の行間は2.0とし、センタリングする。

提案依頼内容	企画のポイント	概算予算金額
活性化イベント	新生フェスティバル	２００万円
商店街マスコット	ご当地キャラ	３５万円

枠内で均等割付けする。　　枠内で右寄せする。

以　上

右寄せし、行末に１文字分スペースを入れる。

概算（がいさん）………おおよその数量や金額のこと。

「○○」…字間を空ける　　「○○─」…移動　　「○○」…文字を入れ替える

【3級-5】 1行を30字、1ページを29行に設定し、ヘッダーに左寄せでクラス、出席番号、名前を入力し、次の文書を問題の指示や校正記号に従い作成しなさい。(制限時間15分)

営発第３７５号
令和６年６月２０日

株式会社　野菜配便
　　営業課長　武藤　順子　様

長崎市桜町２−１８
ジョイフル株式会社
営業課長　塚本　秀樹

納品時間の変更のお願い　←──フォントは横200%(横倍角)にし、センタリングする。

拝啓　貴社ますますご発展のこととお喜び申し上げます。

　　さて、弊社では働き方改革の一つとして、勤務シフトの見直しを実施しております。今回は、早朝の開店準備を簡略化し、出勤時間を１時間ほど遅らせる予定です。つきましては、下記の二つの店舗について、納品時間を変更していただきたいと存じます。取引条件の範囲内での変更ですが、実現が難しいようであれば、遠慮なくご相談ください。

敬　具　←──右寄せし、行末に１文字分スペースを入れる。

記

──表の行間は2.0とし、センタリングする。

店　　名	住　　　所	納品時間
ニュータウン葉山店	長崎市葉山１−４	午前６時
させぼモール店	佐世保市新港町３−９	午前７時

以　上

枠内で均等割付けする。
右寄せし、行末に１文字分スペースを入れる。

店舗（てんぽ）

「⌒」…脱字補充　　「＜」…行間を詰める　　「⌒○○」…行を起こす

【3級－6】 1行を30字、1ページを29行に設定し、ヘッダーに左寄せでクラス、出席番号、名前を入力し、次の文書を問題の指示や校正記号に従い作成しなさい。（制限時間15分）

仕発第３０７号　←　右寄せする。
令和６年５月２３日　←

山手産業株式会社
　営業部長　白山　幸一　様

　　　　　　　　　　　　　　札幌市北区北七条
　　　　　　　　　　　　　　　株式会社　道南商事
　　　　　　　　　　　　　　　仕入部長　東野　里保

物品受領書の送付　←　フォントは横200％（横倍角）にし、一重下線を引き、センタリングする。

拝復　貴社ますますご発展のこととお喜び申し上げます。
　さて、先日ご発送通知のありました下記の商品は、契約どおりの日時に着荷いたしました。
また、納品書と照合のうえ検品をいたしましたが、すべての商品とも問題なく、品目・数量ともに注文書と相違ございませんでした。
　つきましては、物品受領書に押印のうえ、本状とともに同封いたしますので、ご査収のほどお願いいたします。
　敬　具　←　右寄せし、行末に1文字分スペースを入れる。

記

表の行間は2.0とし、センタリングする。

品　　　　　　　名	品　番	数　量
鏡面扉付き木製キャビネット	ＯＴ－９	４台
薄型収納チェスト	ＫＭ－６８	２１台

枠内で均等割付けする。　枠内で右寄せする。

以　上

拝復（はいふく）………返事の手紙のはじめに書くあいさつの言葉。
着荷（ちゃっか）………荷物が届くこと。　相違（そうい）………同じでなく、違いがあること。
押印（おういん）　査収（さしゅう）………内容をよく確認したうえで受け取ること。

「○○」…誤字訂正　　「○○○」…行を続ける　　「○○」…字詰め

82

広発第５２９号
令和６年６月１３日

株式会社　ビッグマーケット
　営業部長　深井　竜司　様

袋井市新屋町１３－８
　小笠原商事株式会社
　　広報部長　倉林　良江

ノベルティグッズの発注について　←── 一重下線を引き、センタリングする。
拝啓　貴社ますますご隆盛のこととお喜び申し上げます。
　さて、昨日は貴社主催の商品展示会へお招きにあずかり、誠にありがとうございました。また、会場では迅速なご対応をいただき、詳細な商談ができましたことも感謝申し上げます。
　つきましては、ご案内いただいた商品のうち、下記の商品を発注させていただきます。納入期限や支払方法などは、別途にご通知いたしますので、ご承知おきください。
敬　具　←── 右寄せし、行末に1文字分スペースを入れる。

記　←── センタリングする。

表の行間は2.0とし、センタリングする。

品　　　番	品　　　名	数　　　量
Ｌ４ＢＰ－９	多機能４色ボールペン	１，０００本
Ｒ３－７	ライト付き単三電池式充電器	８００個

以　上

枠内で均等割付けする。　　　　　　　枠内で右寄せする。

隆盛（りゅうせい）

「□○○┤」…移動　　「○✕」…誤字訂正　　「○○」…文字を入れ替える

営発第１２０号　　　　　　　　右寄せする。
令和６年５月１７日

三陸産業株式会社
　　業務部長　田辺　真一　様

　　　　　　　　　　　　　　仙台市泉区泉中央３－１
　　　　　　　　　　　　　　株式会社　エヌエルシー
　　　　　　　　　　　　　　営業部長　南田　高広

新商品販売延期のお知らせ　　　一重下線を引き、センタリングする。
拝啓　貴社ますますご発展のこととお喜び申し上げます。
　　さて、ご注文いただきました下記の商品について、当初予期せぬ輸入先の港湾ストライキの影響で、入荷遅延となっております。
　　現在、全力で代替品の調達に努力しておりますが、誠に残念ながら販売を延期せざるを得ない状態となりました。
　弊社では、商品の品質の確保に重点を置いておりますので、何卒ご了承ください。
　　　　　　　　　　　　　　　　　　　　　　　　　敬　　具　　右寄せし、行末に1文字分スペースを入れる。

記

表の行間は2.0とし、センタリングする。

品　　　　　名	品　　番	注文数量
リビングルーム収納システム	ＭＤ－４	６台
ガラス扉キャビネット	ＭＳ－２９７	１８台

枠内で均等割付けする。　　枠内で右寄せする。　　トルアキ

以　上

営発第４５７号
令和７年３月４日

学校　法人　関東未来学園
　　事務局長　山村　正志　様

横浜市中区港町１－２
新和セキュリティ株式会社
営業部長　阿久沢　道正

<u>防犯グッズのご案内</u>　←フォントは横200%（横倍角）にし、一重下線を引き、センタリングする。

拝啓　貴校ますますご発展のこととお喜び申し上げます。平素より格別のお引き立てにあずかり、御礼申し上げます。

　さて、このたび弊社では、これまで、ご好評をいただいております防犯用アラームの後継機種として、新商品を発売することとなりました。従来商品と比べて、操作が簡単に行えます。

　つきましては、同商品の詳細を明記したパンフレットを同封いたしますので、採用のご検討をよろしくお願い申し上げます。

敬　具

記　←センタリングする。

品　　番	特　　　徴	納入価格
ＭＴ－１０	生活防水で音量調節あり	６９０円
ＡＲ－１５Ｌ	赤色ライトが点滅	１，０８０円

表の行間は2.0とし、センタリングする。
枠内で均等割付けする。
枠内で右寄せする。

以　上
右寄せし、行末に１文字分スペースを入れる。

平素（へいそ）………ふだん。
格別（かくべつ）………ふだんの程度とは違っていること。
後継（こうけい）………あとをつぐもの。
操作（そうさ）

「○∧○」…字詰め　　「○○」…余分字を削除し詰める　　「○○」…誤字訂正

【3級-10】 1行を30字、1ページを29行に設定し、ヘッダーに左寄せでクラス、出席番号、名前を入力し、次の文書を問題の指示や校正記号に従い作成しなさい。(制限時間15分)

販発第２６７号 ← 右寄せする。
令和６年９月１３日 ←

平和木材株式会社
　営業部長　中山　ひろみ　様

　　　　　　　　　　　　大津市御陵町３－１
　　　　　　　　　　　　株式会社　ワークホーム
　　　　　　　　　　　　販売部長　平野　優一

見積書送付のお願い ← フォントは横200%(横倍角)で、一重下線を引き、センタリングする。

拝啓　貴社ますますご繁栄のこととお喜び申し上げますし。トル
　さて、８月２０日付で見本をご送付いただいた下記の商品について、ぜひお取引いたしたく存じます。つきましては、見積書をご送付くださいますようお願い申し上げます。ご多忙とは存じますが、１０月１１日までにご回答をいただければ幸いです。
　まずは、取り急ぎ書中をもちましてお願い申し上げます。
　　　　　　　　　　　　　　　　　　　　　　敬　具

　　　　　　　　　　　　　記

表の行間は2.0とし、センタリングする。

商　品　名	品　　番	数　　量
傘立て（ウォールナッツ材）	U－１７	４０台
マガジンラック（W）	CS－３５８	１００個

枠内で均等割付けする。　枠内で右寄せする。

以　上

右寄せし、行末に１文字分スペースを入れる。

「＜」…行間を詰める　　「○○」トル…余分字を削除し詰める　　「○○○」…行を起こす

86

【3級－11】　1行を30字、1ページを28行に設定し、ヘッダーに左寄せでクラス、出席番号、名前を入力し、次の文書を問題の指示や校正記号に従い作成しなさい。（制限時間15分）

総発第１９５号　←──────────　右寄せする。
令和７年２月１０日　←──────

株式会社　安〔藤〕オフィス
　営業部長　斉藤　晋也　様

　　　　　　　　　　　　　日立市助川町１－８
　　　　　　　　　　　　　　アキツ物産株式会社
　　　　　　　　　　　　　　　総務部長　山崎　順子

注文数量の訂正について　←──　一重下線を引き、センタリングする。
拝啓　貴社ますますご発展のこととお喜び申し上げます。
　さて、先般注文いたしました備品について、下記のとおり注文数の変更をお願いいたします。新店舗の開設にあたって、設計業者と店内のレイアウトを検討した結果、変更することになりました。なお、貴社には大変ご迷惑をおかけいたしますが、何卒ご了承いただきますようお願い申し上げます。
　　　　　　　　　　　　　　　　　　　　　　トルアキ
　　　　　　　　　　　　　　　　　　　　　敬具

記

表の行間は2.0とし、センタリングする。

品　　番	品　　　　名	注文数
ＯＡＤＳ－６７	ビジネスオフィスデスク	２３台
ＳＣ－Ａ４	Ａ４対応サイドキャビネット	８台

以　上

枠内で均等割付けする。
枠内で右寄せする。
右寄せし、行末に1文字分スペースを入れる。

先般（せんぱん）………このあいだ。

「○◇○」…脱字補充　　「○∫○」…行を起こす　　「○✕○トルアキ」…余分字を削除し空ける

87

総発第３９８号 ← 右寄せする。
令和６年５月２７日 ←

大宮総合高等学校
　小島　一郎先生

栃木市大宮町７－２４５
北関東ドラッグ株式会社
総務部長　田村　さゆり

インターンシップの受け入れについて ← 一重下線を引き、センタリングする。
拝啓　貴校ますますご発展のこととお喜び申し上げます。
　さて、昨日は弊社にご訪問いただき、誠にありがとうございました。ご依頼をいただきましたインターンシップの件について、下記のとおり実習生の受け入れをいたします。 トル
　つきましては、当日の時程や内容作業について、打ち合わせができればと考えております。実習される生徒さんが決まりましたら、再度ご連絡いただきたいと存じます。

敬　具

記 ← センタリングする。

表の行間は2.0とし、センタリングする。

実習日	実習実施店舗	参加人数
９月９日	栃木ショッピングモール店	６名
９月１２日	さくら駅地下街店	１０名

枠内で均等割付けする。　　　　　枠内で右寄せする。

以　上

時程（じてい）………時間ごとの予定。

「〇〇」…字間を空ける　　「〇〇」…余分字を削除し詰める　トル　「〇〇〇〇」…文字を入れ替える

【3級－13】 1行を30字、1ページを28行に設定し、ヘッダーに左寄せでクラス、出席番号、名前を入力し、次の文書を問題の指示や校正記号に従い作成しなさい。（制限時間15分）

販発第１８５号 ← 右寄せする。
令和６年７月２３日 ←

株式会社　フルーツ<u>ｓｈｏｐ</u>
　営業部長　杉原　あおい　様

　　　　　　　　　　　　芦屋市精道町７－６
　　　　　　　　　　　　ふるさと産業開発商会
　　　　　　　　　　　　　販売部長　明石　鈴子

<u>新鮮フルーツ販売のお知らせ</u> ← 一重下線を引き、センタリングする。
拝啓　貴社ますますご発展のこととお喜び申し上げます。
　さて、このたび当商会では、日頃からご愛顧いただいている皆さまに、特別価格で各地域の特産物を販売いたします。
　今回、販売する商品は下記のとおりとなっています。　　　　数
　なお、他の商品も特に厳選した物をご用意しています。ご注文によっては、さらに値引きすることも可能です。ご検討のほどよろしくお願い申し上げます。　　　　　　　　　　　　　敬　具

　　　　　　　　　　　　　記

表の行間は2.0とし、センタリングする。

商品番号	商　　品	金　　額
ＭＨＮ－９	夕張メロンセット	１０，４００円
ＫＧＣ－８３	マンゴーセット	８，６００円

以　上

枠内で均等割付けする。　　　枠内で右寄せする。
右寄せし、行末に１文字分スペースを入れる。

愛顧（あいこ）・厳選（げんせん）・夕張（ゆうばり）

「○○○」…大文字にする（欧文）　　「○○○/○○○」…行を続ける　　「○○」…脱字補充

販発第２０５号
令和６年４月１８日

株式会社東西百貨店
　　仕入部長　木崎　初美　様

福井市大手３－１０－１
林カバン製作株式会社
販売部長　野原　京一

納期遅延のお詫び ← フォントは横200%(横倍角)にし、一重下線を引き、センタリングする。

拝啓　貴社ますますご発展のこととお喜び申し上げます。
　さて、このたびは弊社のオリジナルランドセルのご発注をいただき、ありがとうございました。現在、業者からの天然素材の納入が遅れており、納期に遅れていることをお詫び申し上げます。なお、お客様のランドセルを購入する時期は、年々早くなっておりますので、今後は、ご発注に余裕をいただければ幸いです。

敬　具

記 ← センタリングする。

表の行間は2.0とし、センタリングする。

品　番	品　　　　名	注文数量
ＣＸ－８	パールパステルクラシック	９６０個
ＦＴ－２７	クラシックデラックス	１，２００個

以　上

枠内で均等割付けする。
枠内で右寄せする。
右寄せし、行末に１文字分スペースを入れる。

納期(のうき)・お詫(わ)び

「○○」…字間を空ける　　「○○」…行を起こす　　「○○○○」…文字を入れ替える

営発第３４６号
令和６年６月２０日

新╳世界商事株式会社
（トル）
　　営業課長　神矢　孝平　様

足利市本城３−２１４７
株式会社　仁美開発
営業課長　森田　達夫

サンプル商品送付について
フォントは横200%（横倍角）にし、一重下線を引き、センタリングする。

拝啓　貴社ますますご発展のこととお喜び申し上げます。
　さて、このたび弊社で開発を進めていた新製品が完成し、商品化することができました。この商品は、試用した関係者からご好評を得ており、これからのシーズンに向けて販売を予定しています。

　つきましては、サンプル商品を同封いたしますので、ご購入について（に）ご検討のほどよろしくお願い申し上げます。

敬　具

記　←── センタリングする。

表の行間は2.0とし、センタリングする。

品　　　　名	品　　　番	価　　格
ハードムースＸ	ＴＺ３４−５２	1，３５０円
ジェルスーパーＺ	ＱＹ−６９８	９６０円

以　上

枠内で均等割付けする。　　　枠内で右寄せする。

右寄せし、行末に１文字分スペースを入れる。

試用（しよう）・好評（こうひょう）

「　」…余分字を削除し詰める　　「＜」…行間を詰める　　「　」…脱字補充

【3級−16】 1行を30字、1ページを28行に設定し、ヘッダーに左寄せでクラス、出席番号、名前を入力し、次の文書を問題の指示や校正記号に従い作成しなさい。(制限時間15分)

販発第３８７号 ← 右寄せする。
令和６年６月１３日 ←

株式会社　ａｕｔｏ産業
　営業部長　本田　哲也　様

　　　　　　　　　広島市南区松原１３−５
　　　　　　　　　西日本商事株式会社
　　　　　　　　　　販売部長　阿部　一夫

見積もりのご依頼について ← 一重下線を引き、センタリングする。
謹啓　時下ますますご隆盛のこととお喜び申し上げます。
　さて、早速ではありますが、下記のとおり商品の見積もりをお願いいたします。
　なお、弊社の取引先からの急な依頼のため、できる限り早い時期に納めなければなりません。
　つきましては、最短納期のご回答も含めて、至急見積書を　お送りください。何卒ご配慮のほどよろしくお願い申し上げます。
敬　白 ← 右寄せし、行末に1文字分スペースを入れる。

記

表の行間は2.0とし、センタリングする。

品　　番	製　品　名	数　量
ＺＹ−９１５	車用急冷スプレー	３００本
ＭＳ−４２	ＵＶカットサンバイザー	９０個

枠内で均等割付けする。　　枠内で右寄せする。

以　上

謹啓(きんけい)………手紙のはじめに書くあいさつの言葉。
時下(じか)・隆盛(りゅうせい)・至急(しきゅう)・配慮(はいりょ)

「○○○」…大文字にする(欧文)　「○○○/○○○」…行を続ける　「○＾○」…字詰め

5 筆記編 機械・機械操作など

ここでは主に、筆記①②で出題される用語と用語の意味を学習しよう。赤下線の部分は特に大切な部分です。しっかり覚えましょう。

1 一　般

ワープロ（ワードプロセッサ）	文書の作成、編集、保存、印刷のためのアプリケーションソフトのこと。
書式設定	用紙サイズ・用紙の方向・1行の文字数・1ページの行数など、作成する文書の体裁（スタイル）を定める作業のこと。
余白（マージン）	文書の上下左右に設けた何も印刷しない部分のこと。この広さやバランスは、文書の体裁（スタイル）に影響を与える。
全角文字	日本語を入力するときの標準サイズとなる文字のこと。高さと横幅とが1:1の正方形になる。2バイト系文字ともいう。
半角文字	横幅が全角文字の半分である文字のこと。高さと横幅とが1:0.5の長方形になる。
横倍角文字	横幅が全角文字の2倍である文字のこと。高さと横幅とが1:2の長方形になる。横200%と表示されることもある。
アイコン	ファイルの内容やソフトの種類、機能などを小さな絵や記号で表現したもの。デスクトップに表示されるファイルアイコンの他、フォルダやマウスカーソルのアイコンなどもある。
フォントサイズ	画面での表示や印刷する際の文字の大きさのこと。10 ～ 12ポイントが標準である。
フォント	画面での表示や印刷する際の文字のデザインのこと。 （例）　明　朝　体　フォント・みんちょうたい 　　　　ゴシック体　フォント・ごしっくたい
プロポーショナルフォント	文字ごとに最適な幅を設定するフォントのこと。同じ文字間隔では等幅フォントより多くの文字を配置できる。
等幅フォント	文字ピッチを均等にするフォントのこと。どの文字も同じ幅で表示するため、行ごとの文字数が同じになる。
言語バー	画面上で、日本語入力の状態を表示する枠のこと。
ヘルプ機能	作業に必要な解説文を検索・表示する機能のこと。F1キーで起動する。
テンプレート	定型文書を効率よく作成するために用意された文書のひな形のこと。

2 入 力

ＩＭＥ	日本語入力のためのアプリケーションソフトのこと。
クリック	マウスの左ボタンを押す動作のこと。
ダブルクリック	マウスの左ボタンを素早く2度続けてクリックする動作のこと。
ドラッグ	マウスの左ボタンを押したまま、マウスを動かすこと。
タッチタイピング	キーボードを見ないで、すべての指を使いタイピングする技術のこと。
学習機能	かな漢字変換において、ユーザの利用状況をもとにして、同音異義語の表示順位などを変える機能のこと。
グリッド（グリッド線）	画面に表示される格子状の点や線のこと。文字や図形の入力位置を把握するために利用する。
デスクトップ	ディスプレイ上で、アプリケーションのウィンドウやアイコンを表示する領域のこと。ディスプレイに表示されているファイルやフォルダを保存する記憶領域（フォルダ）でもある。
ウィンドウ	デスクトップ上のアプリケーションソフトの表示領域および作業領域のこと。
マウスポインタ （マウスカーソル）	マウスを操作することにより、画面上での選択や実行などの入力位置を示すアイコンのこと。
カーソル	文字入力の位置と状態を示すアイコンのこと。
プルダウンメニュー	ウィンドウや画面の上段に表示されている項目をクリックして、より詳細なコマンドがすだれ式に表示されるメニューのこと。
ポップアップメニュー	画面上のどの位置からでも開くことができるメニューのこと。

3 キー操作	
ショートカットキー	同時に打鍵することにより、特定の操作を素早く実行する複数のキーの組み合わせのこと。
ファンクションキー	OSやソフトが特定の操作を登録するF 1からF12までのキーのこと。
テンキー	0から9までのキーを電卓のように配列したキー群のこと。
F 1	「ヘルプの表示」を実行するキーのこと。
F 6	「ひらがなへの変換」をするキーのこと。
F 7	「全角カタカナへの変換」をするキーのこと。
F 8	ひらがなとカタカナは「半角カタカナへの変換」、英数字はF10と同じ変換をするキーのこと。
F 9	「全角英数への変換」と「大文字小文字の切り替え」をするキーのこと。
F 10	「半角英数への変換」と「大文字小文字の切り替え」をするキーのこと。
NumLock	「テンキーの数字キーのON/OFF」を切り替えるキーのこと。
Shift + CapsLock	「英字キーのシフトのON/OFF」を切り替えるショートカットキーのこと。
BackSpace	カーソルの左の文字を消去するキーのこと。また、選択した文字やオブジェクトを削除する。
Delete	カーソルの右の文字を消去するキーのこと。また、選択した文字やオブジェクトを削除する。
Insert	「上書きモードのON/OFF」を切り替えるキーのこと。
Tab	指定された位置に、カーソルを順送りするキーのこと。
Shift + Tab	指定された位置に、カーソルを逆戻りするキーのこと。
Esc	キャンセルの機能を実行するキーのこと。
Alt	キー操作によるツールバーのメニュー選択を開始するキーのこと。ショートカットキーの修飾をするキーとしても使う。
Ctrl	単独では機能せず、ショートカットキーの修飾をするキーのこと。
PrtSc	表示した画面のデータをクリップボードに保存するキーのこと。

5

筆記編　機械・機械操作など

4 出 力	
インクジェットプリンタ	液体のインクを用紙に吹き付けて印刷するタイプのプリンタのこと。
レーザプリンタ	レーザ光線を用いて、トナーを用紙に定着させて印刷するプリンタのこと。
ディスプレイ	出力装置の一つで、文字や図形などを表示する装置のこと。
スクロール	ディスプレイの表示内容を上下左右に少しずつ移動させ、隠れて見えなかった部分を表示すること。
プリンタ	出力装置の一つで、文字や図形などを印刷する装置のこと。
プリンタドライバ	プリンタを制御するためのソフトウェア（デバイスドライバ）のこと。使用するプリンタに対応したプリンタドライバをインストールしないと、印刷できない。
プロジェクタ	パソコンやビデオなどからの映像をスクリーンに投影する装置のこと。プレゼンテーションで用いるスライドや映像を提示する。
スクリーン	OHPやプロジェクタの提示画面を投影する幕のこと。
用紙サイズ	プリンタで利用する用紙の大きさのこと。JIS規格ではA判系列とB判系列があり、同じ数字ではB判の方が大きい。数字が一つ大きくなると、面積は2倍になる。
印刷プレビュー	印刷前に仕上がり状態をディスプレイ上に表示する機能のこと。
Aサイズ（A3・A4）	ビジネス文書の国際的な標準サイズのこと。JISとISOで規格されている。210×297mmの用紙がA4で、数字は大きさの序列を意味し、A4の半分がA5、2倍がA3である。
Bサイズ（B4・B5）	主に日本国内で使われる用紙サイズ（ローカル基準）のこと。257×364mmの用紙がB4で、数字は大きさの序列を意味し、B4の半分がB5、2倍がB3。A4はB4とB5の中間サイズである。
インクジェット用紙	インク溶液の発色や吸着に優れた印刷用紙のこと。写真などの印刷には発色が足りず不向きである。塗料を塗布しているので、塗布していない裏面への印刷や、コピー機やページプリンタに対応していない用紙の場合は、不具合が生じることがある。
フォト用紙	写真などのフルカラー印刷に適した、インクジェットプリンタ専用の印刷用紙のこと。裏面やページプリンタでは印刷できない。
デバイスドライバ	USBメモリやプリンタなど、パソコンに周辺装置を接続し利用するために必要なソフトウェアのこと。周辺装置のメーカーから供給され、接続するとそのセットアップが求められる。

5 編　集	
右寄せ（右揃え）	入力した文字列などを行の<u>右端でそろえること</u>。
センタリング（中央揃え）	入力した文字列などを行の<u>中央に位置付けること</u>。
左寄せ（左揃え）	入力した文字列などを行の<u>左端でそろえること</u>。
禁則処理	<u>行頭や行末にあってはならない句読点や記号などを行末や行頭に強制的に移動する処理</u>のこと。「、」や「。」などは行頭から行末に、「（」や「¥」などは行末から行頭に移動する。
均等割付け	<u>範囲指定した文字列を任意の長さの中に均等な間隔で配置する機能</u>のこと。 （例）｜Ｊａｖａ実習ノート｜ 　　　｜情 報 処 理 用 語 集｜ 　　　｜簿 記 仕 訳 帳｜ 　　　←──均等割付け──→｜
文字修飾	<u>文字の書体を変えたり、模様を付けたりして、文章の一部を強調する機能</u>のこと。**下線、太字（ボールド）、斜体（イタリック）、中抜き、影付き**などがある。 （例）　下線　　　　　　　　　<u>文字修飾</u> 　　　太字（ボールド）　　**文字修飾** 　　　斜体（イタリック）　*文字修飾* 　　　中抜き　　　　　　　文字修飾 　　　影付き　　　　　　　**文字修飾** ※文字修飾の種類は個別に出題されることがあります。
カット＆ペースト	<u>文字やオブジェクトを切り取り、別の場所に挿入する編集作業</u>のこと。
コピー＆ペースト	<u>文字やオブジェクトを複製し、別の場所に挿入する編集作業</u>のこと。

5

筆記編　機械・機械操作など

97

6 記　憶

保存	作成した文書データをファイルとして記憶すること。最初に保存する際は、名前を付けて保存になる。
名前を付けて保存	文書データに新しいファイル名や拡張子を付けて保存すること。読み込んだ文書データに別のファイル名を付けて保存すると、以前のファイルはそのまま残る。
上書き保存	読み込んだ文書データを同じファイル名と拡張子で保存すること。以前のファイルは無くなる。
フォルダ	ファイルやプログラムなどのデータを保存しておく場所のこと。
フォーマット（初期化）	記憶媒体をデータの読み書きができる状態にすること。
単漢字変換	日本語入力システムによるかな漢字変換で、漢字に1文字ずつ変換すること。
文節変換	日本語入力システムによるかな漢字変換で、文節ごとに変換すること。
辞書	日本語入力システムで、変換処理に必要な読み仮名に対応した漢字などのデータを収めたファイルのこと。
ごみ箱	不要になったファイルやフォルダを一時的に保管する場所のこと。「ごみ箱を空にする」操作を行うと、ハードディスクから消去される。
互換性	異なる環境であっても同様に使える性質のこと。例えば、互換性のあるテキストファイルを介して、他のソフトと文字データの交換ができる。
ファイル	パソコンでデータを扱うときの基本単位となるデータのまとまりのこと。
ドライブ	ハードディスク、USBメモリ、CD／DVDなどに、データを読み書きする装置のこと。
ファイルサーバ	端末装置から読み書きできる外部記憶領域を提供するシステムのこと。提供される記憶領域は、端末からフォルダの一つとして認識され、他の人とのデータ共有もできる。
ハードディスク	磁性体を塗布した円盤を組み込んだ代表的な補助記憶装置のことで、パソコンに内蔵してOSなどシステムに必要なデータを記憶するとともに、作成した文書やデータを保存する。
USBメモリ	半導体で構成された外付け用の補助記憶装置のこと。装置が小さく大容量で、読み書きも速く、取り外しが容易である。

7	**マーク・ランプの呼称と意味**		
｜	電源オン	電源を入れるスイッチに表示する。	
◯	一重丸（電源オフ）	電源を切るスイッチに表示する。	
⏻	電源マーク	電源スイッチに表示する。	
⏽	電源オンオフ	電源のOn/Offを切り替えるスイッチに表示する。	
☾	電源スリープ	スリープ状態のOn/Offを切り替えるスイッチに表示する。	
📶	無線LAN	無線LANを示す。	
•⟜	USB	USBの規格で通信できるケーブルや端子に表示する。	
⊘	電源ランプ	電源のOn/Off/Sleepの状態を示す。	
⊟	アクセスランプ	ハードディスクで読み書きしている状況を示す。	
▭	バッテリーランプ	バッテリーの残量や充電の状況を示す。	
🔒1	NumLockランプ	NumLockが有効（テンキーが数字キーの状態）であることを示す。	
🔒A	CapsLockランプ	CapsLockが有効（英字キーが大文字の状態）であることを示す。	
🔒↕	ScrollLockランプ	ScrollLockが有効（矢印キーでスクロールできる状態）であることを示す。	

5

筆記編　機械・機械操作など

【①−1】 次の各用語に対して、最も適切な説明文を解答群の中から選び、その記号を解答欄に記入しなさい。

① アイコン　　　　　　② プロジェクタ　　　　　③ フォーマット（初期化）

④ 用紙サイズ　　　　　⑤ ドライブ　　　　　　　⑥ コピー＆ペースト

⑦ 学習機能　　　　　　⑧ ポップアップメニュー

【解答群】

ア．記憶媒体をデータの読み書きができる状態にすること。

イ．画面上のどの位置からでも開くことができるメニューのこと。

ウ．ハードディスク、ＵＳＢメモリ、ＣＤ／ＤＶＤなどに、データを読み書きする装置のこと。

エ．かな漢字変換において、ユーザの利用状況をもとにして、同音異義語の表示順位などを変える機能のこと。

オ．ファイルの内容やソフトの種類、機能などを小さな絵や記号で表現したもの。

カ．プリンタで利用する用紙の大きさのこと。

キ．文字やオブジェクトを複製し、別の場所に挿入する編集作業のこと。

ク．パソコンやビデオなどからの映像をスクリーンに投影する装置のこと。

	①	②	③	④	⑤	⑥	⑦	⑧
①−1								

【①−2】 次の各文は何について説明したものか、最も適切な用語を解答群の中から選び、その記号を解答欄に記入しなさい。

① 文字やオブジェクトを切り取り、別の場所に挿入する編集作業のこと。

② ウィンドウや画面の上段に表示されている項目をクリックして、より詳細なコマンドがすだれ式に表示されるメニューのこと。

③ プリンタを制御するためのソフトウェア（デバイスドライバ）のこと。

④ 印刷前に仕上がり状態をディスプレイ上に表示する機能のこと。

⑤ 入力した文字列などを行の中央に位置付けること。

⑥ パソコンでデータを扱うときの基本単位となるデータのまとまりのこと。

⑦ 横幅が全角文字の半分である文字のこと。高さと横幅とが1：0.5の長方形になる。

⑧ 磁性体を塗布した円盤を組み込んだ代表的な補助記憶装置のこと。

【解答群】

ア．プリンタドライバ　　　イ．ファイル　　　　　　　ウ．カット＆ペースト

エ．ハードディスク　　　　オ．印刷プレビュー　　　　カ．プルダウンメニュー

キ．半角文字　　　　　　　ク．センタリング（中央揃え）

	①	②	③	④	⑤	⑥	⑦	⑧
①−2								

【①-3】 次の各用語に対して、最も適切な説明文を解答群の中から選び、その記号を解答欄に記入しなさい。

① カーソル   ② ワープロ（ワードプロセッサ）   ③ A 4

④ 保存   ⑤ 右寄せ（右揃え）   ⑥ プリンタ

⑦ 余白（マージン）   ⑧ フォルダ

【解答群】

ア．ビジネス文書の国際的な標準サイズで、210×297mmの用紙のこと。

イ．出力装置の一つで、文字や図形などを印刷する装置のこと。

ウ．ファイルやプログラムなどのデータを保存しておく場所のこと。

エ．文字入力の位置と状態を示すアイコンのこと。

オ．文書の上下左右に設けた何も印刷しない部分のこと。

カ．作成した文書データをファイルとして記憶すること。

キ．入力した文字列などを行の右端でそろえること。

ク．文書の作成、編集、保存、印刷のためのアプリケーションソフトのこと。

①-3	①	②	③	④	⑤	⑥	⑦	⑧

【①-4】 次の各文は何について説明したものか、最も適切な用語を解答群の中から選び、その記号を解答欄に記入しなさい。

① 文字の書体を変えたり、模様を付けたりして、文章の一部を強調する機能のこと。下線、太字（ボールド）、斜体（イタリック）、中抜き、影付きなどがある。

② 定型文書を効率よく作成するために用意された文書のひな形のこと。

③ 主に日本国内で使われる用紙サイズ（ローカル基準）で、257×364mmの用紙のこと。

④ マウスを操作することにより、画面上での選択や実行などの入力位置を示すアイコンのこと。

⑤ 文書データに新しいファイル名や拡張子を付けて保存すること。

⑥ 異なる環境であっても同様に使える性質のこと。

⑦ ディスプレイの表示内容を上下左右に少しずつ移動させ、隠れて見えなかった部分を表示すること。

⑧ キーボードを見ないで、すべての指を使いタイピングする技術のこと。

【解答群】

ア．タッチタイピング   イ．B 4   ウ．名前を付けて保存

エ．文字修飾   オ．互換性   カ．テンプレート

キ．スクロール   ク．マウスポインタ（マウスカーソル）

①-4	①	②	③	④	⑤	⑥	⑦	⑧

【①−5】　次の各用語に対して、最も適切な説明文を解答群の中から選び、その記号を解答欄に記入しなさい。

① ウィンドウ　　　　② ドラッグ　　　　③ 上書き保存

④ ごみ箱　　　　　　⑤ ディスプレイ　　⑥ インクジェット用紙

⑦ 言語バー　　　　　⑧ ＵＳＢメモリ

【解答群】

ア．読み込んだ文書データを同じファイル名と拡張子で保存すること。以前のファイルは無くなる。

イ．インク溶液の発色や吸着に優れた印刷用紙のこと。

ウ．マウスの左ボタンを押したまま、マウスを動かすこと。

エ．出力装置の一つで、文字や図形などを表示する装置のこと。

オ．半導体で構成された外付け用の補助記憶装置のことで、装置が小さく大容量で、読み書きも速く、取り外しが容易である。

カ．デスクトップ上のアプリケーションソフトの表示領域および作業領域のこと。

キ．画面上で、日本語入力の状態を表示する枠のこと。

ク．不要になったファイルやフォルダを一時的に保管する場所のこと。

	①	②	③	④	⑤	⑥	⑦	⑧
①−5								

【①−6】　次の各文は何について説明したものか、最も適切な用語を解答群の中から選び、その記号を解答欄に記入しなさい。

① 日本語入力システムによるかな漢字変換で、漢字に１文字ずつ変換すること。

② ディスプレイ上で、アプリケーションのウィンドウやアイコンを表示する領域のこと。

③ 文字ごとに最適な幅を設定するフォントのこと。

④ マウスの左ボタンを素早く２度続けてクリックする動作のこと。

⑤ 写真などのフルカラー印刷に適した、インクジェットプリンタ専用の印刷用紙のこと。

⑥ レーザ光線を用いて、トナーを用紙に定着させて印刷するプリンタのこと。

⑦ 範囲指定した文字列を任意の長さの中に均等な間隔で配置する機能のこと。

⑧ 日本語入力システムで、変換処理に必要な読み仮名に対応した漢字などのデータを収めたファイルのこと。

【解答群】

ア．レーザプリンタ　　　イ．デスクトップ　　　ウ．辞書

エ．ダブルクリック　　　オ．単漢字変換　　　　カ．フォト用紙

キ．均等割付け　　　　　ク．プロポーショナルフォント

	①	②	③	④	⑤	⑥	⑦	⑧
①−6								

【①-7】　次の各用語に対して、最も適切な説明文を解答群の中から選び、その記号を解答欄に記入しなさい。

① インクジェットプリンタ　　　② フォントサイズ　　　③ 禁則処理

④ デバイスドライバ　　　　　　⑤ 文節変換　　　　　　⑥ フォルダ

⑦ クリック　　　　　　　　　　⑧ グリッド（グリッド線）

【解答群】

ア．ＵＳＢメモリやプリンタなど、パソコンに周辺装置を接続し利用するために必要なソフトウェアのこと。

イ．行頭や行末にあってはならない句読点や記号などを行末や行頭に強制的に移動する処理のこと。

ウ．ファイルやプログラムなどのデータを保存しておく場所のこと。

エ．画面に表示される格子状の点や線のこと。

オ．液体のインクを用紙に吹き付けて印刷するタイプのプリンタのこと。

カ．マウスの左ボタンを押す動作のこと。

キ．日本語入力システムによるかな漢字変換で、文節ごとに変換すること。

ク．画面での表示や印刷する際の文字の大きさのこと。10 〜 12ポイントが標準である。

	①	②	③	④	⑤	⑥	⑦	⑧
①-7								

筆記編②対策問題

【②-1】　次の各文の下線部について、正しい場合は○を、誤っている場合は最も適切なものを解答群の中から選び、その記号を解答欄に記入しなさい。

① 文字の書体を変えたり、模様を付けたりして、文章の一部を強調する機能のことを<u>文字修飾</u>という。下線、太字（ボールド）、斜体（イタリック）、中抜き、影付きなどがある。

② 写真などのフルカラー印刷に適した、インクジェットプリンタ専用の印刷用紙のことを<u>用紙サイズ</u>という。

③ 端末装置から読み書きできる外部記憶領域を提供するシステムのことを<u>ドライブ</u>という。

④ マウスを操作することにより、画面上での選択や実行などの入力位置を示すアイコンのことを<u>ウィンドウ</u>という。

⑤ <u>保存</u>とは、作成した文書データをファイルとして記憶することである。

⑥ 画面での表示や印刷する際の文字のデザインのことを<u>フォントサイズ</u>という。

⑦ レーザ光線を用いて、トナーを用紙に定着させて印刷するプリンタのことを<u>プリンタドライバ</u>という。

⑧ 画面に表示される格子状の点や線のことを<u>デスクトップ</u>という。

【解答群】

ア．レーザプリンタ　　　　イ．ファイルサーバ　　　　ウ．禁則処理

エ．フォト用紙　　　　　　オ．フォント　　　　　　　カ．グリッド（グリッド線）

キ．フォルダ　　　　　　　ク．マウスポインタ（マウスカーソル）

	①	②	③	④	⑤	⑥	⑦	⑧
②-1								

【②-2】 次の各文の下線部について、正しい場合は○を、誤っている場合は最も適切なものを解答群の中から選び、その記号を解答欄に記入しなさい。

① 範囲指定した文字列を任意の長さの中に均等な間隔で配置する機能のことを<u>文字修飾</u>という。

② ディスプレイの表示内容を上下左右に少しずつ移動させ、隠れて見えなかった部分を表示することを<u>スクロール</u>という。

③ インク溶液の発色や吸着に優れた印刷用紙のことを<u>フォト用紙</u>という。

④ 文字ピッチを均等にするフォントのことを<u>プロポーショナルフォント</u>という。

⑤ 記憶媒体をデータの読み書きができる状態にすることを<u>保存</u>という。

⑥ マウスの左ボタンを押す動作のことを<u>クリック</u>という。

⑦ ディスプレイ上で、アプリケーションのウィンドウやアイコンを表示する領域のことを<u>カーソル</u>という。

⑧ 日本語入力システムで、変換処理に必要な読み仮名に対応した漢字などのデータを収めたファイルのことを<u>互換性</u>という。

【解答群】
ア．スクリーン　　　　　　イ．フォーマット（初期化）　　　ウ．デスクトップ
エ．均等割付け　　　　　　オ．等幅フォント　　　　　　　　カ．辞書
キ．ドラッグ　　　　　　　ク．インクジェット用紙

②-2	①	②	③	④	⑤	⑥	⑦	⑧

【②-3】 次の各文の下線部について、正しい場合は○を、誤っている場合は最も適切なものを解答群の中から選び、その記号を解答欄に記入しなさい。

① 主に日本国内で使われる用紙サイズ（ローカル基準）で、257×364mmの用紙のことを<u>Ａ４</u>という。

② 行頭や行末にあってはならない句読点や記号などを行末や行頭に強制的に移動する処理のことを<u>均等割付け</u>という。

③ 日本語入力システムによるかな漢字変換で、漢字に１文字ずつ変換することを<u>単漢字変換</u>という。

④ 日本語入力のためのアプリケーションソフトのことを<u>言語バー</u>という。

⑤ マウスの左ボタンを素早く２度続けてクリックする動作のことを<u>ドラッグ</u>という。

⑥ デスクトップ上のアプリケーションソフトの表示領域および作業領域のことを<u>ポップアップメニュー</u>という。

⑦ プリンタを制御するためのソフトウェア（デバイスドライバ）のことを<u>プリンタドライバ</u>という。

⑧ 作業に必要な解説文を検索・表示する機能のことを<u>テンプレート</u>という。

【解答群】
ア．Ｂ４　　　　　　　　　イ．文節変換　　　　　　　　　ウ．ＩＭＥ
エ．ヘルプ機能　　　　　　オ．禁則処理　　　　　　　　　カ．ダブルクリック
キ．ディスプレイ　　　　　ク．ウィンドウ

②-3	①	②	③	④	⑤	⑥	⑦	⑧

【2-4】 次の各文の下線部について、正しい場合は○を、誤っている場合は最も適切なものを解答群の中から選び、その記号を解答欄に記入しなさい。

① マウスの左ボタンを押したまま、マウスを動かすことを**ダブルクリック**という。
② パソコンでデータを扱うときの基本単位となるデータのまとまりのことを**フォルダ**という。
③ 出力装置の一つで、文字や図形などを印刷する装置のことを**プロジェクタ**という。
④ 文字やオブジェクトを複製し、別の場所に挿入する編集作業のことを**コピー＆ペースト**という。
⑤ 用紙サイズ・用紙の方向・1行の文字数・1ページの行数など、作成する文書の体裁（スタイル）を定める作業のことを**言語バー**という。
⑥ かな漢字変換において、ユーザの利用状況をもとにして、同音異義語の表示順位などを変える機能のことを**グリッド（グリッド線）**という。
⑦ ＵＳＢメモリやプリンタなど、パソコンに周辺装置を接続し利用するために必要なソフトウェアのことを**印刷プレビュー**という。
⑧ 0から9までのキーを電卓のように配列したキー群のことを**ファンクションキー**という。

【解答群】
ア．デバイスドライバ　　　　**イ**．プリンタ　　　　**ウ**．ドラッグ
エ．書式設定　　　　　　　　**オ**．テンキー　　　　**カ**．ファイル
キ．学習機能　　　　　　　　**ク**．カット＆ペースト

	①	②	③	④	⑤	⑥	⑦	⑧
2-4								

【2-5】 次の各文の下線部について、正しい場合は○を、誤っている場合は最も適切なものを解答群の中から選び、その記号を解答欄に記入しなさい。

① キーボードを見ないで、すべての指を使いタイピングする技術のことを**ショートカットキー**という。
② プリンタを制御するためのソフトウェア（デバイスドライバ）のことを**プリンタドライバ**という。
③ 文字やオブジェクトを切り取り、別の場所に挿入する編集作業のことを**コピー＆ペースト**という。
④ 文字入力の位置と状態を示すアイコンのことを**デスクトップ**という。
⑤ 日本語を入力するときの標準サイズとなる文字のことを**横倍角文字**という。
⑥ 作成した文書データをファイルとして記憶することを**保存**という。
⑦ 印刷前に仕上がり状態をディスプレイ上に表示する機能のことを**プリンタ**という。
⑧ 日本語入力システムで、変換処理に必要な読み仮名に対応した漢字などのデータを収めたファイルのことを**言語バー**という。

【解答群】
ア．カーソル　　　　　　　　**イ**．印刷プレビュー　　**ウ**．スクロール
エ．全角文字　　　　　　　　**オ**．タッチタイピング　**カ**．フォルダ
キ．カット＆ペースト　　　　**ク**．辞書

	①	②	③	④	⑤	⑥	⑦	⑧
2-5								

【②−6】　次の各文の下線部について、正しい場合は○を、誤っている場合は最も適切なものを解答群の中から選び、その記号を解答欄に記入しなさい。

① 文書データに新しいファイル名や拡張子を付けて保存することを<u>名前を付けて保存</u>という。

② ファイルやプログラムなどのデータを保存しておく場所のことを<u>ＩＭＥ</u>という。

③ ウィンドウや画面の上段に表示されている項目をクリックして、より詳細なコマンドがすだれ式に表示されるメニューのことを<u>ポップアップメニュー</u>という。

④ 不要になったファイルやフォルダを一時的に保管する場所のことを<u>ごみ箱</u>という。

⑤ 入力した文字列などを行の右端でそろえることを<u>センタリング（中央揃え）</u>という。

⑥ 横幅が全角文字の２倍である文字のことを<u>半角文字</u>という。

⑦ プリンタで利用する用紙の大きさのことを<u>印刷プレビュー</u>という。

⑧ パソコンやビデオなどからの映像をスクリーンに投影する装置のことを<u>プリンタドライバ</u>という。

【解答群】

ア．プルダウンメニュー　　　イ．用紙サイズ　　　ウ．右寄せ（右揃え）

エ．上書き保存　　　オ．プロジェクタ　　　カ．フォルダ

キ．横倍角文字　　　ク．ドライブ

②−6	①	②	③	④	⑤	⑥	⑦	⑧

【②−7】　次の各文の下線部について、正しい場合は○を、誤っている場合は最も適切なものを解答群の中から選び、その記号を解答欄に記入しなさい。

① ＯＨＰやプロジェクタの提示画面を投影する幕のことを<u>ディスプレイ</u>という。

② 画面での表示や印刷する際の文字のデザインのことを<u>書式設定</u>という。

③ 磁性体を塗布した円盤を組み込んだ代表的な補助記憶装置のことを<u>ハードディスク</u>という。

④ 画面上のどの位置からでも開くことができるメニューのことを<u>プルダウンメニュー</u>という。

⑤ 異なる環境であっても同様に使える性質のことを<u>学習機能</u>という。

⑥ ビジネス文書の国際的な標準サイズで、210×297mmの用紙を<u>Ｂ４</u>という。

⑦ 入力した文字列などを行の中央に位置付けることを<u>左寄せ（左揃え）</u>という。

⑧ 読み込んだ文書データを同じファイル名と拡張子で保存することを<u>上書き保存</u>という。

【解答群】

ア．ポップアップメニュー　　　イ．名前を付けて保存　　　ウ．スクリーン

エ．Ａ４　　　オ．フォント　　　カ．互換性

キ．ファイル　　　ク．センタリング（中央揃え）

②−7	①	②	③	④	⑤	⑥	⑦	⑧

ここでは主に筆記③、④で出題される内容について学習しよう。

1. 文書の構成例

ビジネス文書の構成について、基本的なことを学習しよう。

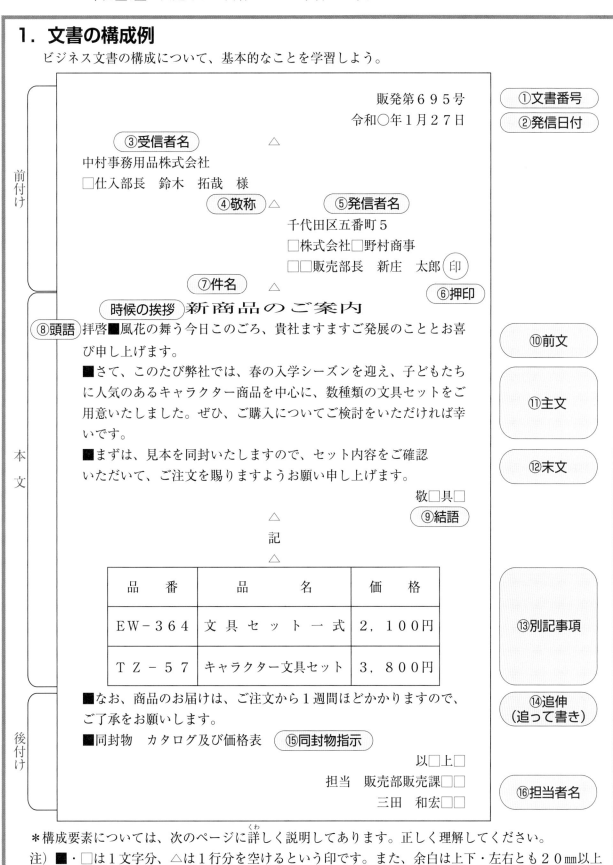

前付け

販発第695号 ①文書番号
令和○年1月27日 ②発信日付

③受信者名　△
中村事務用品株式会社
□仕入部長　鈴木　拓哉　様
④敬称　△　　⑤発信者名
千代田区五番町5
□株式会社□野村商事
□□販売部長　新庄　太郎(印)
⑥押印

本文

⑦件名　△
時候の挨拶　新商品のご案内
⑧頭語　拝啓■風花の舞う今日このごろ、貴社ますますご発展のこととお喜び申し上げます。⑩前文
■さて、このたび弊社では、春の入学シーズンを迎え、子どもたちに人気のあるキャラクター商品を中心に、数種類の文具セットをご用意いたしました。ぜひ、ご購入についてご検討をいただければ幸いです。⑪主文
■まずは、見本を同封いたしますので、セット内容をご確認いただいて、ご注文を賜りますようお願い申し上げます。⑫末文
敬□具□
⑨結語
△
記
△

品　番	品　　名	価　格
EW-364	文具セット一式	2,100円
TZ-57	キャラクター文具セット	3,800円

⑬別記事項

後付け

■なお、商品のお届けは、ご注文から1週間ほどかかりますので、ご了承をお願いします。⑭追伸（追って書き）
■同封物　カタログ及び価格表　⑮同封物指示
以□上□
担当　販売部販売課□□
三田　和宏□□
⑯担当者名

＊構成要素については、次のページに詳しく説明してあります。正しく理解してください。

注）■・□は1文字分、△は1行分を空けるという印です。また、余白は上下・左右とも20㎜以上30㎜以下で、バランスよく作成してください。綴じるために、左を右より広くとることもあります。

2. 通信文書の構成

1 前付け

No.	構成要素	構成要素の説明	操作・機能
①	文書番号	会社ごとの文書規定などに基づいて付けた番号。発信簿（p.110）と受信簿（p.110）に記入する。 「販発第６９５号」 ⇨ 販売部から発信された６９５番目の文書という意味。	右寄せ
②	発信日付	発送する予定の日を記入し、発信簿（p.110）に記帳する。	右寄せ
③	受信者名	受取人のこと。１行の場合は、１字の字下げをする。	
④	敬称	敬称は、受信者によって使い分けることが必要である。 ＊**様**…個人１人に宛てる際に、氏名に付ける。 ＊**殿**…公共機関や組織から個人に送る場合や、目上の人から目下の人に宛てる際に付けることがあるが、一般的には「様」を用いる。 ＊**各位**…「会員」など複数の個人を意味する名称に付ける。 ＊**御中**…企業や委員会などの組織や団体に出す場合、団体名に付ける。 ＊**先生**…議員や医師、教師などの職に就く人の氏名に付ける。 ＊**様方**…世帯主（送り先）と受取人が違う場合、世帯主に付ける。 ＊**行(宛)**…返信用の宛先として発信者が自分の氏名に付ける。返信者は返信する際に二重線で消し、企業名などの場合は「御中」、個人の場合は「様」に書き換える。 　　例：山田　健太郎　行　様 ＊**気付**…送り先に所属していない組織・相手に送る際に、送り先に付ける。 　　例：○○結婚式場　気付　　○○新郎　様	
⑤	発信者名	差出人のこと。この文書の責任者になる。	右寄せから２字空きに
⑥	押印	文書の責任の所在を示す印を表示するまたは押す。役職に基づき、社印・職印・個人印などの印影を付ける。	

2 本文

No.	構成要素	構成要素の説明	操作・機能
⑦	件名	文書の内容を簡潔にまとめたもので、標題ともいう。	センタリング
⑧ ⑨	頭語・結語	頭語は、前文の最初に必要な語であり、後ろに句読点は付けない。結語は、最後に必要な語である。 ＊頭語と結語の関係 　　　　　　　　［使い方］　　　［頭語］　　　　［結語］ ■最も一般的な例　　　　　拝啓　⇒　敬具・敬白 ■おめでたい内容の場合　　謹啓　⇒　謹言・謹白 ■返信の場合　　　　　　　拝復　⇒　敬具・敬答 ■親しい相手などで、　　　前略　⇒　草々・不一 　前文を省略する場合。 　※草々は早々と誤りやすいので注意する。	「結語」 ↓ 右寄せから 1字空きに
⑩	前文	時候や感謝の挨拶を述べる。	
⑪	主文	用件を述べる。「さて、」で始まることが多い。	
⑫	末文	用件をまとめるとともに、本文を締めくくる結びの挨拶を述べる。	
⑬	別記事項	主文を入れる内容であるが、わかりやすい文書にするため、「記」の後に「箇条書き・表組み」にしたりする。	「記」 ↓ センタリング

3 後付け

No.	構成要素	構成要素の説明	操作・機能
⑭	追伸 (追って書き)	主文で書き残した事項があった場合に書き添える。	
⑮	同封物指示	通信文書の内容や目的に関連した付属文書や物がある場合に、その名称と数を明記する。 別記事項の「記」には、最後に「以上」が必要となる。	「以上」 ↓ 右寄せから 1字空きに
⑯	担当者名	事務連絡などのために、所属・担当者の氏名などを記入する。	

3. 文書の種類　*赤下線の部分は特に大切な部分です。しっかり覚えましょう。

ビジネス文書	業務の遂行に必要な情報の伝達や意思の疎通、経過の記録などを目的として作成する書類や帳票のこと。ルールや作法があり、標準となる型（テンプレート）を持つことが多い。 　ビジネスの現場では、そのスキル（作成に必要な知識と高い技術）が求められる。
信書	郵便法で定められた、特定の受取人に対し、差出人の意思を表示し、または事実を通知する文書のこと。
通信文書	業務を行ったり、企業の内外の相手に連絡したりする文書のこと。電子メールなどのディジタル文書も含まれる。

帳票	必要事項を記入するためのスペースを設け、そのスペースに何を書けばよいのかを説明する最小限の語句が印刷された事務用紙のこと。
社内文書	社内の人や部署などに出す文書のこと。儀礼的な要素がほとんど無く、用件のみ記入してあるものが多い。
社外文書	社外の人や取引先などに出す文書のこと。儀礼的な要素を含み、時候の挨拶や末文の挨拶などを加える。
社交文書	ビジネスでの業務に直接関係のない、折々の挨拶や祝意などを伝える文書のこと。
取引文書	社外文書のうち、ビジネスでの業務に関する通知を目的とする文書のこと。

4．文書の構成

社外文書の構成	ビジネス文書全体の組み立てのことで、「前付け」「本文」「後付け」からなる。
前付け	本文の前に付けるという意味で、文書番号・発信日付・受信者名・発信者名などから構成される。
本文	その文書の中心となる部分で、件名・前文・主文・末文・別記事項から構成される。
後付け	本文を補うもので、追伸（追って書き）・同封物指示・担当者名などから構成される。

5．文書の受発信

受信簿	外部から受け取った文書の日時・発信者・受信者・種類などを記帳したもののこと。
発信簿	外部へ発送する文書の日時・発信者・受信者・種類などを記帳したもののこと。
書留	引受けから配達に至るまでの全送達経路を記録し、配達先に手渡しをして確実な送達を図る郵便物のこと。
簡易書留	引受けと配達時点での記録をし、配達先に手渡しをして確実な送達を図る郵便物のこと。
速達	通常の郵便物や荷物に優先して、迅速に送達される郵便物のこと。原則として手渡しだが、不在時は投函される。
親展	その手紙を名宛人自身が開封するよう求めるための指示のこと。

【3－1】 次の各文の〔　　〕の中から最も適切なものを選び、その記号を解答欄に記入しなさい。

① 〔ア．末文　イ．主文〕とは、用件をまとめるとともに、本文を締めくくる結びの挨拶を述べるものである。

② 本文を補うもので、追伸（追って書き）・同封物指示・担当者名などから構成されるのは、〔ア．後付け　イ．本文　ウ．前付け〕である。

③ CapsLockが有効（英字キーが大文字の状態）であることを示すCapsLockランプは、〔ア．🔒1　イ．🔒A　ウ．🔒↡〕である。

④ 〔ア．発信簿　イ．受信簿　ウ．書留〕とは、外部へ発送する文書の日時・発信者・受信者・種類などを記帳したものである。

⑤ 記号　ゝ　の名称は、〔ア．繰返し記号　イ．長音記号　ウ．同じく記号〕である。

⑥ 〔ア．社外文書　イ．社内文書　ウ．社交文書〕とは、社内の人や部署などに出す文書である。

⑦ その手紙を名宛人自身が開封するよう求めるための指示のことを〔ア．簡易書留　イ．速達　ウ．親展〕という。

⑧ 「上書きモードの ON/OFF」を切り替えるキーは、〔ア．Insert　イ．F10　ウ．Delete　〕である。

	①	②	③	④	⑤	⑥	⑦	⑧
3－1								

【3－2】 次の各文の〔　　〕の中から最も適切なものを選び、その記号を解答欄に記入しなさい。

① キー操作によるツールバーのメニュー選択を開始するキーで、ショートカットキーの修飾をするキーとしても使うものは、〔ア．PrtSc　イ．Alt　ウ．Ctrl　〕である。

② 〔ア．Delete　イ．NumLock　ウ．Shift+CapsLock　〕とは、カーソルの右の文字を消去するキーのことである。

③ 〔ア．発信簿　イ．受信簿　ウ．親展〕とは、外部から受け取った文書の日時・発信者・受信者・種類などを記帳したものである。

④ 〔ア．F 1　イ．F10　ウ．F 9　〕とは、「全角英数への変換」と「大文字小文字の切り替え」をするキーのことである。

⑤ 電源のOn/Offを切り替えるスイッチに表示する電源オンオフのマークは、〔ア．⏻　イ．⟷　ウ．①〕である。

⑥ 〔ア．通信文書　イ．帳票　ウ．社外文書の構成〕とは、業務を行ったり、企業の内外の相手に連絡したりする文書のことである。

⑦ 記号　・　の名称は、〔ア．中点　イ．セミコロン　ウ．ピリオド〕である。

⑧ 記号〔ア．ゝ　イ．ー　ウ．々　〕の名称は、長音記号である。

	①	②	③	④	⑤	⑥	⑦	⑧
3－2								

【3−3】 次の各文の〔　〕の中から最も適切なものを選び、その記号を解答欄に記入しなさい。

① 単価記号とは、〔ア．　＿　　イ．　〆　　ウ．　＠　〕である。

② ＯＳやソフトが特定の操作を登録するF1からF12までのキーは、
〔ア．ショートカットキー　イ．ファンクションキー〕である。

③ 引受けから配達に至るまでの全送達経路を記録し、配達先に手渡しをして確実な送達を図る郵便物の
ことを〔ア．簡易書留　イ．受信簿　ウ．書留〕という。

④ 記号　＄　の名称は、〔ア．ポンド記号　イ．ユーロ記号　ウ．ドル記号〕である。

⑤ 本文の前に付けるという意味で、文書番号・発信日付・受信者名・発信者名などから構成されるのは、
〔ア．前付け　イ．本文　ウ．後付け〕である。

⑥ 必要事項を記入するためのスペースを設け、そのスペースに何を書けばよいのかを説明する最小限の
語句が印刷された事務用紙を〔ア．社外文書　イ．取引文書　ウ．帳票〕という。

⑦ 〔ア．Shift+CapsLock　イ．NumLock　　ウ．Insert　〕とは、「英字キーのシフトのON/OFF」を
切り替えるショートカットキーのことである。

⑧ 〔ア．F9　イ．F7　ウ．F1　〕とは、「全角カタカナへの変換」をするキーのことである。

	①	②	③	④	⑤	⑥	⑦	⑧
3−3								

【3−4】 次の各文の〔　〕の中から最も適切なものを選び、その記号を解答欄に記入しなさい。

① 〔ア．Insert　イ．Delete　ウ．BackSpace　〕とは、「上書きモードのON/OFF」を切り替えるキー
のことである。

② 通常の郵便物や荷物に優先して、迅速に送達される郵便物のことを
〔ア．速達　イ．簡易書留　ウ．親展〕という。

③ 電源を切るスイッチに表示するマークは、〔ア．⏻　イ．◯　ウ．｜〕である。

④ その文書の中心となる部分で、件名・前文・主文・末文・別記事項から構成されるのは、
〔ア．本文　イ．社外文書の構成　ウ．後付け〕である。

⑤ 記号　。　の名称は、〔ア．ピリオド　イ．句点　ウ．読点〕である。

⑥ 同じく記号とは、〔ア．　〃　　イ．　々　　ウ．　ー　〕である。

⑦ ビジネスでの業務に直接関係のない、折々の挨拶や祝意などを伝える文書のことを、
〔ア．社内文書　イ．社交文書　ウ．取引文書〕という。

⑧ 「半角英数への変換」と「大文字小文字の切り替え」をするキーは、〔ア．F8　イ．F7　ウ．F10　〕
である。

	①	②	③	④	⑤	⑥	⑦	⑧
3−4								

【3-5】 次の各文の〔　　〕の中から最も適切なものを選び、その記号を解答欄に記入しなさい。

① ひらがなとカタカナは「半角カタカナへの変換」、英数字は F10 と同じ変換をするキーは、〔ア. F6　イ. F7　ウ. F8　〕である。

② 記号　パーセントとは、〔ア.　¥　　イ.　％　　ウ.　＄　〕である。

③ 〔ア. PrtSc　イ. Ctrl　ウ. Alt　〕とは、表示した画面のデータをクリップボードに保存するキーのことである。

④ 記号　々　の名称は、〔ア. 同じく記号　イ. 長音記号　ウ. 繰返し記号〕である。

⑤ 本文の前に付けるという意味で、文書番号・発信日付・受信者名・発信者名などから構成されるのは、〔ア. 後付け　イ. 社外文書の構成　ウ. 前付け〕である。

⑥ 記号　＊　の名称は、〔ア. アンパサンド　イ. アステリスク　ウ. 単価記号〕である。

⑦ 社外文書のうち、ビジネスでの業務に関する通知を目的とする文書を、〔ア. 帳票　イ. 社交文書　ウ. 取引文書〕という。

⑧ 「テンキーの数字キーのON/OFF」を切り替えるキーは、〔ア. NumLock　イ. BackSpace　ウ. Shift+CapsLock　〕である。

	①	②	③	④	⑤	⑥	⑦	⑧
3-5								

【3-6】 次の各文の〔　　〕の中から最も適切なものを選び、その記号を解答欄に記入しなさい。

① 無線LANを示すマークは、〔ア. ●←→　イ. 📶　ウ. 🔒〕である。

② 〔ア. 通信文書　イ. 社内文書　ウ. 帳票〕とは、必要事項を記入するためのスペースを設け、そのスペースに何を書けばよいのかを説明する最小限の語句が印刷された事務用紙のことである。

③ 電源のOn/Off/Sleepの状態を示す電源ランプは、〔ア. 🗄　イ. ▭　ウ. ⏻〕である。

④ カーソルの左の文字を消去するキーは、〔ア. BackSpace　イ. Delete　ウ. Insert　〕である。

⑤ その文書の中心となる部分で、件名・前文・主文・末文・別記事項から構成されるのは、〔ア. 後付け　イ. 本文　ウ. 前付け〕である。

⑥ 「ひらがなへの変換」をするキーは、〔ア. F8　イ. F7　ウ. F6　〕である。

⑦ 郵便法で定められた、特定の受取人に対し、差出人の意思を表示し、または事実を通知する文書のことを〔ア. 信書　イ. 書留　ウ. 速達〕という。

⑧ 記号　:　の名称は、〔ア. セミコロン　イ. コンマ　ウ. コロン〕である。

	①	②	③	④	⑤	⑥	⑦	⑧
3-6								

【③－7】 次の各文の〔　〕の中から最も適切なものを選び、その記号を解答欄に記入しなさい。

① 〔ア．ファンクションキー　イ．ショートカットキー〕とは、同時に打鍵することにより、特定の操作を素早く実行する複数のキーの組み合わせのことである。

② 〔ア．社外文書　イ．帳票　ウ．社内文書〕とは、社外の人や取引先などに出す文書のことである。

③ 記号 £ の名称は、〔ア．ドル記号　イ．ユーロ記号　ウ．ポンド記号〕である。

④ 引受けと配達時点での記録をし、配達先に手渡しをして確実な送達を図る郵便物のことを〔ア．簡易書留　イ．親展　ウ．速達〕という。

⑤ セミコロンとは、〔ア．　、　　イ．　：　　ウ．　；　〕である。

⑥ 電源のOn/Offを切り替えるスイッチに表示するマークは、〔ア．○　イ．⏻　ウ．①〕である。

⑦ 〔ア．後付け　イ．本文　ウ．社外文書の構成〕は、本文を補うもので、追伸（追って書き）・同封物指示・担当者名などから構成される。

⑧ 「ヘルプの表示」を実行するキーは、〔ア．F6　イ．F1　ウ．F9〕である。

③－7	①	②	③	④	⑤	⑥	⑦	⑧

筆記編④対策問題 〔参考〕p.107〜110の他、p.71

【④－1】 次の各問いの答えとして、最も適切なものをそれぞれのア〜ウの中から選び、その記号を（　　）の中に記入しなさい。

① （　　） 社印や代表者の印を押印する場所はどれか。
　　ア．発信者名　　　　　イ．受信者名　　　　　ウ．件名

② （　　） ビジネス文書で使われる敬称の中で個人宛に使用されるものはどれか。
　　ア．御中　　　　　　イ．各位　　　　　　ウ．様

③ （　　） 下の点線内の正しい校正結果はどれか。

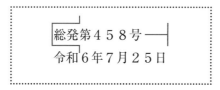

　　ア．総 発 第 ４５８ 号　　　イ．　　　　総発第４５８号
　　　　令和６年７月２５日　　　　　　令和６年７月２５日

　　ウ．総発第４５８号
　　　　　　令和６年７月２５日

④ （　　） 受信者名と件名の間に入る構成要素はどれか。
　　ア．結語　　　　　　イ．発信者名　　　　　ウ．別記事項

⑤ （　　） 「総発第２５８号」のように、会社ごとの文書規定などに基づいて付けた番号を何というか。
　　ア．文書番号　　　　　イ．発信者名　　　　　ウ．発信日付

⑥ （　　） 頭語と結語の正しい組み合わせはどれか。
　　ア．謹啓－草々　　　　イ．前略－敬具　　　　ウ．拝啓－敬具

【4－2】 次の文書についての各問いの答えとして、最も適切なものをそれぞれのア～ウの中から選び、その記号を（　）の中に記入しなさい。

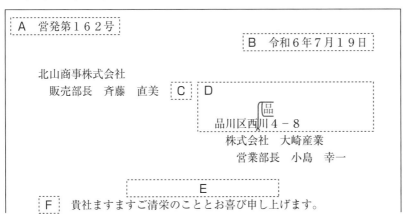

```
A  営発第１６２号

                              B  令和６年７月１９日

  北山商事株式会社
    販売部長　斉藤　直美  C   D
                              区
                    品川区西川４－８
                    株式会社　大崎産業
                      営業部長　小島　幸一

                    E
  F  貴社ますますご清栄のこととお喜び申し上げます。
```

① （　）　Aに必要な操作を何というか。
　　　ア．センタリング　　　　イ．禁則処理　　　　ウ．右寄せ

② （　）　Bの名称はどれか。
　　　ア．文書番号　　　　イ．発信日付　　　　ウ．受信者名

③ （　）　Cに入る敬称はどれか。
　　　ア．各位　　　　イ．御中　　　　ウ．様

④ （　）　Dの校正結果はどれか。
　　　ア．品川区西品川４－８　　イ．品川区西品　川４－８　　ウ．品川区西　品川４－８

⑤ （　）　Eに入る件名はどれか。
　　　ア．別記事項　　　　イ．新製品のご案内　　　　ウ．以上

⑥ （　）　Fに入る頭語はどれか。
　　　ア．拝啓　　　　イ．敬具　　　　ウ．前略

【4－3】 次の各問いの答えとして、最も適切なものをそれぞれのア～ウの中から選び、その記号を（　）の中に記入しなさい。

① （　）　文書番号と受信者名の間に入る構成要素はどれか。
　　　ア．発信日付　　　　イ．頭語　　　　ウ．別記事項

② （　）　件名を入力するときに必要となる操作を何というか。
　　　ア．禁則処理　　　　イ．センタリング　　　　ウ．右寄せ

③ （　）　ビジネス文書で使われる敬称の中で複数の個人を意味する名称に使用されるものはどれか。
　　　ア．御中　　　　イ．各位　　　　ウ．様

④ （　）　「販発第３８７号」のように、会社ごとの文書規定などに基づいて付けた番号を何というか。
　　　ア．文書番号　　　　イ．発信日付　　　　ウ．発信者名

⑤ （　）　頭語と結語の正しい組み合わせはどれか。
　　　ア．拝啓－草々　　　　イ．前略－敬具　　　　ウ．謹啓－謹白

⑥ （　）　下の点線内の正しい校正結果はどれか。

```
          トル
  広島市南区松原１３－５
    西日本商事株式会社
      販売部長　阿部　一夫
```

ア．広島市南トル松原１３－５
　　西日本商事株式会社
　　　販売部長　阿部　一夫

イ．広島市南　松原１３－５
　　西日本商事株式会社
　　　販売部長　阿部　一夫

ウ．広島市南松原１３－５
　　西日本商事株式会社
　　　販売部長　阿部　一夫

【4−4】 次の文書についての各問いの答えとして、最も適切なものをそれぞれのア～ウの中から選び、その記号を（　　）の中に記入しなさい。

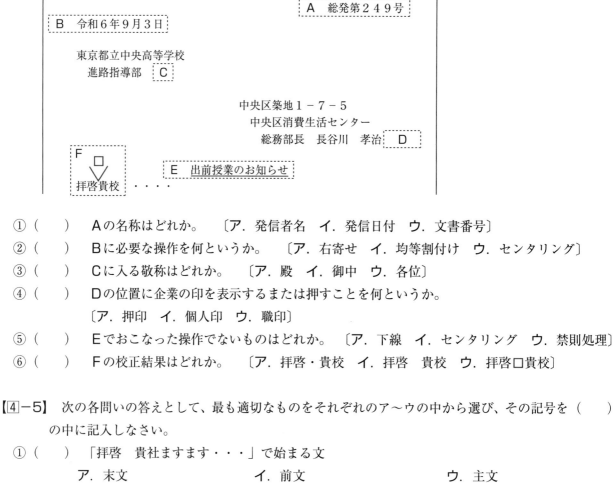

① （　　）　Aの名称はどれか。　〔ア．発信者名　イ．発信日付　ウ．文書番号〕
② （　　）　Bに必要な操作を何というか。　〔ア．右寄せ　イ．均等割付け　ウ．センタリング〕
③ （　　）　Cに入る敬称はどれか。　〔ア．殿　イ．御中　ウ．各位〕
④ （　　）　Dの位置に企業の印を表示するまたは押すことを何というか。
　　　　　　〔ア．押印　イ．個人印　ウ．職印〕
⑤ （　　）　Eでおこなった操作でないものはどれか。　〔ア．下線　イ．センタリング　ウ．禁則処理〕
⑥ （　　）　Fの校正結果はどれか。　〔ア．拝啓・貴校　イ．拝啓　貴校　ウ．拝啓□貴校〕

【4−5】 次の各問いの答えとして、最も適切なものをそれぞれのア～ウの中から選び、その記号を（　　）の中に記入しなさい。

① （　　）　「拝啓　貴社ますます・・・」で始まる文
　　　　　　ア．末文　　　　　　　　　　イ．前文　　　　　　　　　ウ．主文
② （　　）　押印が必要な場所
　　　　　　ア．受信者名　　　　　　　　イ．敬称　　　　　　　　　ウ．発信者名
③ （　　）　件名が含まれる場所
　　　　　　ア．前付け　　　　　　　　　イ．本文　　　　　　　　　ウ．後付け
④ （　　）　別記事項に「記」を用いた場合に、最後に必要となるもの
　　　　　　ア．以上　　　　　　　　　　イ．押印　　　　　　　　　ウ．追伸
⑤ （　　）　頭語の中で、返信の場合に使用するもの
　　　　　　ア．拝啓　　　　　　　　　　イ．謹啓　　　　　　　　　ウ．拝復
⑥ （　　）　下の正しい校正結果

　　　　　　ゴ
　　　　　　書体変更

　　　　　　ア．**書体変更**　　　　　　イ．書体ゴ変更　　　　　　ウ．*書体変更*

【④−6】 次の文書についての各問いの答えとして、最も適切なものをそれぞれのア～ウの中から選び、その記号を（　　）の中に記入しなさい。

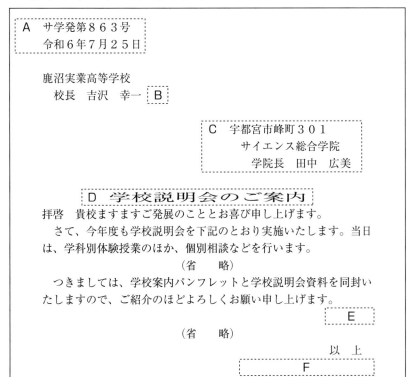

① （　　） Aに必要な操作を何というか。　〔ア．センタリング　イ．均等割付け　ウ．右揃え〕
② （　　） Bに入る敬称はどれか。　〔ア．様　イ．御中　ウ．各位〕
③ （　　） Cの名称はどれか。　〔ア．受信者名　イ．発信者名　ウ．件名〕
④ （　　） Dでおこなった操作を何というか。　〔ア．斜体　イ．禁則処理　ウ．横倍角〕
⑤ （　　） Eに入る結語はどれか。　〔ア．草々　イ．敬具　ウ．敬答〕
⑥ （　　） Fの名称はどれか。　〔ア．担当者　イ．追伸（追って書き）　ウ．別記事項〕

【④−7】 次の各問いの答えとして、最も適切なものをそれぞれのア～ウの中から選び、その記号を（　　）の中に記入しなさい。

① （　　） 別記事項を入力する場所を何というか。
　　　　　ア．前付け　　　　　　　　イ．本文　　　　　　　　ウ．後付け

② （　　） ビジネス文書で使われる敬称の中で官公庁・会社・学校などの団体宛に使用されるものはどれか。
　　　　　ア．御中　　　　　　　　　イ．各位　　　　　　　　ウ．殿

③ （　　） 右寄せの操作が必要ないものはどれか。
　　　　　ア．文書番号　　　　　　　イ．発信日付　　　　　　ウ．受信者名

④ （　　） 下の点線内の正しい校正結果はどれか。

　　　　シュミレーション

　　　　　ア．シ ミュレーション　　イ．シミュレーション　　ウ．シユミレーション

⑤ （　　） 「価格改定のお知らせ」を入力するときに必要となる操作を何というか。
　　　　　ア．禁則処理　　　　　　　イ．右寄せ　　　　　　　ウ．横倍角

⑥ （　　） 担当者名を入力するときに必要となる操作を何というか。
　　　　　ア．右寄せ　　　　　　　　イ．センタリング　　　　ウ．均等割付け

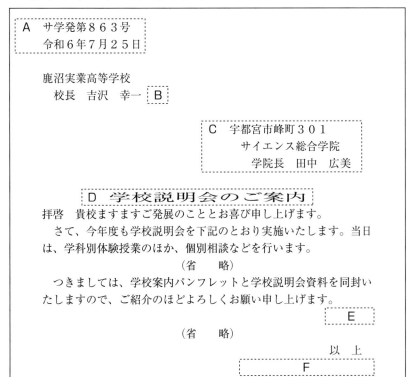

7 筆記編　ことばの知識

〔現代仮名遣い〕
1 「ず」と「づ」の区別

「ず」を用いる例

語句	正	誤
何れ	いずれ	いづれ
渦	うず	うづ
訪れる	おとずれる	おとづれる
築く	きずく	きづく
靴擦れ	くつずれ	くつづれ
削る	けずる	けづる
洪水	こうずい	こうづい
さしずめ	さしずめ	さしづめ
授ける	さずける	さづける
静かだ	しずかだ	しづかだ
滴	しずく	しづく
随分	ずいぶん	づいぶん
図画	ずが	づが
頭上	ずじょう	づじょう
鈴	すず	すづ
大豆	だいず	だいづ
地図	ちず	ちづ
恥ずかしい	はずかしい	はづかしい
自ら	みずから	みづから
珍しい	めずらしい	めづらしい
物好き	ものずき	ものづき
譲る	ゆずる	ゆづる

語句	本則	許容
世界中	せかいじゅう	せかいぢゅう
稲妻	いなずま	いなづま
腕ずく	うでずく	うでづく
絆	きずな	きづな
黒ずくめ	くろずくめ	くろづくめ
杯	さかずき	さかづき
一つずつ	ひとつずつ	ひとつづつ
融通	ゆうずう	ゆうづう

「づ」を用いる例

語句	正	誤
愛想づかし	あいそづかし	あいそずかし
裏付け	うらづけ	うらずけ
お小遣い	おこづかい	おこずかい
会社勤め	かいしゃづとめ	かいしゃずとめ
片づく	かたづく	かたずく
気付く	きづく	きずく
心尽くし	こころづくし	こころずくし
心強い	こころづよい	こころずよい
小突く	こづく	こずく
小包	こづつみ	こずつみ
ことづて	ことづて	ことずて
言葉遣い	ことばづかい	ことばずかい
竹筒	たけづつ	たけずつ
手綱	たづな	たずな
近付く	ちかづく	ちかずく
つくづく	つくづく	つくずく
続く	つづく	つずく
鼓	つづみ	つずみ
綴る	つづる	つずる
常々	つねづね	つねずね
手作り	てづくり	てずくり
新妻	にいづま	にいずま
箱詰め	はこづめ	はこずめ
働きづめ	はたらきづめ	はたらきずめ
ひづめ	ひづめ	ひずめ
髭面	ひげづら	ひげずら
松葉杖	まつばづえ	まつばずえ
三日月	みかづき	みかずき
道連れ	みちづれ	みちずれ
基づく	もとづく	もとずく
行き詰まる	ゆきづまる	ゆきずまる
鷲掴み	わしづかみ	わしずかみ

※一般に許容されている場合でも、本則ではないので誤答となります。

2 「じ」と「ぢ」の区別

「じ」を用いる例

語句	正	誤
味	あじ	あぢ
著しい	いちじるしい	いちぢるしい
生地	きじ	きぢ
こじあける	こじあける	こぢあける
地震	じしん	ぢしん
実は	じつは	ぢつは
自分	じぶん	ぢぶん
自慢	じまん	ぢまん
地面	じめん	ぢめん
述語	じゅつご	ぢゅつご
正直	しょうじき	しょうぢき
当日	とうじつ	とうぢつ
閉じる	とじる	とぢる
布地	ぬのじ	ぬのぢ
初め	はじめ	はぢめ
恥じる	はじる	はぢる

「ぢ」を用いる例

語句	正	誤
一本調子	いっぽんぢょうし	いっぽんじょうし
入れ知恵	いれぢえ	いれじえ
こぢんまり	こぢんまり	こじんまり
御飯茶碗	ごはんぢゃわん	ごはんじゃわん
底力	そこぢから	そこじから
近々	ちかぢか	ちかじか
縮む	ちぢむ	ちじむ
鼻血	はなぢ	はなじ
間近	まぢか	まじか
身近	みぢか	みじか

3 「う」と「お」の区別

「う」を用いる例

語句	正	誤
妹	いもうと	いもおと
扇	おうぎ	おおぎ
往復	おうふく	おおふく
横暴	おうぼう	おおぼう
オウム	おうむ	おおむ
おはよう	おはよう	おはよお
興味	きょうみ	きょおみ
効果	こうか	こおか
被る	こうむる	こおむる
さようなら	さようなら	さよおなら
勝利	しょうり	しょおり
妥協	だきょう	だきょお
峠	とうげ	とおげ
冬至	とうじ	とおじ
同時	どうじ	どおじ
灯台	とうだい	とおだい
尊い	とうとい	とおとい
道理	どうり	どおり
豊作	ほうさく	ほおさく
放る	ほうる	ほおる
毛布	もうふ	もおふ
猛烈	もうれつ	もおれつ
八日	ようか	よおか

「お」を用いる例

語句	正	誤
憤る	いきどおる	いきどうる
いとおしい	いとおしい	いとうしい
多い	おおい	おうい
大いに	おおいに	おういに
大きい	おおきい	おうきい
大盛り	おおもり	おうもり
仰せ	おおせ	おうせ
概ね	おおむね	おうむね
公	おおやけ	おうやけ
おおよそ	おおよそ	おうよそ
氷	こおり	こうり
凍る	こおる	こうる
遠い	とおい	とうい
十日	とおか	とうか
通る	とおる	とうる
滞る	とどこおる	とどこうる
炎	ほのお	ほのう
催す	もよおす	もようす

4 「わ」と「は」の区別

「わ」を用いる例

語句	正	誤
嬉しいわ	うれしいわ	うれしいは
うわ！大変だ。	うわ！たいへんだ。	うは！たいへんだ。
来るわ来るわ	くるわくるわ	くるはくるは
雨が降るわ	あめがふるわ	あめがふるは
風も吹くわ	かぜもふくわ	かぜもふくは
食うわ飲むわ	くうわのむわ	くうはのむは
楽しいわ	たのしいわ	たのしいは
すわ、一大事	すわ、いちだいじ	すは、いちだいじ
いまわの際	いまわのきわ	いまはのきわ

「は」を用いる例

語句	正	誤
或いは	あるいは	あるいわ
いずれは	いずれは	いずれわ
おそらくは	おそらくは	おそらくわ
今日は	こんにちは	こんにちわ
今晩は	こんばんは	こんばんわ
ついては	ついては	ついてわ
では	では	でわ
とはいえ	とはいえ	とわいえ
又は	または	またわ
もしくは	もしくは	もしくわ
願わくは	ねがわくは	ねがわくわ
惜しむらくは	おしむらくは	おしむらくわ

〔熟字訓とあて字の読み ―常用漢字表付表―〕

*河岸→魚河岸，居士→一言居士など付表の語を構成
要素とする熟語も出題されます。

[あ 行]

あす	明日
あずき	小豆
あま	海女・海士
いおう	硫黄
いくじ	意気地
いなか	田舎
いぶき	息吹
うなばら	海原
うば	乳母
うわき	浮気
うわつく	浮つく
えがお	笑顔
おじ	叔父・伯父
おとな	大人
おとめ	乙女
おば	叔母・伯母
おまわりさん	お巡りさん
おみき	お神酒
おもや	母屋・母家

[か 行]

かあさん	母さん
かぐら	神楽
かし	河岸
かじ	鍛冶
かぜ	風邪
かたず	固唾
かな	仮名
かや	蚊帳
かわせ	為替
かわら	河原・川原
きのう	昨日
きょう	今日
くだもの	果物
くろうと	玄人
けさ	今朝
けしき	景色
ここち	心地
こじ	居士
ことし	今年

[さ 行]

さおとめ	早乙女
ざこ	雑魚
さじき	桟敷
さしつかえる	差し支える
さつき	五月
さなえ	早苗
さみだれ	五月雨
しぐれ	時雨
しっぽ	尻尾
しない	竹刀
しにせ	老舗
しばふ	芝生
しみず	清水
しゃみせん	三味線
じゃり	砂利
じゅず	数珠
じょうず	上手
しらが	白髪
しろうと	素人
しわす	師走

（「しはす」とも言う。）

すきや	数寄屋・数奇屋
すもう	相撲
ぞうり	草履

[た 行]

だし	山車
たち	太刀
たちのく	立ち退く
たなばた	七夕
たび	足袋
ちご	稚児
ついたち	一日
つきやま	築山
つゆ	梅雨
でこぼこ	凸凹
てつだう	手伝う
てんません	伝馬船
とあみ	投網
とうさん	父さん
とえはたえ	十重二十重
どきょう	読経
とけい	時計
ともだち	友達

[な 行]

なこうど	仲人
なごり	名残
なだれ	雪崩
にいさん	兄さん
ねえさん	姉さん
のら	野良
のりと	祝詞

[は 行]

はかせ	博士
はたち	二十・二十歳
はつか	二十日
はとば	波止場
ひとり	一人
ひより	日和
ふたり	二人
ふつか	二日
ふぶき	吹雪
へた	下手
へや	部屋

[ま 行]

まいご	迷子
まじめ	真面目
まっか	真っ赤
まっさお	真っ青
みやげ	土産
むすこ	息子
めがね	眼鏡
もさ	猛者
もみじ	紅葉
もめん	木綿
もより	最寄り

[や 行]

やおちょう	八百長
やおや	八百屋
やまと	大和
やよい	弥生
ゆかた	浴衣
ゆくえ	行方
よせ	寄席

[わ 行]

わこうど	若人

7

筆記編　ことばの知識

〔慣用句・ことわざ〕

角が立つ
角が取れる
金を食う
株が上がる
兜を脱ぐ
壁に突き当たる
我を折る
我を張る
間隙を縫う
勘定に入れる
歓心を買う
嚙んで含める
間髪を入れず
気合いを入れる
気が合う
気が置けない
気が回る
気が休まる
傷を負う
犠牲を払う
機先を制する
機知に富む
機転が利く
軌道に乗る
気は心
肝が据わる
肝を冷やす
肝に銘じる
急場をしのぐ
窮余の一策
岐路に立つ
機を逸する
気を配る
気を許す
釘を刺す
苦言を呈する
口が堅い
口が減らない
口に合う
口にする
口を切る

口を出す
口をついて出る
首を傾げる
首を長くする
群を抜く
芸が細かい
景気を付ける
計算に入れる
桁が違う
けりを付ける
強情を張る
公然の秘密
功成り名遂げる
頭を垂れる
声が弾む
声を落とす
声を掛ける
黒白をつける
心が通う
心が弾む
心に刻む
心を打つ
心を砕く
腰が低い
腰が抜ける
腰を入れる
腰を据える
事が運ぶ
事もなく
言葉を返す
言葉を濁す
小回りが利く
小耳に挟む
根を詰める

[さ 行]
最後を飾る
幸先がいい
採算がとれる
先が見える
先を争う
匙を投げる

察しが付く
様になる
算段がつく
思案に暮れる
潮時を見る
歯牙にも掛けない
姿勢を正す
舌が肥える
舌が回る
舌鼓を打つ
舌を巻く
尻尾をつかむ
しのぎを削る
自腹を切る
しびれを切らす
始末をつける
示しがつかない
終止符を打つ
衆知を集める
趣向を凝らす
手中に収める
手腕を振るう
焦点を絞る
食が進む
食指が動く
触手を伸ばす
初心に返る
白羽の矢が立つ
尻に火が付く
尻を叩く
時流に乗る
心血を注ぐ
人後に落ちない
寝食を忘れる
心臓が強い
真に迫る
筋が違う
筋を通す
雀の涙
図に乗る
隅に置けない

寸暇を惜しむ
精を出す
精が出る
席を外す
雪辱を果たす
背に腹はかえられない
世話を掛ける
世話を焼く
背を向ける
先見の明
先手を打つ
先頭を切る
造詣が深い
底を突く
そつがない
反りが合わない
算盤が合う
算盤をはじく

[た 行]
太鼓判を押す
大事を取る
高が知れる
高みの見物
高をくくる
立て板に水
棚に上げる
頼みの綱
駄目を押す
短気は損気
丹精を込める
断を下す
端を発する
知恵を絞る
力になる
力を入れる
力を付ける
注文を付ける
調子に乗る
月とすっぽん
壺にはまる
手が空く

手が込む
手塩に掛ける
手に汗を握る
手に余る
手にする
手に付かない
手に乗る
手も足も出ない
手を打つ
手をこまねく
手を出す
手を尽くす
手を握る
手を広げる
手を焼く
出る杭は打たれる
峠を越す
堂に入る
時を移さず
得心がいく
途方に暮れる
途方もない
取り付く島もない
取りも直さず
度が過ぎる
度を越す

[な 行]
長い目で見る
名が売れる
波に乗る
名を成す
何の変哲もない
二の足を踏む
二の句が継げない
二の舞を演じる
値が張る
猫の手も借りたい
猫も杓子も
熱に浮かされる
寝覚めが悪い
寝耳に水

音を上げる
念頭に置く
念を入れる
念を押す

[は 行]
歯が立たない
馬脚をあらわす
歯に衣着せぬ
白紙に戻す
鼻が高い
鼻に掛ける
鼻を並べる
花を持たせる
話を付ける
話が弾む
腸が煮えくり返る
腹をくくる
腹を割る
引き合いに出す
膝を打つ
膝を突き合わせる
膝を交える
瞳を凝らす
人目につく
人目を引く
火に油を注ぐ
日の出の勢い
日の目を見る
火花を散らす
火ぶたを切る
火を見るより明らか
百も承知
秒読みに入る
分がいい
蓋を開ける
物議を醸す
筆が立つ
懐が暖かい
腑に落ちない
不評を買う
平行線をたどる

ベストを尽くす
弁が立つ
棒に振る
矛先を転じる
反故にする
菩提を弔う
歩調が合う
没にする
仏の顔も三度
骨が折れる
骨を折る
骨身を惜しまず
骨身を削る
歩を進める
本腰を入れる

[ま 行]
枚挙にいとまがない
間が持てない
間が悪い
幕が開く
幕を引く
幕を閉じる
幕が下りる
馬子にも衣装
勝るとも劣らぬ
的が外れる
的を射る
的を外す
的を絞る
まな板に載せる
眉をひそめる
磨きを掛ける
身が入る
右へ倣え
右に出る
微塵もない
水に流す
水の泡になる
水をあける
水を差す
水を向ける

身銭を切る
店を広げる
道が開ける
道を付ける
身に余る
身に付く
身になる
身を入れる
身を粉にする
身を投じる
耳が痛い
耳が早い
耳に付く
耳に入れる
耳にする
耳を疑う
耳を貸す
耳を傾ける
耳を澄ます
脈がある
実を結ぶ
向きになる
胸が痛む
胸がすく
胸に納める
胸に刻む
胸を打つ
無理もない
明暗を分ける
名誉を挽回する
目が利く
目が肥える
目が高い
目が届く
目がない
眼鏡にかなう
目から火が出る
目から鱗が落ちる
目と鼻の先
目に留まる
目も当てられない

目もくれない
目を疑う
目を奪われる
目をかける
目を皿にする
目を通す
目を光らす
目を引く
目を見張る
目先が利く
目鼻が付く
芽が出る
目途が付く
面と向かって
面目を施す
目算を立てる
目算が立つ
持ち出しになる
元も子もない
物ともせず
物になる
物の見事に
物を言う

[や 行]
野に下る
役者が揃う
躍起になって
山を越える
山場を迎える
止むに止まれぬ
融通が利く
雄弁に物語る
夢を描く
夢を追う
夢を託す
夢を見る
要領がいい
要領を得ない
欲を言えば
横車を押す
装いを新たに

予断を許さない
世に聞こえる
世に出る
余念がない
読みが深い
夜を徹する

[ら 行]
埒が明かない
埒もない
理屈をこねる
理にかなう
溜飲を下げる
レールを敷く
烈火のごとく
労をとる
労を惜しまない
論陣を張る

[わ 行]
我が意を得る
脇目も振らず
渡りに船
渡りを付ける
笑いが止まらない
藁にもすがる
割に合わない
割を食う
我を忘れる
輪をかける

筆記編⑤対策問題

【⑤-1】 次の表の中に入る漢字または読みとして、最も適切なものを解答群の中から選び、その記号を表の空欄に記入しなさい。ただし、音訓の読みが複数ある場合はその一つを記してある。また、活用語の読みは送りがなを含む終止形になっている。

番 号	漢 字	音読み	訓読み
例	隠	いん	かくす
1	治		なおす
2	冠	かん	
3		—	うね
4	瓦		かわら
5	掲	けい	
6		どう	ひとみ
7	侵		おかす
8	斬	ざん	
9		もう	あみ
10	弾		ひく

【解答群】

ア．が	オ．かかげる	ケ．瞳
イ．じ	カ．かんむり	コ．網
ウ．おる	キ．だん	サ．稲
エ．きる	ク．しん	シ．畝

【⑤-2】 次の表の中に入る漢字または読みとして、最も適切なものを解答群の中から選び、その記号を表の空欄に記入しなさい。ただし、音訓の読みが複数ある場合はその一つを記してある。また、活用語の読みは送りがなを含む終止形になっている。

番 号	漢 字	音読み	訓読み
例	詠	えい	よむ
1	陥	かん	
2		けい	ほたる
3	浸		ひたす
4	潰	かい	
5		へい	やむ
6	沃		—
7	字	じ	
8		ゆう	いさむ
9	亀		かめ
10	蓄	ちく	

【解答群】

ア．あざ	オ．よく	ケ．頬
イ．つぶす	カ．おちいる	コ．病
ウ．しん	キ．たくわえる	サ．蛍
エ．き	ク．そなえる	シ．勇

【⑤-3】 次の表の中に入る漢字または読みとして、最も適切なものを解答群の中から選び、その記号を表の空欄に記入しなさい。ただし、音訓の読みが複数ある場合はその一つを記してある。また、活用語の読みは送りがなを含む終止形になっている。

番 号	漢 字	音読み	訓読み
例	似	じ	にる
1		ちゅう	いる
2	酔		よう
3	患	かん	
4		えん	なまり
5	苗		なえ
6	叱	しつ	
7		ひ	—
8	崖		がけ
9	軒	けん	
10		れつ	さく

【解答群】

ア．びょう	オ．がい	ケ．罷
イ．のき	カ．おかす	コ．鋳
ウ．がん	キ．すい	サ．鉛
エ．わずらう	ク．しかる	シ．裂

126

【⑤-4】　次の表の中に入る漢字または読みとして、最も適切なものを解答群の中から選び、その記号を表
の空欄に記入しなさい。ただし、音訓の読みが複数ある場合はその一つを記してある。また、活用
語の読みは送りがなを含む終止形になっている。

番 号	漢 字	音読み	訓読み
例	炎	えん	ほのお
1	遣		つかう
2	貫	かん	
3		しつ	とる
4	蓋		ふた
5	釜	―	
6		しゅ	はれる
7	釣		つる
8	粒	りゅう	
9		ふ	こわい
10	腰		こし

【解答群】
ア. ちょう　　オ. がい　　ケ. 腫
イ. つぶ　　　カ. しゃく　コ. 怖
ウ. よう　　　キ. けん　　サ. 執
エ. つらぬく　ク. かま　　シ. 訃

【⑤-5】　次の表の中に入る漢字または読みとして、最も適切なものを解答群の中から選び、その記号を表
の空欄に記入しなさい。ただし、音訓の読みが複数ある場合はその一つを記してある。また、活用
語の読みは送りがなを含む終止形になっている。

番 号	漢 字	音読み	訓読み
例	桜	おう	さくら
1	煮		にる
2	勧	かん	
3		ちょう	はねる
4	遥		―
5	幻	げん	
6		じゅ	のろう
7	吹		ふく
8	剥	はく	
9		よう	あげる
10	舞		まう

【解答群】
ア. てい　　　オ. はがす　　ケ. 揚
イ. すい　　　カ. すすめる　コ. 呪
ウ. みる　　　キ. ぶ　　　　サ. 需
エ. まぼろし　ク. しゃ　　　シ. 跳

【⑤-6】　次の表の中に入る漢字または読みとして、最も適切なものを解答群の中から選び、その記号を表
の空欄に記入しなさい。ただし、音訓の読みが複数ある場合はその一つを記してある。また、活用
語の読みは送りがなを含む終止形になっている。

番 号	漢 字	音読み	訓読み
例	価	か	あたい
1	誇		ほこる
2	紛	ふん	
3		しゅ	たね
4	嗅		かぐ
5	繕	ぜん	
6		しょく	ふく
7	笛		ふえ
8	裾	―	
9		よう	うたう
10	幅		はば

【解答群】
ア. ふく　　　オ. こ　　　　ケ. 種
イ. すそ　　　カ. ゆう　　　コ. 謡
ウ. てき　　　キ. きゅう　　サ. 拭
エ. つくろう　ク. まぎれる　シ. 踊

【⑥-1】 次の各文の〔　〕の中から、現代仮名遣いとして最も適切な記号を選び、（　　）に書きなさい。

① （　　）　トレーニングの〔ア．こおか　イ．こうか〕が現れた。

② （　　）　〔ア．いずれ　イ．いづれ〕またお会いしましょう。

③ （　　）　震度5の〔ア．じしん　イ．ぢしん〕が発生した。

【⑥-2】 次の各文の〔　〕の中から、現代仮名遣いとして最も適切な記号を選び、（　　）に書きなさい。

① （　　）　書類を〔ア．つずる　イ．つづる〕のは、このひもでお願いします。

② （　　）　〔ア．てづくり　イ．てずくり〕のクッキーはおいしかった。

③ （　　）　合宿も、今日で〔ア．よおか　イ．ようか〕目になる。

【⑥-3】 次の各文の〔　〕の中から、現代仮名遣いとして最も適切な記号を選び、（　　）に書きなさい。

① （　　）　彼女の会社を〔ア．おとづれ　イ．おとずれ〕た。

② （　　）　別れ際に〔ア．では　イ．でわ〕、さようなら、と言った。

③ （　　）　会場が暑いので、顔を〔ア．おおぎ　イ．おうぎ〕であおいだ。

【⑥-4】 次の各文の〔　〕の中から、現代仮名遣いとして最も適切な記号を選び、（　　）に書きなさい。

① （　　）　宴会では〔ア．くうはのむは　イ．くうわのむわ〕で満腹になった。

② （　　）　〔ア．ぢぶん　イ．じぶん〕は、明るい性格だと思います。

③ （　　）　救援物資を〔ア．はこずめ　イ．はこづめ〕にして提供した。

【⑥-5】 次の各文の〔　〕の中から、現代仮名遣いとして最も適切な記号を選び、（　　）に書きなさい。

① （　　）　彼の家は〔ア．こじんまり　イ．こぢんまり〕している。

② （　　）　誕生日のプレゼントをもらって〔ア．うれしいわ　イ．うれしいは〕。

③ （　　）　彼は弟子に秘伝を〔ア．さづけた　イ．さずけた〕。

【⑥-6】 次の各文の〔　〕の中から、現代仮名遣いとして最も適切な記号を選び、（　　）に書きなさい。

① （　　）　この〔ア．ぬのじ　イ．ぬのぢ〕は、とてもきれいな柄だ。

② （　　）　台風の雲が、巨大な〔ア．うづ　イ．うず〕を巻いている様子が見える。

③ （　　）　ここの会員は〔ア．おおむね　イ．おうむね〕男性だ。

【⑥-7】 次の各文の〔　〕の中から、現代仮名遣いとして最も適切な記号を選び、（　　）に書きなさい。

① （　　）　今年は雨が〔ア．おおい　イ．おうい〕。

② （　　）　先生から〔ア．ことづて　イ．ことずて〕を頼まれた。

③ （　　）　〔ア．すは、　イ．すわ、〕一大事。天候急変で、会場は暴風雨になった。

【⑥-8】 次の各文の〔　〕の中から、現代仮名遣いとして最も適切な記号を選び、（　　）に書きなさい。

① （　　）　彼の病気も、〔ア．いずれは　イ．いずれわ〕回復するだろう。

② （　　）　この実施要項に〔ア．もとずいて　イ．もとづいて〕試験が運営される。

③ （　　）　来年は予算を〔ア．けずる　イ．けづる〕ことになりそうだ。

【⑥-9】 次の各文の〔　〕の中から、現代仮名遣いとして最も適切な記号を選び、（　　）に書きなさい。

① （　　）　のぼせて〔ア．はなぢ　イ．はなじ〕が止まらなかった。

② （　　）　会社〔ア．づとめ　イ．ずとめ〕は通勤が大変だ。

③ （　　）　彼の病気は、〔ア．とおげ　イ．とうげ〕を越えた。

【⑥-10】 次の各文の〔　〕の中から、現代仮名遣いとして最も適切な記号を選び、（　　）に書きなさい。

① （　　）　ここにいるどの子猫も〔ア．いとうしい　イ．いとおしい〕。

② （　　）　雨が降る〔ア．は　イ．わ〕風も吹く〔ア．は　イ．わ〕で大変だった。

③ （　　）　彼は料理に〔ア．きょおみ　イ．きょうみ〕がある。

【6-11】　次の各文の〔　　〕の中から、現代仮名遣いとして最も適切な記号を選び、（　　）に書きなさい。

① （　　）　旅は〔ア．みちづれ　イ．みちずれ〕世は情け。

② （　　）　もうすぐ仕事が〔ア．かたづく　イ．かたずく〕。

③ （　　）　この方法は〔ア．おおやけ　イ．おうやけ〕に認められている。

【6-12】　次の各文の〔　　〕の中から、現代仮名遣いとして最も適切な記号を選び、（　　）に書きなさい。

① （　　）　大人としての〔ア．どうり　イ．どおり〕をわきまえることが大切だ。

② （　　）　あなたと一緒にいると、とても〔ア．たのしいは　イ．たのしいわ〕。

③ （　　）　大雨の被害を〔ア．こうむった　イ．こおむった〕。

【6-13】　次の各文の〔　　〕の中から、現代仮名遣いとして最も適切な記号を選び、（　　）に書きなさい。

① （　　）　彼女は、〔ア．では　イ．でわ〕お大事にと、挨拶をして出て行った。

② （　　）　〔ア．おおふく　イ．おうふく〕運賃を調べてください。

③ （　　）　弟の身長が、〔ア．ずいぶん　イ．づいぶん〕伸びている。

【6-14】　次の各文の〔　　〕の中から、現代仮名遣いとして最も適切な記号を選び、（　　）に書きなさい。

① （　　）　4月〔ア．とはいえ　イ．とわいえ〕朝はまだ寒い。

② （　　）　〔ア．うは！　大変だ。　イ．うわ！　大変だ。〕消防署に連絡してください。

③ （　　）　この〔ア．おうもり　イ．おおもり〕のラーメンは、量が多すぎで食べきれない。

【6-15】　次の各文の〔　　〕の中から、現代仮名遣いとして最も適切な記号を選び、（　　）に書きなさい。

① （　　）　今日は一日中〔ア．働きづめ　イ．働きずめ〕だった。

② （　　）　洗濯をしたらシャツが〔ア．ちじみ　イ．ちぢみ〕ました。

③ （　　）　彼女はろうそくの〔ア．ほのお　イ．ほのう〕を吹き消した。

【6-16】　次の各文の〔　　〕の中から、現代仮名遣いとして最も適切な記号を選び、（　　）に書きなさい。

① （　　）　台風が、〔ア．こうづい　イ．こうずい〕をもたらした。

② （　　）　今朝は、〔ア．こおる　イ．こうる〕ような寒さだった。

③ （　　）　雨上がりに、木の葉から〔ア．しづく　イ．しずく〕が垂れていた。

【6-17】　次の各文の〔　　〕の中から、現代仮名遣いとして最も適切な記号を選び、（　　）に書きなさい。

① （　　）　豆腐の原料は、〔ア．だいず　イ．だいづ〕だ。

② （　　）　今後は、支払いが〔ア．とどこうる　イ．とどこおる〕ことがないようにします。

③ （　　）　故郷から〔ア．こづつみ　イ．こずつみ〕が届いた。

【6-18】　次の各文の〔　　〕の中から、現代仮名遣いとして最も適切な記号を選び、（　　）に書きなさい。

① （　　）　鍵をなくしたので、戸を〔ア．こぢあけた　イ．こじあけた〕。

② （　　）　山を歩いていると〔ア．こんにちは　イ．こんにちわ〕と声をかけられた。

③ （　　）　新しい計画の〔ア．おおよそ　イ．おうよそ〕を説明した。

【6-19】　次の各文の〔　　〕の中から、現代仮名遣いとして最も適切な記号を選び、（　　）に書きなさい。

① （　　）　〔ア．さしずめ　イ．さしづめ〕生活には困らない。

② （　　）　この件は〔ア．ゆづる　イ．ゆずる〕ことができません。

③ （　　）　キャンプに〔ア．もうふ　イ．もおふ〕を持参した。

【6-20】　次の各文の〔　　〕の中から、現代仮名遣いとして最も適切な記号を選び、（　　）に書きなさい。

① （　　）　待合室で〔ア．みぢか　イ．みじか〕にある本を読んだ。

② （　　）　あの人の底〔ア．ぢから　イ．じから〕には驚いた。

③ （　　）　私はこの一年で〔ア．いちぢるしく　イ．いちじるしく〕身長が伸びた。

【6-21】　次の各文の〔　　〕の中から、現代仮名遣いとして最も適切な記号を選び、（　　）に書きなさい。

① （　　）　この料理は、とても〔ア．あじ　イ．あぢ〕が良い。

② （　　）　工事現場の〔ア．づじょう　イ．ずじょう〕には注意しよう。

③ （　　）　彼の送別会を〔ア．もよおした　イ．もようした〕。

【⑦-1】　次の各文の下線部の読みを、常用漢字表付表に従い、ひらがなで（　　）に書きなさい。
　①（　　　　　　　　　）　この温泉には、硫黄が含まれる。
　②（　　　　　　　　　）　田植式が、多くの早乙女たちの手で行われる。
　③（　　　　　　　　　）　あの方が、姉の仲人だ。

【⑦-2】　次の各文の下線部の読みを、常用漢字表付表に従い、ひらがなで（　　）に書きなさい。
　①（　　　　　　　　　）　師走は何かと忙しい。
　②（　　　　　　　　　）　白熱した試合を、観客は固唾をのんで見守っている。
　③（　　　　　　　　　）　クルーザーで沖に出て、海原を見渡した。

【⑦-3】　次の各文の下線部の読みを、常用漢字表付表に従い、ひらがなで（　　）に書きなさい。
　①（　　　　　　　　　）　あの人は、周りの人から一言居士だと言われている。
　②（　　　　　　　　　）　参道に入ると、読経の声が聞こえてきた。
　③（　　　　　　　　　）　この公園で、若人の祭典が行われる。

【⑦-4】　次の各文の下線部の読みを、常用漢字表付表に従い、ひらがなで（　　）に書きなさい。
　①（　　　　　　　　　）　父親は、息子の成長を楽しみにしている。
　②（　　　　　　　　　）　友人の紹介で、三味線を習うことになった。
　③（　　　　　　　　　）　梅雨の時期は、洗濯物が乾かなくて大変だ。

【⑦-5】　次の各文の下線部の読みを、常用漢字表付表に従い、ひらがなで（　　）に書きなさい。
　①（　　　　　　　　　）　いくら探しても、ボールの行方は分からなかった。
　②（　　　　　　　　　）　彼女は、小豆を煮てお汁粉を作った。
　③（　　　　　　　　　）　友達と河原で、花火をして遊んだ。

【⑦-6】　次の各文の下線部の読みを、常用漢字表付表に従い、ひらがなで（　　）に書きなさい。
　①（　　　　　　　　　）　姉が言うには、乙女心は傷つきやすいそうだ。
　②（　　　　　　　　　）　この先は、ずっと砂利道だ。
　③（　　　　　　　　　）　ここは昔、メリケン波止場と言われていた。

【⑦-7】　次の各文の下線部の読みを、常用漢字表付表に従い、ひらがなで（　　）に書きなさい。
　①（　　　　　　　　　）　この時期は、神社の紅葉がとてもきれいだ。
　②（　　　　　　　　　）　一度負けたくらいで簡単にあきらめるなんて、意気地がない。
　③（　　　　　　　　　）　草履で歩いたら、足が痛くなった。

【⑦-8】　次の各文の下線部の読みを、常用漢字表付表に従い、ひらがなで（　　）に書きなさい。
　①（　　　　　　　　　）　この書類には、必ず氏名欄に仮名をふってください。
　②（　　　　　　　　　）　イベント会場では、迷子が多いので注意してください。
　③（　　　　　　　　　）　ここからの景色は、素晴らしい。

【⑦-9】　次の各文の下線部の読みを、常用漢字表付表に従い、ひらがなで（　　）に書きなさい。
　①（　　　　　　　　　）　父は小さい頃、蚊帳の中で寝るのが楽しみだった。
　②（　　　　　　　　　）　稚児を背負った親子連れが、歩いていた。
　③（　　　　　　　　　）　私は、木綿の下着が好きだ。

【⑦-10】　次の各文の下線部の読みを、常用漢字表付表に従い、ひらがなで（　　）に書きなさい。
　①（　　　　　　　　　）　彼は真面目で、みんなに信頼されている。
　②（　　　　　　　　　）　吹雪で家から出られませんでした。
　③（　　　　　　　　　）　ここの朝市では、海女の人たちが漁穫したウニとアワビが並んでいる。

【⑦-11】 次の各文の下線部の読みを、常用漢字表付表に従い、ひらがなで（　　）に書きなさい。
① （　　　　　　　　　）　お巡りさんが、親切に教えてくれた。
② （　　　　　　　　　）　近所にある八百屋は、値段が安く、野菜も新鮮だ。
③ （　　　　　　　　　）　明日は体育祭があるので、晴れてほしい。

【⑦-12】 次の各文の下線部の読みを、常用漢字表付表に従い、ひらがなで（　　）に書きなさい。
① （　　　　　　　　　）　果物ではリンゴが一番好きです。
② （　　　　　　　　　）　今日はいい日和です。
③ （　　　　　　　　　）　最近、祭で浴衣の人を多く見かける。

【⑦-13】 次の各文の下線部の読みを、常用漢字表付表に従い、ひらがなで（　　）に書きなさい。
① （　　　　　　　　　）　狭い部屋で複数の人間が寝ることを雑魚寝という。
② （　　　　　　　　　）　熱戦の名残をとどめるスタジアム。
③ （　　　　　　　　　）　数時間で時雨が通り過ぎた。

【⑦-14】 次の各文の下線部の読みを、常用漢字表付表に従い、ひらがなで（　　）に書きなさい。
① （　　　　　　　　　）　ねぶた祭を桟敷席で見学しました。
② （　　　　　　　　　）　彼女の歌は玄人はだしです。
③ （　　　　　　　　　）　海外に旅行するので、為替レートを調べている。

【⑦-15】 次の各文の下線部の読みを、常用漢字表付表に従い、ひらがなで（　　）に書きなさい。
① （　　　　　　　　　）　みんなで山車を引きましょう。
② （　　　　　　　　　）　弥生とは、陰暦３月の別の名である。
③ （　　　　　　　　　）　道を歩いていると突然、尻尾の長い犬に吠えられた。

【⑦-16】 次の各文の下線部の読みを、常用漢字表付表に従い、ひらがなで（　　）に書きなさい。
① （　　　　　　　　　）　私は下手ですが唄が好きです。
② （　　　　　　　　　）　母の白髪が増えました。
③ （　　　　　　　　　）　久しぶりに帰省するので、お土産をたくさん買った。

【⑦-17】 次の各文の下線部の読みを、常用漢字表付表に従い、ひらがなで（　　）に書きなさい。
① （　　　　　　　　　）　梅雨の晴れ間を、五月晴れという。
② （　　　　　　　　　）　あの山で雪崩が起きた。
③ （　　　　　　　　　）　私はまったくの素人だ。

【⑦-18】 次の各文の下線部の読みを、常用漢字表付表に従い、ひらがなで（　　）に書きなさい。
① （　　　　　　　　　）　最近、足袋を履く機会が減りました。
② （　　　　　　　　　）　そろそろ田舎に帰ろうかと思っています。
③ （　　　　　　　　　）　北海道の自然は、大地の息吹を感じる。

【⑦-19】 次の各文の下線部の読みを、常用漢字表付表に従い、ひらがなで（　　）に書きなさい。
① （　　　　　　　　　）　私の祖父は、野良仕事をしている。
② （　　　　　　　　　）　剣道をするには、竹刀と防具が必要だ。
③ （　　　　　　　　　）　彼は柔道部の猛者だ。

【⑦-20】 次の各文の下線部の読みを、常用漢字表付表に従い、ひらがなで（　　）に書きなさい。
① （　　　　　　　　　）　現在では、伝統的な技法を継承する鍛冶は非常に少ない。
② （　　　　　　　　　）　ハイキングでは、自然の風が心地よい。
③ （　　　　　　　　　）　老舗は昔から伝統的に事業を展開するため、信用性が高いとされる。

【⑦-21】 次の各文の下線部の読みを、常用漢字表付表に従い、ひらがなで（　　）に書きなさい。
① （　　　　　　　　　）　彼とまともに太刀打ちしてはかなわない。
② （　　　　　　　　　）　庭園などに、石や土を盛ってつくった小山のことを築山という。
③ （　　　　　　　　　）　見物人が十重二十重に取り囲んだ。

筆記編⑧対策問題

【⑧－1】 次の＜Ａ＞・＜Ｂ＞の各問いに答えなさい。

＜Ａ＞次の各文の〔　　〕の中から、ことわざ・慣用句の一部として最も適切なものを選び、
　　その記号を（　　）の中に記入しなさい。

① （　　）　こんなことをしたのは言わず〔ア．と　イ．に〕知れた彼の仕業だ。

② （　　）　大切なものだが、背に腹〔ア．を　イ．は〕かえられないので売ることにした。

＜Ｂ＞次の各文のことわざ・慣用句について、下線部の読みとして最も適切なものを〔　　〕の中から
　　選び、その記号を（　　）の中に記入しなさい。

③ （　　）　彼は、友人とのトラブルに頭を抱えた。　　　　　　　〔ア．かしら　イ．あたま　ウ．ず〕

④ （　　）　先輩として、君に苦言を呈しておきたい。　　　　　　〔ア．げん　イ．ごん〕

【⑧－2】 次の＜Ａ＞・＜Ｂ＞の各問いに答えなさい。

＜Ａ＞次の各文の〔　　〕の中から、ことわざ・慣用句の一部として最も適切なものを選び、
　　その記号を（　　）の中に記入しなさい。

① （　　）　大変申し訳ないが、雀〔ア．の　イ．に〕涙ほどの謝礼しか出せません。

② （　　）　両チームが肩〔ア．に　イ．を〕並べて優勝を争った。

＜Ｂ＞次の各文のことわざ・慣用句について、下線部の読みとして最も適切なものを〔　　〕の中から
　　選び、その記号を（　　）の中に記入しなさい。

③ （　　）　前の試合の二の舞を演じるようなことは、しない。　　〔ア．ぶ　イ．まい〕

④ （　　）　彼女は、進学するか就職するかの岐路に立たされた。　〔ア．じ　イ．ろ〕

【⑧－3】 次の＜Ａ＞・＜Ｂ＞の各問いに答えなさい。

＜Ａ＞次の各文の〔　　〕の中から、ことわざ・慣用句の一部として最も適切なものを選び、
　　その記号を（　　）の中に記入しなさい。

① （　　）　会議の前に、この書類に目〔ア．で　イ．を〕通しておいてください。

② （　　）　私は機転〔ア．を　イ．が〕利かないので、失敗ばかりしている。

＜Ｂ＞次の各文のことわざ・慣用句について、下線部の読みとして最も適切なものを〔　　〕の中から
　　選び、その記号を（　　）の中に記入しなさい。

③ （　　）　町会長が自腹を切って、子どもにお菓子を配った。　　〔ア．ばら　イ．ふく　ウ．はら〕

④ （　　）　各政党の足並みが揃わず、議会は後日まで延期された。　〔ア．なみ　イ．ならみ〕

【⑧－4】 次の＜Ａ＞・＜Ｂ＞の各問いに答えなさい。

＜Ａ＞次の各文の〔　　〕の中から、ことわざ・慣用句の一部として最も適切なものを選び、
　　その記号を（　　）の中に記入しなさい。

① （　　）　困っている友人に肩〔ア．を　イ．で〕貸す。

② （　　）　石油の高騰が尾〔ア．を　イ．に〕引いて、景気がなかなか回復しない。

＜Ｂ＞次の各文のことわざ・慣用句について、下線部の読みとして最も適切なものを〔　　〕の中から
　　選び、その記号を（　　）の中に記入しなさい。

③ （　　）　約束の時間より早く来てしまい、間が持てなかった。　〔ア．かん　イ．けん　ウ．ま〕

④ （　　）　うわさなんか、歯牙にも掛けない。　　　　　　　　　〔ア．げ　イ．が〕

【⑧－5】 次の＜Ａ＞・＜Ｂ＞の各問いに答えなさい。

＜Ａ＞次の各文の〔　　〕の中から、ことわざ・慣用句の一部として最も適切なものを選び、
　　その記号を（　　）の中に記入しなさい。

① （　　）　試験の日まであと数日なので、いよいよ尻に火〔ア．は　イ．が〕付いた。

② （　　）　これは良いものだと、店の主人が太鼓判〔ア．で　イ．を〕押していた。

＜Ｂ＞次の各文のことわざ・慣用句について、下線部の読みとして最も適切なものを〔　　〕の中から
　　選び、その記号を（　　）の中に記入しなさい。

③ （　　）　兄は私の世話を焼きたがる。　　　　　　　　　　　　〔ア．せわ　イ．よわ〕

④ （　　）　部外者の私が口を出しては角が立つから黙っていた。　〔ア．すみ　イ．かど〕

【8－6】 次の＜Ａ＞・＜Ｂ＞の各問いに答えなさい。

　＜Ａ＞次の各文の〔　　〕の中から、ことわざ・慣用句の一部として最も適切なものを選び、
　　　その記号を（　　）の中に記入しなさい。

① （　　）　静かな午後の日は事〔ア．も　イ．に〕なくゆるやかに時が移ってゆく。

② （　　）　彼は何を思ったのか、はたと膝〔ア．に　イ．を〕打って立ち上がった。

　＜Ｂ＞次の各文のことわざ・慣用句について、下線部の読みとして最も適切なものを〔　　〕の中から
　　　選び、その記号を（　　）の中に記入しなさい。

③ （　　）　横暴な発言を、腸が煮えくり返る思いで我慢した。　　　　〔ア．はらわた　イ．ちょう〕

④ （　　）　世話になったので、彼女には頭が上がらない。　　　　　　〔ア．ず　イ．あたま〕

【8－7】 次の＜Ａ＞・＜Ｂ＞の各問いに答えなさい。

　＜Ａ＞次の各文の〔　　〕の中から、ことわざ・慣用句の一部として最も適切なものを選び、
　　　その記号を（　　）の中に記入しなさい。

① （　　）　この職場に腰〔ア．が　イ．を〕据えて、もう三十年になる。

② （　　）　ここから先は、言わぬ〔ア．が　イ．も〕花だ。

　＜Ｂ＞次の各文のことわざ・慣用句について、下線部の読みとして最も適切なものを〔　　〕の中から
　　　選び、その記号を（　　）の中に記入しなさい。

③ （　　）　悪気はなかったようだから、今回は大目に見よう。　　　　〔ア．おおめ　イ．だいもく〕

④ （　　）　彼女は国立大学の職を辞して、野に下った。　　　　　　　〔ア．や　イ．の〕

【8－8】 次の＜Ａ＞・＜Ｂ＞の各問いに答えなさい。

　＜Ａ＞次の各文の〔　　〕の中から、ことわざ・慣用句の一部として最も適切なものを選び、
　　　その記号を（　　）の中に記入しなさい。

① （　　）　彼女のように押し〔ア．に　イ．が〕強い人にはかなわない。

② （　　）　受賞したことを告げられ、一瞬自分の耳〔ア．を　イ．に〕疑った。

　＜Ｂ＞次の各文のことわざ・慣用句について、下線部の読みとして最も適切なものを〔　　〕の中から
　　　選び、その記号を（　　）の中に記入しなさい。

③ （　　）　落語家は、立て板に水のように話した。　　　　〔ア．ばん　イ．いた　ウ．はん〕

④ （　　）　親の言葉を肝に銘じて、一生懸命働いた。　　　　〔ア．かん　イ．きも〕

【8－9】 次の＜Ａ＞・＜Ｂ＞の各問いに答えなさい。

　＜Ａ＞次の各文の〔　　〕の中から、ことわざ・慣用句の一部として最も適切なものを選び、
　　　その記号を（　　）の中に記入しなさい。

① （　　）　課長の意〔ア．に　イ．の〕かなった企画を出したので、認められた。

② （　　）　あの店なら顔〔ア．を　イ．が〕利くから、安く買える。

　＜Ｂ＞次の各文のことわざ・慣用句について、下線部の読みとして最も適切なものを〔　　〕の中から
　　　選び、その記号を（　　）の中に記入しなさい。

③ （　　）　馬子にも衣装とはよく言ったものだ。　　　　〔ア．うまし　イ．まご　ウ．ばし〕

④ （　　）　この組み合わせだと、私たちのチームには分がいい。　　　　〔ア．ふん　イ．ふ　ウ．ぶ〕

【8－10】 次の＜Ａ＞・＜Ｂ＞の各問いに答えなさい。

　＜Ａ＞次の各文の〔　　〕の中から、ことわざ・慣用句の一部として最も適切なものを選び、
　　　その記号を（　　）の中に記入しなさい。

① （　　）　この資料を短時間で作った彼女は、隅〔ア．に　イ．が〕置けない。

② （　　）　一時は影〔ア．を　イ．の〕潜めていた病気が、猛威を振るいだした。

　＜Ｂ＞次の各文のことわざ・慣用句について、下線部の読みとして最も適切なものを〔　　〕の中から
　　　選び、その記号を（　　）の中に記入しなさい。

③ （　　）　彼は営業から総務に移動し、所を得た感じだ。　　　　〔ア．しょ　イ．ところ〕

④ （　　）　前回もよかったが、今回はさらに輪をかけて素晴らしい。　　　　〔ア．わ　イ．りん〕

解答はすべて別冊の解答用紙に記入しなさい

3級　筆記（制限時間15分）（①〜⑧計50問　各2点　合計100点）

① 次の各文は何について説明したものか、最も適切な用語を解答群の中から選び、記号で答えなさい。

① 画面上のどの位置からでも開くことができるメニューのこと。

② 行頭や行末にあってはならない句読点や記号などを行末や行頭に強制的に移動する処理のこと。

③ 不要になったファイルやフォルダを一時的に保管する場所のこと。

④ 用紙サイズ・用紙の方向・1行の文字数・1ページの行数など、作成する文書の体裁（スタイル）を定める作業のこと。

⑤ 0から9までのキーを電卓のように配列したキー群のこと。

⑥ 液体のインクを用紙に吹き付けて印刷するタイプのプリンタのこと。

⑦ 文書データに新しいファイル名や拡張子を付けて保存すること。

⑧ 文字入力の位置と状態を示すアイコンのこと。

【解答群】

ア．インクジェットプリンタ　　イ．書式設定　　ウ．テンキー

エ．カーソル　　オ．名前を付けて保存　　カ．禁則処理

キ．ポップアップメニュー　　ク．ごみ箱

② 次の各文の下線部について、正しい場合は○を、誤っている場合は最も適切なものを解答群の中から選び、記号で答えなさい。

① ハードディスク、USBメモリ、CD／DVDなどに、データを読み書きする装置のことを<u>ドライブ</u>という。

② 作成した文書データをファイルとして記憶することを、<u>フォルダ</u>という。

③ 範囲指定した文字列を任意の長さの中に均等な間隔で配置する機能のことを、<u>センタリング（中央揃え）</u>という。

④ 写真などのフルカラー印刷に適した、インクジェットプリンタ専用の印刷用紙のことを<u>用紙サイズ</u>という。

⑤ <u>プリンタドライバ</u>とは、出力装置の一つで、文字や図形などを印刷する装置のことである。

⑥ 画面に表示される格子状の点や線のことを、<u>ウィンドウ</u>という。

⑦ <u>ドラッグ</u>とは、マウスの左ボタンを素早く2度続けてクリックする動作のことである。

⑧ 定型文書を効率よく作成するために用意された文書のひな形のことを、<u>テンプレート</u>という。

【解答群】

ア．アイコン　　イ．フォト用紙　　ウ．ダブルクリック

エ．保存　　オ．グリッド（グリッド線）　　カ．ファイルサーバ

キ．プリンタ　　ク．均等割付け

3 次の各文の〔　　〕の中から最も適切なものを選び、記号で答えなさい。

① その手紙を名宛人自身が開封するよう求めるための指示を、〔ア．簡易書留　イ．親展
　ウ．速達〕という。

② 本文の中で、時候や感謝の挨拶を述べる部分を〔ア．主文　イ．前文〕という。

③ 記号　：　の名称は、〔ア．セミコロン　イ．中点　ウ．コロン〕である。

④ 同時に打鍵することにより、特定の操作を素早く実行する複数のキーの組み合わせのことを、
　〔ア．ショートカットキー　イ．ファンクションキー〕という。

⑤ ハードディスクで読み書きしている状況を示すアクセスランプは、
　〔ア．▭　イ．⊟　ウ．↻〕である。

⑥ 〔ア．Esc　イ．Ctrl　ウ．Alt〕は、キャンセルの機能を実行するキーのことである。

⑦ 記号〔ア．々　イ．〃　ウ．ー〕の名称は、長音記号である。

⑧ 〔ア．F8　イ．F1　ウ．Tab〕は、「ヘルプの表示」を実行するキーのことである。

4 次の文書についての各問いの答えとして、最も適切なものをそれぞれのア～ウの中から選び、記号
で答えなさい。

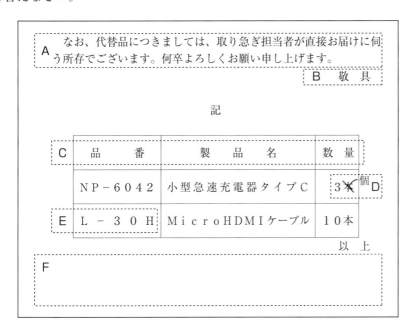

① Aはビジネス文書の構成のどれか。
　　ア．末文　　　　　　　　　イ．主文　　　　　　　　　ウ．前文

② Bの結語に対応する頭語として、適切なものはどれか。
　　ア．草々　　　　　　　　　イ．前略　　　　　　　　　ウ．謹啓

③ Cに設定されている編集機能はどれか。
　　ア．右寄せ（右揃え）　　　イ．センタリング　　　　　ウ．左寄せ（左揃え）

④ Dの校正記号を何というか。
　　ア．脱字補充　　　　　　　イ．書体変更　　　　　　　ウ．誤字訂正

⑤ Eに設定されている編集機能はどれか。
　　ア．均等割付け　　　　　　イ．禁則処理　　　　　　　ウ．文字修飾

⑥ Fの部分を何というか。
　　ア．スクリーン　　　　　　イ．余白（マージン）　　　ウ．ウィンドウ

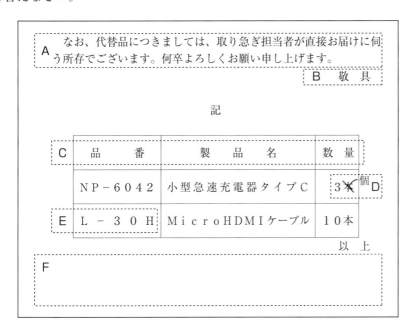

8

筆記総合問題

5　次の表の①〜⑩の中に入る漢字または読みとして、最も適切なものを解答群の中から選び、記号で答えなさい。ただし、音訓の読みが複数ある場合はその一つを記してある。また、活用語の読みは送り仮名を含む終止形になっている。

番 号	漢 字	音読み	訓読み
例	皆	かい	みな
1	戻	①	もどす
2	窮	きゅう	②
3	③	ちょ	お
4	隙	④	すき
5	慌	こう	⑤
6	⑥	び	まゆ
7	筒	⑦	つつ
8	卸	一	⑧
9	⑨	そう	はく
10	慕	⑩	したう

【解答群】
ア．げき　　　オ．とう　　　ケ．眉
イ．きわめる　カ．しょう　　コ．緒
ウ．れい　　　キ．ぼ　　　　サ．掃
エ．おろす　　ク．あわてる　シ．庶

6　次の各文の〔　　〕の中から、現代仮名遣いとして最も適切なものを選び、記号で答えなさい。

①　夜の海で〔ア．とうだい　イ．とおだい〕の光が遠くに見えた。

②　彼は優秀だが、〔ア．おしむらくわ　イ．おしむらくは〕好不調の波が大きい。

③　人前に出るのが〔ア．はづかしい　イ．はずかしい〕。

7　次の各文の下線部の読みを、常用漢字表付表に従い、ひらがなで答えなさい。

①　気持ちが浮ついて、授業に集中できない。

②　旅先の水田では、早苗を盛んに植えていた。

③　私の弟の将来の夢は、博士になることだ。

8　次の＜Ａ＞・＜Ｂ＞の各問いに答えなさい。

＜Ａ＞次の各文の〔　　〕の中から、ことわざ・慣用句の一部として最も適切なものを選び、記号で答えなさい。

①　彼女は成績がいいのを鼻〔ア．に　イ．で〕掛ける。

②　私は後ろ髪〔ア．が　イ．を〕引かれる思いでその場を立ち去った。

＜Ｂ＞次の各文のことわざ・慣用句について、下線部の読みとして最も適切なものを〔　　〕の中から選び、記号で答えなさい。

③　災害時には、否が応でも安全な場所へ避難すべきだ。　　　　〔ア．ひ　イ．いや〕

④　彼の埒もない話に、笑いころげた。　　　　　　　　　　　〔ア．らち　イ．れつ〕

3級　筆記（制限時間15分）（①～⑧計50問　各2点　合計100点）

① 次の各文は何について説明したものか、最も適切な用語を解答群の中から選び、記号で答えなさい。

① 画面上で、日本語入力の状態を表示する枠のこと。

② プリンタを制御するためのソフトウェア（デバイスドライバ）のこと。

③ 出力装置の一つで、文字や図形などを表示する装置のこと。

④ ファイルやプログラムなどのデータを保存しておく場所のこと。

⑤ マウスの左ボタンを押す動作のこと。

⑥ ディスプレイ上で、アプリケーションのウィンドウやアイコンを表示する領域のこと。

⑦ 文字やオブジェクトを切り取り、別の場所に挿入する編集作業のこと。

⑧ 横幅が全角文字の2倍である文字のこと。

【解答群】

ア．デスクトップ　　　イ．横倍角文字　　　ウ．ディスプレイ

エ．フォルダ　　　　　オ．プリンタドライバ　カ．クリック

キ．言語バー　　　　　ク．カット＆ペースト

② 次の各文の下線部について、正しい場合は○を、誤っている場合は最も適切なものを解答群の中から選び、記号で答えなさい。

① 用紙サイズ・用紙の方向・1行の文字数・1ページの行数など、作成する文書の体裁（スタイル）を定める作業のことを、**ワープロ**という。

② 半導体で構成された外付け用の補助記憶装置のことで、装置が小さく大容量で、読み書きも速く、取り外しが容易であるものを、**ハードディスク**という。

③ 文字入力の位置と状態を示すアイコンのことを、**マウスポインタ**という。

④ **等幅フォント**とは、文字の書体を変えたり、模様を付けたりして、文章の一部を強調する機能のことで、下線、太字（ボールド）、斜体（イタリック）、中抜き、影付きなどがある。

⑤ 作業に必要な解説文を検索・表示する機能のことを、**ヘルプ機能**という。

⑥ 印刷前に仕上がり状態をディスプレイ上に表示する機能のことを、**互換性**という。

⑦ **辞書**とは、日本語入力システムで、変換処理に必要な読み仮名に対応した漢字などのデータを収めたファイルのことである。

⑧ ⏻ は、電源スイッチに表示するマークである。

【解答群】

ア．⏻　　　　　　　　イ．無線LAN　　　　ウ．書式設定

エ．学習機能　　　　　オ．印刷プレビュー　　カ．文字修飾

キ．カーソル　　　　　ク．USBメモリ

3 次の各文の〔　　〕の中から最も適切なものを選び、記号で答えなさい。

① 締め切りや封緘（ふうかん）の印に使用する記号は、〔ア．々　イ．〆　ウ．〃〕である。

② ビジネスでの業務に直接関係のない、折々の挨拶や祝意などを伝える文書のことを〔ア．取引文書　イ．社交文書〕という。

③ 〔ア．簡易書留　イ．書留〕とは、引受けと配達時点での記録をし、配達先に手渡しをして確実な送達を図る郵便物のことである。

④ 本文の最初に置かれる段落で、頭語、時候の挨拶などからなるものを〔ア．末文　イ．主文　ウ．前文〕という。

⑤ 記号　〃　の名称は、〔ア．繰返し記号　イ．長音記号　ウ．同じく記号〕である。

⑥ 〔ア．Shift + Tab　イ．Esc　ウ．CapsLock〕とは、指定された位置に、カーソルを逆戻りするキーのことである。

⑦ 記号　.　の名称は、〔ア．セミコロン　イ．読点　ウ．ピリオド〕である。

⑧ 「全角カタカナへの変換」をするキーは、〔ア．F10　イ．F7　ウ．F6〕である。

4 次の各問いの答えとして、最も適切なものをそれぞれのア〜ウの中から選び、記号で答えなさい。

① 「営発第１６５号」などの文書番号を入力するときに必要となる操作はどれか。

　　　ア．右寄せ（右揃え）　　　イ．センタリング　　　ウ．均等割付け

② 返信用の宛先として発信者が自分の氏名に付けることはない敬称はどれか。

　　　ア．様　　　　　　　　　イ．宛　　　　　　　　ウ．行

③ 「会員」など複数の個人を意味する名称に付ける敬称はどれか。

　　　ア．様　　　　　　　　　イ．御中　　　　　　　ウ．各位

④ 表示した画面のデータをクリップボードに保存するキーはどれか。

　　　ア．Alt　　　　　　　　イ．PrtSc　　　　　　ウ．Ctrl

⑤ ビジネス文書の構成において、別記事項が属するのはどれか。

　　　ア．前付け　　　　　　　イ．本文　　　　　　　ウ．後付け

⑥ 下の点線内の正しい校正結果はどれか。

　　　ア．部門ビジネス文書１級　イ．ビジネス文書１級部門　ウ．ビジネス文書部門１級

5 次の表の①～⑩の中に入る漢字または読みとして、最も適切なものを解答群の中から選び、記号で答えなさい。ただし、音訓の読みが複数ある場合はその一つを記してある。また、活用語の読みは送り仮名を含む終止形になっている。

番　号	漢　字	音読み	訓読み
例	刻	こく	きざむ
1	床	①	ゆか
2	瞬	しゅん	②
3	③	こん	うらむ
4	籠	④	かご
5	坪	―	⑤
6	⑥	けん	こぶし
7	拒	⑦	こばむ
8	捉	そく	⑧
9	⑨	とう	すべる
10	崩	⑩	くずす

【解答群】
ア．しょう　　オ．つぼ　　　ケ．統
イ．きょ　　　カ．またたく　コ．恨
ウ．おぎなう　キ．ほう　　　サ．懇
エ．とらえる　ク．ろう　　　シ．拳

6 次の各文の〔　　〕の中から、現代仮名遣いとして最も適切なものを選び、記号で答えなさい。
①　少年は〔ア．さよおなら　イ．さようなら〕と頭を下げた。
②　〔ア．では　イ．でわ〕、また来週。
③　今日は、たくさんの書類を〔ア．つづる　イ．つずる〕作業をした。

7 次の各文の下線部の読みを、常用漢字表付表に従い、ひらがなで答えなさい。
①　姉は**乳母**車を押して、買い物に出かけた。
②　神社から**神楽**の音が聞こえてきた。
③　西の空が**真っ赤**に染まった。

8 次の＜Ａ＞・＜Ｂ＞の各問いに答えなさい。
＜Ａ＞次の各文の〔　　〕の中から、ことわざ・慣用句の一部として最も適切なものを選び、記号で答えなさい。
①　うれしくて仕事が手〔ア．は　イ．に〕付かない。
②　彼は人の揚げ足〔ア．を　イ．で〕取る。
＜Ｂ＞次の各文のことわざ・慣用句について、下線部の読みとして最も適切なものを〔　　〕の中から選び、記号で答えなさい。
③　幸せのためには**骨身**を惜しまず努力することが大切だ。　〔ア．ほねみ　イ．こっしん〕
④　突然の大きな音に**肝**を冷やした。　　　　　　　　　　　〔ア．きも　イ．かん〕

■ 3級　1回　速度（制限時間10分）

　　次の文章を１行30字で入力しなさい。なお、ヘッダーに左寄せでクラス、出席番号、名前を入力すること。

本体の上に乗って使用する扇風機が、市場で話題となっている。	30
体重計と同じ形状をしており、片足を乗せただけでスイッチが入る	60
仕組みである。足下から吹き上がる心地よい風は、ほんの数十秒で	90
体を冷やしてくれるという。	104
入浴施設の多くは、脱衣所に大きな扇風機があり、湯上がりに涼	134
むスペースがある。だが、一般家庭の脱衣所は狭いため、扇風機を	164
置けるスペースはない。そこで、開発されたのが、体重計のような	194
扇風機である。	202
その心地よさが温泉マニアの口コミで広がり、個人ユーザーだけ	232
でなく入浴施設からの注文が殺到した。そのため、初回の生産台数	262
５０００台は、すぐに完売した。メーカーは追加注文の対応に追わ	292
れながらも、嬉しい悲鳴をあげている。	310

　1行を30字、1ページを29行に設定し、ヘッダーに左寄せでクラス、出席番号、名前を入力し、次の文書を問題の指示や校正記号に従い作成しなさい。

営発第１７４号

令和６年５月２０日

鹿児島産業株式会社

　販売部長　土田　秋彦 ~~K~~ 様　トルアキ

大分市大手門町３－１

株式会社　シー・エッグ

営業部長　岡崎　晴美

在庫数量の照会について　←──　一重下線を引き、センタリングする。

拝啓　貴社ますますご隆盛のこととお喜び申し上げます。　企

　さて、今年も弊社では、８月恒例のサマーキャンペーンを画しております。近年は、暑い夏が続いたことから、暑さ対策に関する商品を販売する予定です。

　つきましては、下記の商品について、現在の在庫数をご回答いただきたいと存じます。誠に勝手ではございますが、６月７日までに書面にてお知らせいただければ幸いです。

敬　具

記　←──　センタリングする。

表の行間は2.0とし、センタリングする。

商品番号	商　品　　名	標準価格
ＭＨＳ－６９	モバイルハンディ扇風機	１，２００円
ＣＰ－８	貼るだけ簡単冷えピタクール	７５０円

以　上

枠内で均等割付けする。

枠内で右寄せする。

右寄せし、行末に１文字分スペースを入れる。

■ 3級　1回　筆記

解答はすべて別冊の解答用紙に記入しなさい

1　次の各用語に対して、最も適切な説明文を解答群の中から選び、記号で答えなさい。

① レーザプリンタ　　② ワープロ（ワードプロセッサ）　　③ プルダウンメニュー

④ 余白（マージン）　　⑤ コピー&ペースト　　⑥ 用紙サイズ

⑦ 上書き保存　　⑧ マウスポインタ（マウスカーソル）

【解答群】

ア．マウスを操作することにより、画面上での選択や実行などの入力位置を示すアイコンのこと。

イ．文字やオブジェクトを複製し、別の場所に挿入する編集作業のこと。

ウ．文書の作成、編集、保存、印刷のためのアプリケーションソフトのこと。

エ．読み込んだ文書データを同じファイル名と拡張子で保存すること。

オ．ウィンドウや画面の上段に表示されている項目をクリックして、より詳細なコマンドがすだれ式に表示されるメニューのこと。

カ．プリンタで利用する用紙の大きさのこと。

キ．レーザ光線を用いて、トナーを用紙に定着させて印刷するプリンタのこと。

ク．文書の上下左右に設けた何も印刷しない部分のこと。

2　次の各文の下線部について、正しい場合は○を、誤っている場合は最も適切なものを解答群の中から選び、記号で答えなさい。

① プロポーショナルフォントとは、文字ピッチを均等にするフォントのことである。

② 行頭や行末にあってはならない句読点や記号などを行末や行頭に強制的に移動する処理のことを、均等割付けという。

③ パソコンやビデオなどからの映像をスクリーンに投影する装置のことを、ディスプレイという。

④ 記憶媒体をデータの読み書きができる状態にすることを、フォーマット（初期化）という。

⑤ 横幅が全角文字の半分である文字のことを、横倍角文字という。

⑥ 📶は、無線LANを示すマークである。

⑦ インク溶液の発色や吸着に優れた印刷用紙のことを、フォト用紙という。

⑧ かな漢字変換において、ユーザの利用状況をもとにして、同音異義語の表示順位などを変える機能のことを、ヘルプ機能という。

【解答群】

ア．等幅フォント　　イ．保存　　ウ．学習機能

エ．禁則処理　　オ．インクジェット用紙　　カ．半角文字

キ．プロジェクタ　　ク．⟳

3 次の各文の〔　　〕の中から最も適切なものを選び、記号で答えなさい。

① 〔ア．書留　イ．簡易書留　ウ．速達〕とは、通常の郵便物や荷物に優先して、迅速に送達される郵便物のことである。

② 〔ア．主文　イ．前文　ウ．末文〕とは用件を述べる部分で、「さて、」で始まることが多い。

③ 〔ア．社内文書　イ．社外文書〕とは、社外の人や取引先などに出す文書のことで、儀礼的な要素を含み、時候の挨拶や末文の挨拶などを加えるものである。

④ 単独では機能しない、ショートカットキーの修飾をするキーは、
〔ア．PrtSc　イ．Ctrl　ウ．Alt　〕である。

⑤ 〔ア．Delete　イ．BackSpace　ウ．Shift + CapsLock　〕とは、カーソルの右の文字を消去するキーのことである。

⑥ アンパサンドとは、〔ア．＄　イ．＆　ウ．￥　〕である。

⑦ 〔ア．F 9　イ．F 10　ウ．F 6　〕とは、「ひらがなへの変換」をするキーのことである。

⑧ 〔ア．ファンクションキー　イ．ショートカットキー〕とは、ＯＳやソフトが特定の操作を登録するF 1からF12までのキーのことである。

4 次の文書についての各問いの答えとして、最も適切なものをそれぞれのア〜ウの中から選び、記号で答えなさい。

① Aに設定されている機能はどれか。
　　ア．センタリング（中央揃え）　　　イ．右寄せ　　　　　　　　ウ．均等割付け

② Bの名称はどれか。
　　ア．頭語　　　　　　　イ．件名　　　　　　　ウ．発信日付

③ Cに入る敬称はどれか。
　　ア．御中　　　　　　　イ．様　　　　　　　ウ．各位

④ Dの校正結果はどれか。
　　ア．浦安市猫実1−1　　　イ．浦安市猫実　1−1　　　ウ．浦安市猫実トル1−1

⑤ Eに入る件名はどれか。
　　ア．試乗会開催のご案内　　イ．株主総会のご案内　　　ウ．支払条件の変更依頼

⑥ Fはビジネス文書の構成の中で何という部分に当たるか。
　　ア．追伸（追って書き）　　イ．別記事項　　　　　ウ．末文

5　　次の表の①～⑩の中に入る漢字または読みとして、最も適切なものを解答群の中から選び、記号で
答えなさい。ただし、音訓の読みが複数ある場合はその一つを記してある。また、活用語の読みは送
り仮名を含む終止形になっている。

番　号	漢　字	音読み	訓読み
例	留	りゅう	とめる
1	①	い	なえる
2	巾	②	―
3	忌	き	③
4	④	ぐ	おろか
5	垂	⑤	たれる
6	省	せい	⑥
7	⑦	てい	さげる
8	拝	⑧	おがむ
9	諭	ゆ	⑨
10	⑩	れい	はげむ

【解答群】
ア. はぶく　　オ. すい　　ケ. 愚
イ. ほう　　　カ. はい　　コ. 励
ウ. いむ　　　キ. ちぢむ　サ. 萎
エ. さとす　　ク. きん　　シ. 提

6　　次の各文の〔　　〕の中から、現代仮名遣いとして最も適切なものを選び、記号で答えなさい。
①　通学の途中で忘れ物に〔ア. きずく　イ. きづく〕。
②　ボールを〔ア. ほうる　イ. ほおる〕ときは、周りに気を付けよう。
③　この地域は〔ア. とうい　イ. とおい〕将来、どのように開発されるのだろう。

7　　次の各文の下線部の読みを、常用漢字表付表に従い、ひらがなで答えなさい。
①　祖父は母屋で暮らしている。
②　今朝は早起きしたので、出発までの時間にゆとりがもてた。
③　大きい船の後ろに伝馬船が綱で結び付けられていた。

8　　次の＜Ａ＞・＜Ｂ＞の各問いに答えなさい。
＜Ａ＞　次の各文の〔　　〕の中から、ことわざ・慣用句の一部として最も適切なものを選び、
　　記号で答えなさい。
①　私が腕〔ア. に　イ. と〕よりを掛けて作った料理を、ぜひ食べてみてください。
②　友人が車で帰るというので、渡り〔ア. に　イ. の〕船と便乗させてもらった。
＜Ｂ＞　次の各文のことわざ・慣用句について、下線部の読みとして最も適切なものを〔　　〕
　　の中から選び、記号で答えなさい。
③　値段が高いといっても、高が知れている。　　　　　〔ア. こう　イ. たか〕
④　買おうと思っていたが、金額を見て二の足を踏む。　〔ア. あし　イ. そく〕

次の文章を1行30字で入力しなさい。なお、ヘッダーに左寄せでクラス、出席番号、名前を入力すること。

　このほど、栃木県内で「宇都宮ライトレール」の運行がスタート　30
した。国内での新たな路面電車の開業は、万葉線が富山県で生まれ　60
て以来、実に７５年ぶりのことである。　79

　すべてのレールが新設され、従来の路面電車よりも振動や騒音が　109
抑えられており、床が低く設計されている。高齢者や車いすの人た　139
ちも利用しやすいことから、次世代型路面電車（ＬＲＴ）とも呼ば　169
れ、開業時の乗降者数も順調なすべり出しをみせている。　196

　この地域では、車の普及とともに市街地が郊外に拡散していき、　226
それらをつなぐバス路線の多くは、赤字に苦しんでいるのが現状で　256
ある。そこで、都市機能をライトレール沿線に集約し、誰もが移動　286
しやすい、コンパクトなまちづくりを目指していく。　310

9

模擬試験問題

　1行を30字、1ページを29行に設定し、ヘッダーに左寄せでクラス、出席番号、名前を入力し、次の文書を問題の指示や校正記号に従い作成しなさい。

営発第４９８号
令和６年７月２５日←右寄せする。

株式会社　シントク電器
　営業部長　河田　貴司　様

　　　　　　　　三条市旭町２－３－１
　　　　　　　　オリンピア株式会社
　　　　　　　　　営業部長　正木　佑介

製造終了のお知らせ←フォントは横200%(横倍角)にし、センタリングする。

拝啓　時下ますますご発展のこととお喜び申し上げます。（トル）
　このたび長年にわたり、ご愛顧いただいておりました下記の製品につきまして、諸般の事情により製造を終了いたします。これまでのご愛顧に感謝を申し上げるとともに、ご迷惑をお掛けすることを深くお詫び申し上げます。つきましては、在庫がなくなり次第、販売終了とさせていただきます。何卒よろしくお願い申し上げます。
　　　　敬　具←右寄せし、行末に1文字分スペースを入れる。

　　　　　　　　　記
表の行間は2.0とし、センタリングする。

品　番	品　　名	製造終了日
ＨＤ－Ｐ２	外付けＨＤＤ－２．０ＧＢ	９月５日
Ｕ８ＳＷ－Ｔ	ＵＳＢ２．０切替器	１２月９日

　　　　　　　　　　　　　　　　以　上

枠内で均等割付けする。　　　枠内で右寄せする。

146

解答はすべて別冊の解答用紙に記入しなさい

1　次の各文は何について説明したものか、最も適切な用語を解答群の中から選び、記号で答えなさい。
① 入力した文字列などを行の右端でそろえること。
② 磁性体を塗布した円盤を組み込んだ代表的な補助記憶装置のことで、パソコンに内蔵してOSなどシステムに必要なデータを記憶するとともに、作成した文書やデータを保存する。
③ 範囲指定した文字列を任意の長さの中に均等な間隔で配置する機能のこと。
④ 画面での表示や印刷する際の文字のデザインのこと。
⑤ 画面に表示される格子状の点や線のこと。
⑥ 主に日本国内で使われる用紙サイズ（ローカル基準）のこと。
⑦ 端末装置から読み書きできる外部記憶領域を提供するシステムのこと。
⑧ 作業に必要な解説文を検索・表示する機能のこと。

【解答群】
ア．均等割付け　　　イ．ヘルプ機能　　　ウ．ハードディスク
エ．ファイルサーバ　オ．グリッド（グリッド線）　カ．右寄せ（右揃え）
キ．フォント　　　　ク．Bサイズ（B4・B5）

2

次の各文の下線部について、正しい場合は○を、誤っている場合は最も適切なものを解答群の中から選び、記号で答えなさい。
① マウスの左ボタンを素早く2度続けてクリックする動作のことを、ドラッグという。
② インクジェットプリンタとは、液体のインクを用紙に吹き付けて印刷するタイプのプリンタのことである。
③ 日本語入力システムによるかな漢字変換で、漢字に1文字ずつ変換することを、文節変換という。
④ 文書の上下左右に設けた何も印刷しない部分のことを、書式設定という。
⑤ カット&ペーストとは、文字やオブジェクトを複製し、別の場所に挿入する編集作業のことである。
⑥ マウスを操作することにより、画面上での選択や実行などの入力位置を示すアイコンのことを、カーソルという。
⑦ ファイルの内容やソフトの種類、機能などを小さな絵や記号で表現したものを、アイコンという。
⑧ 🔒 は、英字キーが大文字の状態であることを示すランプである。

【解答群】
ア．レーザプリンタ　イ．余白（マージン）　ウ．🔒
エ．テンプレート　　オ．単漢字変換　　　カ．コピー&ペースト
キ．ダブルクリック　ク．マウスポインタ

3 次の各文の〔 〕の中から最も適切なものを選び、記号で答えなさい。

① 「まずは、～のごあいさつまで。」などと、本文を締めくくる一文のことを〔ア. 末文 イ. 別記事項 ウ. 後付け〕という。

② 〔ア. Shift+Tab イ. NumLock ウ. Delete 〕とは、「テンキーの数字キーのON/OFF」を切り替えるキーのことである。

③ ＵＳＢの規格で通信できるケーブルや端子に表示するＵＳＢのマークは、〔ア. ① イ. ☽ ウ. •←→ 〕である。

④ 「全角英数への変換」と「大文字小文字の切り替え」をするキーは、〔ア. F7 イ. F9 ウ. F8 〕である。

⑤ 記号 ＿ の名称は、〔ア. 長音記号 イ. アンダーライン〕である。

⑥ 業務を行ったり、企業の内外の相手に連絡したりする文書のことを〔ア. 通信文書 イ. 帳票〕という。

⑦ 〔ア. 前文 イ. 後付け ウ. 前付け〕とは、本文の前に付けるという意味で、文書番号・発信日付・受信者名・発信者名などから構成されるものである。

⑧ 〔ア. 発信簿 イ. 受信簿〕とは、外部へ発送する文書の日時・発信者・受信者・種類などを記帳したものである。

4 次の各問いの答えとして、最も適切なものをそれぞれのア～ウの中から選び、記号で答えなさい。

① 同封物指示を入力する場所を何というか。

　　ア. 前付け　　　　　　　　　イ. 後付け　　　　　　　　ウ. 本文

② おめでたい内容の連絡をする場合に用いる頭語はどれか。

　　ア. 謹啓　　　　　　　　　　イ. 追伸（追って書き）　　ウ. 拝復

③ 発信日付と発信者名の間に入る構成要素はどれか。

　　ア. 文書番号　　　　　　　　イ. 別記事項　　　　　　　ウ. 受信者名

④ 電源のOn/Offを切り替えるスイッチに表示するマークはどれか。

　　ア. ○　　　　　　　　　　　イ. ⏻　　　　　　　　　　ウ. ①

⑤ ビジネス文書で使われる敬称の中で「会員」など複数の個人宛に使用するものはどれか。

　　ア. 各位　　　　　　　　　　イ. 様　　　　　　　　　　ウ. 先生

⑥ 下の点線内の正しい校正結果はどれか。

┌─────────────────────────────────────┐
│ 拝啓　貴社ますますご隆盛のこととお喜び申し上げます。｜さて、 │
└─────────────────────────────────────┘

　　ア. 拝啓　貴社ますますご隆盛のこととお喜び申し上げます。　さて、

　　イ. 拝啓　貴社ますますご隆盛のこととお喜び申し上げます。
　　　　さて、

　　ウ. 拝啓　貴社ますますご隆盛のこととお喜び申し上げます。
　　　　　　さて、

5　次の表の①～⑩の中に入る漢字または読みとして、最も適切なものを解答群の中から選び、記号で答えなさい。ただし、音訓の読みが複数ある場合はその一つを記してある。また、活用語の読みは送り仮名を含む終止形になっている。

番　号	漢　字	音読み	訓読み
例	作	さく	つくる
1	漏	①	もれる
2	絡	らく	②
3	③	ふく	おおう
4	羞	④	—
5	忍	にん	⑤
6	⑥	と	かける
7	替	⑦	かえる
8	粗	そ	⑧
9	⑨	けい	いこう
10	誉	⑩	ほまれ

【解答群】
ア．しのぶ　　オ．よ　　　　ケ．憩
イ．たい　　　カ．たえる　　コ．覆
ウ．ろう　　　キ．しゅう　　サ．徒
エ．からむ　　ク．あらい　　シ．賭

6　次の各文の〔　　〕の中から、現代仮名遣いとして最も適切なものを選び、記号で答えなさい。

① 母の〔ア．こころづくし　イ．こころずくし〕の手料理に感謝した。

② 〔ア．ちかじか　イ．ちかぢか〕引越しするつもりです。

③ 彼女は声が〔ア．おおきい　イ．おうきい〕。

7　次の各文の下線部の読みを、常用漢字表付表に従い、ひらがなで答えなさい。

① 商店街の入り口に八百屋がある。

② 姉の隣にいる人は、私の叔母です。

③ 彼女は、眼鏡をかけると理知的に見える。

8　次の＜A＞・＜B＞の各問いに答えなさい。

＜A＞　次の各文の〔　　〕の中から、ことわざ・慣用句の一部として最も適切なものを選び、記号で答えなさい。

① 大切な話の途中で水〔ア．を　イ．が〕差されていやになった。

② 先生が、就職の労〔ア．も　イ．を〕とってくれて、仕事につくことができた。

＜B＞　次の各文のことわざ・慣用句について、下線部の読みとして最も適切なものを〔　　〕の中から選び、記号で答えなさい。

③ あまりの難題を出されたため、解決できず、途方に暮れた。　　〔ア．とほう　イ．みちかた〕

④ 彼女はパーティーで、ひときわ人目を引いた。　　〔ア．じんもく　イ．ひとめ〕

次の文章を１行30字で入力しなさい。なお、ヘッダーに左寄せでクラス、出席番号、名前を入力すること。

　夏の暑さをしのぐツールの一つとして、日傘がある。日傘は強い　　30
日差しから身を守り、日焼けや熱中症を予防する役割を果たす。私　　60
たちにはなじみ深いこのツールが、日本を訪れている外国の人たち　　90
の間で、密かなヒット商品になりつつある。　　　　　　　　　　　111

　外国人にとって、日本の暑さは特別らしい。そこで、日本人が暑　　141
さ対策に活用するツールに注目が集まった。それが、携帯用の水筒　　171
とハンディ扇風機、日傘である。この三つが、真夏に日本を訪れた　　201
外国人に人気が高い。　　　　　　　　　　　　　　　　　　　　　212

　その中で日傘は、ＵＶカット率が９９％でありながら、軽量で安　　242
く買うことができるため好評だという。海外では、日傘をさす習慣　　272
をもたない国も多い。そこで、帰国後も暑さ対策を実践するため、　　302
購入するという。　　　　　　　　　　　　　　　　　　　　　　　310

　1行を30字、1ページを28行に設定し、ヘッダーに左寄せでクラス、出席番号、名前を入力し、次の文書を問題の指示や校正記号に従い作成しなさい。

販発第４７８号

令和６年９月１９日

株式会社　グッド・プライス

営業部長　富永　鉄也　様

和歌山市小松原町２

南紀州産業株式会社

販売部長　高倉　綾香

注文数の変更について　←　フォントは横200％（横倍角）にし、センタリングする。

拝啓　貴社ますますご隆盛のことと　お喜び申し上げます。

　さて、９月１２日付け、販発第４７５号にてお願いしました商品の注文について、下記のとおりに数量の変更をさせていただきたいと存じます。今回の変更で、取引に不都合が生じるようであれば、折り返しご連絡ください。

　なお、販発第４７５号の文書については、貴社にて破棄していただければ幸いです。　　　　　　　　　　　　　　　　　　　　　敬　具

記　←　センタリングする。

表の行間は2.0とし、センタリングする。

注文コード	商　品　名	数　　量
ｋｍｇ－６	紀州名産品ギフトセット	８００セット
ＤＦ－３	ドライフルーツの詰め合わせ	１２，０００個

以　上

枠内で均等割付けする。

右寄せし、行末に１文字分スペースを入れる。

枠内で右寄せする。

1　　次の各用語に対して、最も適切な説明文を解答群の中から選び、記号で答えなさい。

① Ａサイズ（Ａ３・Ａ４）　　② センタリング（中央揃え）　　③ スクロール

④ 全角文字　　　　　　　　　⑤ ドライブ　　　　　　　　　　⑥ 文節変換

⑦ 文字修飾　　　　　　　　　⑧ プロポーショナルフォント

【解答群】

ア．ディスプレイの表示内容を上下左右に少しずつ移動させ、隠れて見えなかった部分を表示すること。

イ．文字ごとに最適な幅を設定するフォントのこと。

ウ．ハードディスク、ＵＳＢメモリ、ＣＤ／ＤＶＤなどに、データを読み書きする装置のこと。

エ．ビジネス文書の国際的な標準サイズのこと。

オ．日本語入力システムによるかな漢字変換で、文節ごとに変換すること。

カ．日本語を入力するときの標準サイズとなる文字のこと。

キ．文字の書体を変えたり、模様を付けたりして、文章の一部を強調する機能のこと。下線、太字（ボールド）、斜体（イタリック）、中抜き、影付きなどがある。

ク．入力した文字列などを行の中央に位置付けること。

2　　次の各文の下線部について、正しい場合は○を、誤っている場合は最も適切なものを解答群の中から選び、記号で答えなさい。

① デスクトップ上のアプリケーションソフトの表示領域および作業領域のことを、余白（マージン）という。

② レーザ光線を用いて、トナーを用紙に定着させて印刷するプリンタのことを、インクジェットプリンタという。

③ 互換性とは、異なる環境であっても同様に使える性質のことである。

④ 画面での表示や印刷する際の文字の大きさのことを、フォントという。

⑤ ＵＳＢメモリやプリンタなど、パソコンに周辺装置を接続し利用するために必要なソフトウェアのことを、ヘルプ機能という。

⑥ 　は、ハードディスクで読み書きしている状況を示すランプである。

⑦ 画面上のどの位置からでも開くことができるメニューのことを、プルダウンメニューという。

⑧ 範囲指定した文字列を任意の長さの中に均等な間隔で配置する機能のことを、禁則処理という。

【解答群】

ア．フォントサイズ　　　　　イ．均等割付け　　　　　　ウ．レーザプリンタ

エ．フォルダ　　　　　　　　オ．デバイスドライバ　　　カ．⟨　　⟩

キ．ポップアップメニュー　　ク．ウィンドウ

3 次の各文の〔　〕の中から最も適切なものを選び、記号で答えなさい。

①　ひらがなとカタカナは「半角カタカナへの変換」、英数字は F10 と同じ変換をするキーは、
〔ア．F8　イ．F1　ウ．F7　〕である。

②　NumLockが有効（テンキーが数字キーの状態）であることを示すNumLockランプは、
〔ア．🔒　イ．🔒A　ウ．🔒1　〕である。

③　アステリスクとは、〔ア．＊　イ．@　ウ．＆　〕である。

④　社外文書のうち、ビジネスでの業務に関する通知を目的とする文書を
〔ア．社内文書　イ．取引文書〕という。

⑤　記号〔ア．＄　イ．€　ウ．£　〕の名称は、ポンド記号である。

⑥　その文書の中心となる部分で、件名・前文・主文・末文・別記事項から構成されるものを
〔ア．本文　イ．前付け　ウ．後付け〕という。

⑦　〔ア．速達　イ．書留〕とは、引受けから配達に至るまでの全送達経路を記録し、配達先に手渡しをして確実な送達を図る郵便物のことである。

⑧　〔ア．Esc　イ．Insert　ウ．Shift + CapsLock　〕とは、「英字キーのシフトのON/OFF」を切り替えるショートカットキーのことである。

4 次の文書についての各問いの答えとして、最も適切なものをそれぞれのア～ウの中から選び、記号で答えなさい。

```
                                    ┌ ─ ─ ─ ─ ─ ─ ┐
                                    A　販発第１９７号
                                      令和６年８月２３日
                                    └ ─ ─ ─ ─ ─ ─ ┘

      ┌ ─ ─ ─ ─ ─ ─ ─ ─ ─ ─ ─ ┐
      会社株式 みなと出版    B
      └ ─ ─ ─ ─ ─ ─ ─ ─ ─ ─ ─ ┘
        営業部長　西田　やよい　様

                          ┌ ─ ─ ─ ─ ─ ─ ─ ─ ─ ┐
                            前橋市大手町一丁目１－５
                          C　アーク技術株式会社
                              販売部長　町田　大成
                          └ ─ ─ ─ ─ ─ ─ ─ ─ ─ ┘

              ┌ ─ ─ ─ ─ ─ ─ ─ ─ ─ ─ ┐
              D　誤配送についてのお詫び
              └ ─ ─ ─ ─ ─ ─ ─ ─ ─ ─ ┘
     ┌ ─ ─ ┐
       E    平素は格別のお引き立てを賜り、厚くお礼申し上げます。
     └ ─ ─ ┘
        さて、先日送付いたしましたタブレットＰＣについて、納品違い
      とのご連絡をいただき、調査した結果、…
        なお、商品につきましては、担当がお伺いして納品・回収させて
      いただきますので、よろしくお願い申し上げます。
                                    ┌ ─ ─ ─ ┐
                                        F
                                    └ ─ ─ ─ ┘
        （省略）
                担当　販売課　上野　弘二
```

①　Aに設定されている機能はどれか。
　　　ア．禁則処理　　　　　　イ．右寄せ（右揃え）　　　ウ．カット＆ペースト

②　Bの校正結果はどれか。
　　　ア．株式会社　みなと出版　イ．株式会社みなと出版　　ウ．みなと出版株式会社

③　この文書の発信者は誰か。
　　　ア．上野　弘二　　　　　イ．町田　大成　　　　　　ウ．西田　やよい

④　Eに当てはまるものはどれか。
　　　ア．前略　　　　　　　　イ．敬具　　　　　　　　　ウ．拝啓

⑤　構成要素Fを何というか。
　　　ア．結語　　　　　　　　イ．頭語　　　　　　　　　ウ．別記事項

⑥　押印が必要なのはどの部分か。
　　　ア．F　　　　　　　　　イ．C　　　　　　　　　　ウ．D

5 次の表の①～⑩の中に入る漢字または読みとして、最も適切なものを解答群の中から選び、記号で答えなさい。ただし、音訓の読みが複数ある場合はその一つを記してある。また、活用語の読みは送り仮名を含む終止形になっている。

番　号	漢　字	音読み	訓読み
例	縁	えん	ふち
1	癒	ゆ	①
2	②	とう	こおる
3	締	③	しまる
4	煎	せん	④
5	⑤	せい	ゆく
6	遂	⑥	とげる
7	宛	―	⑦
8	⑧	きゅう	およぶ
9	偽	⑨	にせ
10	因	いん	⑩

【解答群】
ア．あてる　　オ．いる　　　ケ．逝
イ．いやす　　カ．なえる　　コ．凍
ウ．ぎ　　　　キ．すい　　　サ．及
エ．てい　　　ク．よる　　　シ．勢

6 次の各文の〔　　〕の中から、現代仮名遣いとして最も適切なものを選び、記号で答えなさい。
①　弟はお菓子を〔ア．わしずかみ　イ．わしづかみ〕にした。
②　彼女は〔ア．おはよう　イ．おはよお〕と、さわやかに挨拶した。
③　会議を行います。〔ア．ついては　イ．ついてわ〕9時にご参集ください。

7 次の各文の下線部の読みを、常用漢字表付表に従い、ひらがなで答えなさい。
①　彼は私の大切な<u>友達</u>だ。
②　途切れがちに繰り返すことのたとえを<u>五月雨</u>という。
③　建て替えのため、一時的に家を立ち<u>退</u>くことになった。

8 次の＜A＞・＜B＞の各問いに答えなさい。
＜A＞　次の各文の〔　　〕の中から、ことわざ・慣用句の一部として最も適切なものを選び、記号で答えなさい。
①　いたずらっ子に手〔ア．を　イ．が〕焼いた。
②　わがチームは、腹〔ア．も　イ．を〕くくって最終戦を戦った。
＜B＞　次の各文のことわざ・慣用句について、下線部の読みとして最も適切なものを〔　　〕の中から選び、記号で答えなさい。
③　彼は、出社してから<u>脇目</u>も振らず仕事をしている。　　　〔ア．きょうもく　イ．わきめ〕
④　メンバーの反発を招くことは、<u>火</u>を見るより明らかだ。　　〔ア．ひ　イ．ほ〕

次の文章を１行30字で入力しなさい。なお、ヘッダーに左寄せでクラス、出席番号、名前を入力すること。

　このほど、ある国立大学の研究チームが、沖縄や奄美大島に生息　　30
するハブの毒に、アルツハイマー病の一因となる物質を、分解する　　60
成分があることを見つけた。　　　　　　　　　　　　　　　　　　74

　認知機能が低下するアルツハイマー病は、アミロイドベータなど　104
のたんぱく質が脳に蓄積され、神経細胞を傷つけることで発症する　134
と考えられている。研究チームではハブ毒の成分中から、たんぱく　164
質を分解する「特定の酵素」を取り出し、アミロイドベータに直接　194
加えたところ同じ反応がみられた。　　　　　　　　　　　　　　211

　こうした分解酵素は人間の体内にも存在するが、他の生物から見　241
つかるのはとても珍しい。今後は動物実験を重ねて、効果や安全性　271
の確認が続けられる。近い将来、新たな認知症の治療法が確立され　301
ることを望みたい。　　　　　　　　　　　　　　　　　　　　　310

9

模擬試験問題

　1行を30字、1ページを29行に設定し、ヘッダーに左寄せでクラス、出席番号、名前を入力し、次の文書を問題の指示や校正記号に従い作成しなさい。

営発第２５０号 ← 右寄せする。
令和６年４月９日 ←

株式会社　マルトミ産業
　業務部長　丸富　宏光様

　　　　　　　　　　渋谷区宇田川町１－１
　　　　　　　　　　昭和電子工業株式会社
　　　　　　　　　　　営業部長　紀平　和久

フォントは横200%（横倍角）で、一重下線を引き、センタリングする。
社名変更のご挨拶
拝啓　貴社ますますご発展のこととお喜び申し上げます。平素より格別のご高配を賜り、厚くお礼申し上げます。　　　変更
　さて、このたび弊社では、下記のとおり社名を偏向することになりましたのでお知らせいたします。今後とも、ご指導ご鞭撻を賜りますよう、よろしくお願い申し上げます。これを機に、さらに社業に励み、ご期待に沿うよう努力いたす所存でございます。
　まずは略儀ながら、書中をもってご挨拶とさせていただきます。
　敬　　具 ← 右寄せし、行末に１文字分スペースを入れる。

　　　　　　　　　　記
　　　　　　　　　　　　　表の行間は2.0とし、センタリングする。

新・旧	社　　　　　名	備　　考
旧社名	昭和電子工業株式会社	７月３１日まで
新社名	株式会社レイワ・テクニカル	８月１日付

枠内で均等割付けする。　　　　　　　　　　以　上　トルアキ

156

解答はすべて別冊の解答用紙に記入しなさい

1 次の各用語に対して、最も適切な説明文を解答群の中から選び、記号で答えなさい。

① 等幅フォント　　　　　② 禁則処理　　　　　③ テンプレート

④ フォーマット（初期化）　⑤ プロジェクタ　　　⑥ ＩＭＥ

⑦ ドラッグ　　　　　　　⑧ インクジェット用紙

【解答群】

ア．インク溶液の発色や吸着に優れた印刷用紙のこと。

イ．マウスの左ボタンを押したまま、マウスを動かすこと。

ウ．記憶媒体をデータの読み書きができる状態にすること。

エ．文字ピッチを均等にするフォントのこと。

オ．日本語入力のためのアプリケーションソフトのこと。

カ．パソコンやビデオなどからの映像をスクリーンに投影する装置のこと。

キ．行頭や行末にあってはならない句読点や記号などを行末や行頭に強制的に移動する処理のこと。

ク．定型文書を効率よく作成するために用意された文書のひな形のこと。

2 次の各文の下線部について、正しい場合は○を、誤っている場合は最も適切なものを解答群の中から選び、記号で答えなさい。

① マウスの左ボタンを押す動作のことを、<u>ダブルクリック</u>という。

② 日本語を入力するときの標準サイズとなる文字のことを、<u>全角文字</u>という。

③ <u>コピー＆ペースト</u>とは、文字やオブジェクトを切り取り、別の場所に挿入する編集作業のことである。

④ 出力装置の一つで、文字や図形などを表示する装置のことを、<u>プリンタ</u>という。

⑤ 不要になったファイルやフォルダを一時的に保管する場所のことを、<u>ドライブ</u>という。

⑥ かな漢字変換において、ユーザの利用状況をもとにして、同音異義語の表示順位などを変える機能のことを、<u>辞書</u>という。

⑦ 📶は、ＵＳＢの規格で通信できるケーブルや端子に表示するＵＳＢのマークである。

⑧ <u>プルダウンメニュー</u>とは、ウィンドウや画面の上段に表示されている項目をクリックして、より詳細なコマンドがすだれ式に表示されるメニューのことである。

【解答群】

ア．⛛　　　　　　　イ．ポップアップメニュー　　ウ．ごみ箱

エ．学習機能　　　　オ．ディスプレイ　　　　　　カ．カット＆ペースト

キ．クリック　　　　ク．横倍角文字

3　次の各文の〔　　〕の中から最も適切なものを選び、記号で答えなさい。

① 〔ア. 社内文書　イ. 社外文書の構成　ウ. 取引文書〕とは、ビジネス文書全体の組み立てのことで、「前付け」「本文」「後付け」からなる。

② 必要事項を記入するためのスペースを設け、そのスペースに何を書けばよいのかを説明する最小限の語句が印刷された事務用紙のことを〔ア. 社交文書　イ. 帳票〕という。

③ 記号　、　の名称は、〔ア. 読点　イ. コンマ　ウ. 句点〕である。

④ 外部から受け取った文書の日時・発信者・受信者・種類などを記帳したものを〔ア. 親展　イ. 受信簿　ウ. 発信簿〕という。

⑤ 郵便法で定められた、特定の受取人に対し、差出人の意思を表示し、または事実を通知する文書のことを〔ア. 書留　イ. 信書　ウ. 速達〕という。

⑥ 同時に打鍵することにより、特定の操作を素早く実行する複数のキーの組み合わせのことを〔ア. ショートカットキー　イ. ファンクションキー〕という。

⑦ 電源スイッチに表示する電源マークは、〔ア. ｜　イ. ○　ウ. ⏻〕である。

⑧ 〔ア. F10　イ. F6　ウ. F9 〕とは、「半角英数への変換」と「大文字小文字の切り替え」をするキーのことである。

4　次の文書についての各問いの答えとして、最も適切なものをそれぞれのア～ウの中から選び、記号で答えなさい。

経発第２０５号
A　令和６年４月１９日

株式会社　千代田製菓　　　B
　会計課長　佐藤　功一　御中

金沢市広坂１－７－８
金沢製粉株式会社
　経理課長　山村　和郎

C　振込口座変更のご通知

D　貴社ますますご隆盛のこととお喜び申し上げます。平素より格別のお引き立てを賜り、厚く御礼申し上げます。
　さて、このたび弊社と提携している取引銀行の合併に伴い、下記のとおり振込先の銀行名及び支店名が変更となりますので、お知らせいたします。
　つきましては、６月３日の営業日より変更されますので、何卒ご了承いただきますようお願い申し上げます。

E

① Aの名称はどれか。
　　ア. 文書番号　　　　　　　イ. 発信者名　　　　　　　ウ. 発信日付

② Bに入る敬称はどれか。
　　ア. 先生　　　　　　　　　イ. 様　　　　　　　　　　ウ. 各位

③ Cに設定されている文字サイズはどれか。
　　ア. 横倍角文字　　　　　　イ. 半角文字　　　　　　　ウ. 全角文字

④ テンキーで数字が入力できなくなった際に、確認すべきランプはどれか。
　　ア. 🔒1　　　　　　　　　イ. 🔒�　　　　　　　　ウ. 🔒A

⑤ 構成要素Dを何というか。
　　ア. 受信者名　　　　　　　イ. 件名　　　　　　　　　ウ. 頭語

⑥ Eに入る結語はどれか。
　　ア. 草々　　　　　　　　　イ. 敬具　　　　　　　　　ウ. 拝啓

5 次の表の①〜⑩の中に入る漢字または読みとして、最も適切なものを解答群の中から選び、記号で答えなさい。ただし、音訓の読みが複数ある場合はその一つを記してある。また、活用語の読みは送り仮名を含む終止形になっている。

番　号	漢　字	音読み	訓読み
例	和	わ	なごむ
1	①	か	かける
2	嗅	②	かぐ
3	錦	きん	③
4	④	こ	おのれ
5	砕	⑤	くだく
6	至	し	⑥
7	⑦	しつ	しかる
8	織	⑧	おる
9	婿	せい	⑨
10	⑩	てん	―

【解答群】
ア. さい　　　オ. むこ　　　ケ. 己
イ. にしき　　カ. しゅう　　コ. 塡
ウ. きつ　　　キ. しょく　　サ. 架
エ. いたる　　ク. きゅう　　シ. 叱

6 次の各文の〔　〕の中から、現代仮名遣いとして最も適切なものを選び、記号で答えなさい。
① 寝ていた彼の肩を、ひじで〔ア. こずく　イ. こづく〕。
② 今夜は、虫の声が聞こえるほど〔ア. しづかだ　イ. しずかだ〕。
③ 期末試験が〔ア. まぢか　イ. まじか〕にせまる。

7 次の各文の下線部の読みを、常用漢字表付表に従い、ひらがなで答えなさい。
① 彼の顔は、ショックで**真っ青**になった。
② 祖母は、**相撲**観戦が大好きだ。
③ 川岸に立つ市場のことを、**河岸**という。

8 次の<A>・<B>の各問いに答えなさい。
<A>　次の各文の〔　〕の中から、ことわざ・慣用句の一部として最も適切なものを選び、記号で答えなさい。
① 彼は、押し〔ア. も　イ. に〕押されもせぬ財界の実力者になった。
② 私と彼女とは、とても気〔ア. が　イ. は〕合う友人だ。
<B>　次の各文のことわざ・慣用句について、下線部の読みとして最も適切なものを〔　〕の中から選び、記号で答えなさい。
③ 試合の結果は、案に**相違**して負けに終わった。　　〔ア. あいちがい　イ. そうい〕
④ 彼は**目先**が利くので、商売で失敗したことがない。　〔ア. めさき　イ. もくせん〕

ビジネス文書実務検定試験　合格基準・出題基準

　ビジネス文書部門及び速度部門の2部門の合格基準を満たした場合、当該級の合格とする。部門別に合格した者が、4回以内に他の部門に合格した場合、当該級の合格とする。なお、上位級に合格しても、未合格の下位級の認定はできない。

Ⅰ.ビジネス文書部門

			第3級	第2級	第1級
筆記	筆記1（機械・文書）	(1)機械・機械操作	一般、入力、ショートカット、出力、編集、記憶に関する内容		
		(2)文書の種類	通信文書、帳票の種類		
		(3)文書の作成と用途	構成、校正記号、記号・罫線・マークの意味と用途、受発信、語彙の意味と使い分け		
		(4)プレゼンテーション		プレゼンテーションに関する知識及び用途	
		(5)電子メール		電子メールの用語・構成・作成、ネチケット、セキュリティ	
	筆記2（ことばの知識）		漢字・熟語など、文書を入力する際に必要なことばの知識		
	制 限 時 間		15分間		
	問 題 用 紙		A3判（綴じ込み印刷）		
	答 案 用 紙		A4判		
	合 格 基 準		70点以上		
実技	形　　　式		簡単な表、校正記号を含むビジネス文書を、指示に従って作成する。	表、オブジェクト、校正記号を含む文書を、指示に従って体裁よく作成する。	表、オブジェクト、校正記号、テキストファイルを含む文書を、指示に従って体裁よく作成する。
	制 限 時 間		15分間		20分間
	問 題 用 紙		A4判	A3判（綴じ込み印刷）	
	答案用紙（印刷用紙）		A4判（天地・裏表あり）		
	合 格 基 準		70点以上		

Ⅱ.速度部門

級　位	第3級	第2級	第1級
制 限 時 間	10分間		
問題用紙及び書式	A4判、問題文は活字 ただし、第1級・第2級は手書きフォント 1行30字、第1級は誤字訂正を含む		
答案用紙（印刷用紙）	A4判（天地・裏表あり）		
合 格 基 準	300字以上	450字以上	700字以上
出題総字数	310字	460字	710字
漢 字 率	31〜34%	34〜35%	35〜36%
カタカナ率、英数字記号率	各10%以内		